·项/目/管/理/核/心/资/源/库/

[美] 琳达·克雷兹·扎瓦尔（Linda Kretz Zaval）
特里·瓦格纳（Terri Wagner） 著
郑佃锋 李利玲 李小玲 译

从PMP到卓越项目经理

项目管理实战技巧与案例解析

（第2版）（修订版）

PROJECT MANAGER STREET SMARTS

A Real World Guide to PMP® Skills, 2nd Edition

電子工業出版社
Publishing House of Electronics Industry
北京·BEIJING

Linda Kretz Zaval, PMP® and Terri Wagner, MA, PMP®: Project Manager Street Smarts：A Real World Guide to PMP® Skills, 2nd Edition

ISBN: 9781118093924

图书在版编目（CIP）数据

从 PMP 到卓越项目经理：项目管理实战技巧与案例解析：第 2 版修订版/（美）琳达·克雷兹·扎瓦尔（Linda Kretz Zaval），（美）特里·瓦格纳（Terri Wagner）著；郑佃锋，李利玲，李小玲译. —北京：电子工业出版社，2019.7

（项目管理核心资源库）

书名原文：Project Manager Street Smarts: A Real World Guide to PMP Skills，2nd Edition

ISBN 978-7-121-36668-0

Ⅰ. ①从…　Ⅱ. ①琳…　②特…　③郑…　④李…　⑤李…　Ⅲ. ①项目管理　Ⅳ. ①F224.5

中国版本图书馆 CIP 数据核字（2019）第 100411 号

责任编辑：刘淑敏
印　　刷：涿州市般润文化传播有限公司
装　　订：涿州市般润文化传播有限公司
出版发行：电子工业出版社
　　　　　北京市海淀区万寿路 173 信箱　邮编　100036
开　　本：720×1 000　1/16　印张：20.25　字数：467 千字
版　　次：2015 年 5 月第 1 版（原著第 2 版）
　　　　　2019 年 7 月第 2 版
印　　次：2022 年 12 月第 11 次印刷
定　　价：88.00 元

凡所购买电子工业出版社图书有缺损问题，请向购买书店调换。若书店售缺，请与本社发行部联系，联系及邮购电话：（010）88254888，88258888。

质量投诉请发邮件至 zlts@phei.com.cn，盗版侵权举报请发邮件至 dbqq@phei.com.cn。

本书咨询联系方式：（010）88254199，sjb@phei.com.cn。

致 Eldred，我永远的爱人，因为他的耐心和支持；致 Bud B，因为相信我可以做成任何我着手要做的事情。

——琳达

致我的母亲，她总是告诉我有一天我应该写一本书；致 Von，他教我如何为梦想注入活力，看着它们成真。

——特里

推 荐 序

20世纪90年代，我有幸参与了联想集团的几个大型信息化项目，从ERP项目到Y2K项目，再到CRM等一系列项目。在那个年代，国内大项目经理较少，主要由美国、新加坡等地华人主导项目管理工作。在当时的认知中，项目的实施更强调技术的实现，往往忽略了项目的管控，项目交付后总觉得和国外同行有差距。

项目全球化促进了项目知识体系的升级，《PMBOK®指南》在中国十多年的推广过程让更多的项目管理者不断走向专业化。特别是中国经济的快速发展，中国项目管理者在国内、国际舞台上展示了项目管理的专业水平。《PMBOK®指南》持续深入人心，在项目管理界被项目管理者视为项目管理“圣经”。1996年出版《PMBOK®指南》（第1版），2000年、2004年、2008年分别出版了第2～4版，2012年温哥华PMI年会的standard session最终确定了第5版。会议期间，在与全球著名项目管理出版商Wiley公司高管沟通时，希望其推荐几本项目管理书籍以飨中国读者，Wiley公司高管Bob先生推荐了*PM'S Book of Forms*和*Project Manager Street Smarts*两本书，这两本书都是项目管理的实战书籍，特别适合项目管理者收藏与使用。两本书的使用方法：学完《PMBOK®指南》通过PMP认证后，对项目管理知识体系有了完整认识，作为由理论到实战的指导，*PM'S Book of Forms*（该书中文版已由电子工业出版社有限公司出版）是全球唯一一本与《PMBOK®指南》捆绑销售的书籍，该书将《PMBOK®指南》中各种过程输出一一列出，非常适合项目管理者在平日的项目管理工作中使用，“相关方登记册”“项目章程”“风险登记册”等经典项目管理文档都有收录。随着对项目实践的深入，很多学员会有更高的期望，*Project Manager Street Smarts*正好满足此类需求。如果说第一本书是模拟项目，第二本书就是真实项目，通过一个又一个项目场景，详细描述项目管理工作及步骤，将复杂难懂的项目管理知识通过真实的项目案例详细解读，读者理解起来更加直观，可以活学活用，学以致用。本书特别适合项目管理办公室成员、项目总监、项目经理、项目团队成员和其他喜爱项目管理的读者。

本书译者郑佃锋是我项目管理圈多年的挚友，他扎根华南，在项目管理界辛勤耕耘十多年，在项目管理领域颇有建树。*Project Manager Street Smarts*是一本实战性很强的书，如果没有深厚的专业英语和项目功底，很难胜任此书的翻译。为保证此书的严谨性，本书的翻译经历了较长的打磨过程，慢工出细活。感谢读者的耐心等待，衷心希望本书给读者带来项目管理实务方面的收获！

与 Wiley 公司高管 Bob 先生
留影于温哥华（右为推荐人）

赵 弘

用友大学联合创始人

世纪畅优企业大学校长

《PMBOK®指南》（第 5 版）主要译者

美国项目管理协会 (PMI) 认证讲师

美国运营管理协会(APICS®)认证讲师

美国培训发展协会(ATD®)认证讲师

译 者 序

1. 本书不愧是内行推荐的书

首先要向读者介绍我跟 *Project Manager Street Smarts* 的渊源。原用友新道总经理赵弘先生在项目管理领域经历丰富，且有深厚的培训功底，赵总在加拿大参加国际项目管理大会期间，Wiley 公司副总裁 Bob 先生亲自向他推荐了这本书，推崇为项目管理领域实践性的指南，赵总看后极为赞赏。两位行内专家的认可，成为翻译此书的起因之一。

2. 本书填补了项目管理学习的真空

本人在多年项目管理的培训咨询中发现，遇到的过半 PMP 持证人士并不能够真刀真枪地管理项目。究其原因，在于 PMP 考试虽然一直尝试对项目管理实战技能的场景测试，但毕竟要兼顾概念、工具、过程等，所以 PMP 考试及相关培训对实际动手执行能力的培养有限。

同时，由于本人多年热衷参与 PMP 认证考前辅导工作，发现考生们在备考期间必须使用《PMBOK®指南》作为参考书，但《PMBOK®指南》类似词典，有骨感而无肉感，虽然是考试必备，但对项目管理新手而言，多有难以理解之处。

而 *Project Manager Street Smarts* 以一个案例贯穿始终，应用了项目管理常见的 38 个主要过程，完全符合《PMBOK®指南》的架构，结合实例使用工具，并且对《PMBOK®指南》有非常接近实际的补充。从这个意义上说，本书填补了如何使得《PMBOK®指南》更加接近实际工作的真空，是真正接地气、抓落地的一本好书。比如，有关项目选择的净现值技术，在《PMBOK®指南》中没有提及，有些考前辅导讲义会有所涉及，但在本书中用了两个页面，提到了相关的概念、做法、意义、案例、练习，可以说解释得简单直接、清晰有效。又比如，沟通规划，大多数管理者都明白沟通在工作中很重要，但规划时该考虑哪些？《PMBOK®指南》只是提纲挈领地指出一些要求，在本书中，使用了图表、模板、清单、问题等，让原本含糊的工作变得明确，变得容易准备、容易监控。

3. 本书对准 PMP 和 PMP 人士的切实好处

从上述的内容特色可以发现，本书对于准备参加考试的 PMP 考生，是轻松理解《PMBOK®指南》的得力工具，是考试的敲门砖。对《PMBOK®指南》各过程，本书用实际问题来印证其管理效力，对理解《PMBOK®指南》来说不可多得。

对于已经获得 PMP 的人士，本书具有更大的价值。贯穿全书的案例是工作中实际项目的翻版，遇上项目管理问题时，翻阅本书中的相应章节，可以找到许多对症的工具和有关如何使用的解释。

本书在每个知识点都考虑到要设计帮助读者提升的环节：亲手实践。亲手实践使用案例或问题来测试读者对某个实战技能的理解程度。这类亲手实践在本书中有 78 个。

以上是我们迫不及待要翻译此书的原因，希望此工具成为项目管理人士方便使用的工具。

老 郑

译者简介

郑佃锋 暨南大学工商管理硕士（MBA），从事项目管理培训、咨询、辅导工作多年，曾任职于某国有石油单位、某北美上市 IT 公司、广东某报业集团等，全国首家自美国引进全球领先 e-Learning 产品，从业经验涉及石油、教育、媒体、IT、投资等行业。2001 年成为全国最早的 PMP 人士之一，此后两次担任某 PMP 考试中心负责人，并担任考试中心首席顾问，迄今超过十年的时间里，该中心服务企业过百家，有过万名 PMP 在此诞生。因讲课风格幽默轻松，被历届学员称为“老郑”。而老郑之老，在于对 PMP 试题往往一语道破，让学生恍然大悟；对于企业管理中遇到的项目问题能够深入浅出、直指人心地给予解释，帮助企业团队熟练驾驭各类项目管理工具、提高执行力、实现“快准狠”。老郑是多本项目管理专业书籍的译者或作者。

目　　录

导　读

项目管理准则正在迅速成为现代商业模式变革选择的催化剂。由于为净利润带来增值，项目管理目前被视为公司救星，而不是公司的成本中心。尽管准则通常不会产生收入（除了在项目型组织中），它通过积极考虑项目活动和保持对支出的严格控制以实现利润的产生。

如今，项目经理被赋予权力和权威来建立、维护和预测项目的结果，这是一个主动而不是被动的过程。今天，项目经理与财务和营销分析师一起证明项目的财务合理性。他们对公司净利润的贡献使项目管理准则成为 21 世纪的核心业务流程之一。

如果使用正确，项目管理过程会以一种积极的方式影响收益成本比。它可以减少开支和协助高级管理层在项目之间选择项目，它可以提供一个现实的和可控的成本结构，该结构目的在于提高竞争优势和最大化股东财富。换句话说，项目管理是成本节约者而不是一个成本中心。

难道只是项目该如何适应组织目标和策略的问题吗？项目经理该如何让别人对项目感到兴奋？复杂项目挑战着当代组织的能力，要求组织拥有新的组织结构、先进的管理技能及新的角色和关系。本书能应对这些挑战：新手项目经理能够从头到尾跟随一个项目；经验丰富的项目执行者能够看出本书是如何保持一致的。在学习项目流程及其相关活动时，读者可以：

- 描述项目管理准则和技术如何应用于项目管理的真实挑战。
- 了解如何定义项目范围，解释项目计划成功执行的各个步骤。
- 开发编制工作分解结构的能力。
- 对比职能经理与项目经理的责任。
- 制定进度逻辑。
- 开发进度绩效的评估能力。
- 了解如何确定计划出错的纠正措施。
- 有效利用人力资源。
- 理解项目相关方的正确沟通。

- 粗略了解项目组合管理及其与项目选择的关系。
- 理解高效团队的特点及挑战。
- 通过建设性讨论理解激励技巧。
- 了解在冲突情况下如何更有效沟通。
- 理解并演示倾听、说服和授权的技巧。
- 描述风险管理要素和概念。
- 理解不确定性及其在决策中的作用。

项目成功因素

在开始之前，让我们看一看可能决定项目成败的那些因素。当你向前发展时，牢记这些要素，项目将以积极的方式开始。如果这些成功因素并不存在于组织，也许在你开始你的项目管理旅程之前，将需要更多的前期工作。

成功因素 1

为了使项目管理在一个组织内成功，必须有自上而下的、高层或高级管理人员的支持。项目所有者必须支持项目的利益，接受承担提供资金和预算状况的责任，同意项目和章程要求，签署风险计划，熟知规划结果及实际结果的状态。

成功因素 2

客户和用户应该拥有项目的所有权。这可以通过提供资源，参与项目计划，计划完成后批准需求、签署进度计划、参与风险管理流程、同意范围变更等来显示。

成功因素 3

业务流程必须被充分了解。项目经理和团队必须掌握业务流程。很多项目都是由一个业务问题产生的，团队必须理解这一问题，并就项目解决方案将如何变更业务流程进行定义。当变更发生时，其影响应该记录并得到客户的完全了解。过程改进指标也必须识别，这样就可以确定项目是否达到解决商业问题的预期目的。

成功因素 4

选择项目应该基于可靠的业务计划，这些计划是为某些特殊的阶段或工作而完成的。必须识别出基础设施和业务解决方案执行单位，这些要与企业计划同步并得到经济上的验证。

成功因素 5

项目范围应明确定义并在项目章程中得到识别。当范围变更时，必须进行预算和进度的影响分析，必须把团队关注点仅限于批准的变更。变更负责人必须面对范围变更的所有风险和收益。

➤ 成功因素 6

必须存在有效的变更控制过程，所有相关方需要遵循。项目经理必须跟变更负责人定期审查所有的变更及影响，变更负责人批准变更请求和相关的资金。

➤ 成功因素 7

业务驱动必须完全识别并得到所有者和用户群的同意。换句话说，项目必须为业务增加价值。项目的解决方案要素应源自业务驱动，它的成功标准在项目开始时得到定义并在每个阶段被设定为标杆。应该建立某种收集数据的方法，以便用于测量指标。

➤ 成功因素 8

不要尝试实验新技术。在把技术用于关键任务类的项目之前，必须论证以前的使用情况。在把技术用于客户做决定类的项目之前，必须论证以前的行业应用。必须有适当的技术小组准备就绪并同意支持该技术。

什么是 PMP 认证

项目管理协会（PMI）成立于 1969 年，其目标是制定全球的跨行业的项目管理标准。其出版的项目管理知识体系指南（PMBOK®指南）概括了流程和技术，经 ANSI（美国国家标准研究所）认定为美国国家标准。PMI 还管理一个认证过程，根据工作经验、教育和专业特长如风险、进度计划、项目集管理和项目管理，授予不同认证。项目管理专业人员（PMP）认证是至今为止最受欢迎的认证。

据其网站介绍（www.pmi.org），“PMP 证书认可在领导和指导项目团队及在进度、预算和资源的约束内交付项目结果方面所展示的知识和技能”。参加 PMP 考试，你必须填写申请表及在过去 8 年的职业生涯中获得领导项目任务的小时数来证明经验。在本书出版时，PMI 要求持有学士学位的专业人员在过去 8 年中至少有 4 500 小时及 36 个月的项目管理经验，而那些只有高中文凭的人需要证明在过去 8 年中有 7 500 小时及 60 个月的项目管理经验。除了这些工作经验，申请人还必须表明在申请前已经累积了至少 35 小时的项目管理教育经验来参加专业考试。当申请得到批准及申请人同意遵守该组织的道德准则时，申请人就可参加考试，考试有人监考，包括 200 道选择题，需在 4 小时内完成。考试由第三方专业考试机构在世界各地的考点提供。对于专业考试更详细的信息，请访问 www.pmi.org。

本书适合你吗

本书的目的是为项目经理提供取得成功的所有的工具和技术。不管你是 PMP（项目管理专业人员），或者渴望成为 PMP，还是一位项目实习新手，本书都会指导你从项目开始做到项目结束。

贯穿整本书的是一个案例，把项目经理面临的挑战和成功呈现在你面前。本书包含 65 个练习，结合现实场景，测试你的项目管理准则知识。本书还提供了数十份模板，适合自己的工作环境没有模板的情况下使用。

注意：虽然本书确实匹配最新的 PMBOK®指南，但这不是一本 PMP 考试辅导手册，这是 Kim Heldman *Project Management Professional Study Guide*（Sybex，2002）的配套用书。

本书如何组织

本书分为五个阶段，分别代表项目管理知识体系指南划分的五个主要的过程组。每个阶段都被分成了独立的任务。每个阶段的任务引导你一步一步走向阶段的完成。

阶段 0——专业责任　这一阶段解释 PMI 在专业行为和道德操守领域建立的项目管理标准，包括责任、尊重、公平和诚实等。

阶段 1——启动过程　这个过程包括项目所需财务信息、编制章程、定义项目范围。

阶段 2——规划过程　这个过程指导您完成项目管理主计划所需要的所有的项目管理计划。

阶段 3——执行过程　这个过程带您实现所有计划及管理团队成员。

阶段 4——监控过程　这个过程提供了保持项目正常运作的现实场景及如何管理与成本、进度、范围、质量、风险、沟通、采购等相关的绩效问题。

阶段 5——收尾过程　将引导您体验结束合同和项目的所有步骤。

本书中每个任务分为几节，这是为方便学习而设计的写作架构。一般在第一节介绍任务情况。其他节的说明如下。

场景　本节里为你戴上项目经理的帽子，体验工作中很可能会面对的场景。

任务范围　本节全是任务准备工作，让您了解需要多长时间完成任务，开始之前需要什么设置过程，以及需要留心的任何担忧或问题。

过程　本节是任务中将学到的知识技能的大纲。

细节　这就是学习的地方，将告诉你如何完成任务中的每一事项。

项目管理任务

阶段 1：启动过程

- 评估项目。
- 定义高层次范围。
- 理解你的相关方。
- 识别项目的局限，并提出实现方法。
- 制定章程。
- 获得项目章程批准。

阶段 2：规划过程

- 建立项目可交付成果。
- 编制工作分解结构（Work Breakdown Structure，WBS）。
- 制订预算计划。
- 制订项目进度计划。
- 制订资源计划。
- 制订沟通计划。
- 制订采购计划。
- 制订质量管理计划。
- 制订变更管理计划。
- 制订风险管理计划。
- 记录并展示项目管理主计划。
- 举行开工会。

阶段 3：执行过程

- 获取和管理项目资源。
- 指导和管理项目执行。
- 实施质量管理计划。
- 实施批准的变更到主项目计划。
- 遵循风险计划最小化风险影响。
- 开发和管理团队绩效。

阶段 4：监控过程

- 测量项目绩效。
- 管理项目变更。

- 确保项目可交付成果符合质量标准。
- 管理风险对项目的影响。
- 评估问题日志中的纠正措施。
- 沟通项目状态。

阶段 5：收尾过程

- 规范化项目验收。
- 转移可交付成果的所有权。
- 获得法律和行政收尾。
- 分发最终报告。
- 整理经验教训。
- 归档项目文档。
- 测量项目绩效。

阶段 0

专 业 责 任

恭喜！你已经被任命为项目经理（不管有没有通过选择），现在具备了胜任一份满意的职业，或者至少是有趣的工作的潜力。你将有机会以你从没想过的方式成长。你将开始在决策制定和变更管理的大海上度过美妙的旅程，你将在很多方面变得更有能力，可能的比你想的还要厉害。

作为一个项目经理，你必须时刻注意自己的专业状态。不论你是否已经成为或即将成为一位 PMP（项目管理专业人员）或任何其他项目管理从业者，在本质上你是一位企业资金管家或客户关系维系人员。你可能面临潜在的利益冲突和有争议的资源问题所带来的挑战，或者你可能需要处理不良供应商。你对这些问题的回应不仅定义了你的行动，而且定义了你的为人。

作为项目管理实践者，如 PMI 的专业行为和道德准则所描述的那样，应该在责任、尊重、公平和诚实的领域拥有而且努力去实现的高标准，这是你的责任。

注意：关于 PMI 的专业行为和道德准则的更多信息，请访问项目管理协会的网站 www.pmi.org/About-Us/Ethics/Code-of-Ethics.aspx。

在这个阶段，您将学习 PMI 的专业行为和道德准则的四个领域，了解它们将如何适用于你。大多数职业依赖道德规范驱动其成员的行为。在丑闻和道德泛滥的今天，遵守一套道德规范更加重要。1980 年，PMI 开始研究专业行为和道德准则的标准，并于 1983 年 8 月公布首次报告。从那时起，不仅 PMI 在成长，而且全球项目管理社区也在不断增加，更加需要一套全球共同的专业行为和道德准则标准。PMI 在随后的几年里几次修订道德规范问题。

用了不同的方法，研究全球项目管理社区面对的道德问题，包括但不限于互联网调查及成员、非会员、非营利性组织和世界各地的小组讨论。道德问题的共同特征包含以下内容：

- 责任。
- 尊重。
- 公平。
- 诚实。

如何影响项目管理人员

PMI 要求所有 PMP 申请人和其他证书持有者支持 PMI 的专业行为和道德准则。

维护 PMI 的专业行为和道德准则不仅适用于我们个人的和专业的日常活动，也适用于全球项目管理社区活动。PMI 行为准则设定的价值观是责任、尊重、公平和诚实。这些特征成为我们的愿景。拥有这四种价值观的愿景，并始终保持在头脑中，可以为您提供一个框架，即便面临的问题可能影响你的价值观、可靠度和个人荣誉，也能做出良好的道德决策。责任、尊重、公平和诚实在行为准则中的特征分为典范性准则和强制性准则。

《PMP 手册》（*Project Management Professional Handbook*，PMI，2011 年 3 月 18 日修订）对典范性准则的描述："典范性标准描述我们作为从业者力求遵循的行为。"

强制性准则也在 PMP 手册中有描述："强制性标准规定了硬性的要求，在某些情况下还指出了限制或禁止的行为。"

注意：重要的是要明白，有时可能既违反典范性准则又违反强制性准则。

责任

作为一个负责任的人，我们必须"担当"自己的行动，即使失败也不推卸。这包括我们已经制定或未能制定的决策、我们已经采取或未能采取的行动、勇于承担我们的决策和行动所产生的后果。

责任价值观的典范性行为准则

负责任的人被视为可靠的、一致的、可信的和认真的。我们应该立志通过以下管理体现责任的价值：

- 我们基于社会、公共安全和环境的最佳利益来制定决策并采取行动。
- 我们不错误地夸大我们的能力、经验、学历、技能以接受任务，我们遵守承诺。
- 即使失败我们也"担当"自己的行动。
- 专有权和/或机密信息始终受到保护。
- 我们捍卫这一准则并互相负责。

让我们看一个例子。项目经理要求一位团队成员执行一些项目测试，这些测试通常不需要执行，但是将会提供额外的质量水平和客户满意度。团队成员和他的上司同意完成这些测试，并提供了确保检测成功的书面指示，准备并用文件记录了假如测试失败可以应用的过程。然而，测试没有执行。因此，项目处于危险之中，并且客户非常愤怒。项目经理花了三天发现额外的步骤没有执行，从而导致这个特殊的变更。当项目经理发现如上所述的测试遗漏问题后，他坚持团队成员应被停职并立刻打发回家。这引起了一次工会骚动。最后，问题解决，团队成员没有停职，但是从那位成员、他的上司或项目团队的角度来看，项目经理给大家留下了负面印象。

在这一例子中，项目经理并没有“担当”这个错误。因为他确信有人应该承担责任。正确的做法是与此相反，项目经理应该说类似的话：“我可能没有做到我该做的，我应该就额外测试工作先沟通我的期望。我对这些结果承担全部责任，并将采取任何必要措施来确定它不会再次发生。”

责任价值观的强制性行为准则

责任价值观的强制性行为准则能保持我们的典范性行为准则有效。

- 我们保证我们自己了解那些管理我们的行动的法规、政策和规则。
- 非法或不道德的行为会报告给相关部门。
- 将会把准则违反者提交给适当的团体来解决。
- 我们只当有事实确凿时提出道德投诉。

以下所述由 David A. Lax 和 James K. Sebenius 开发［发表在《谈判者经理人：谈判及竞争性获得中的讨价还价》（*The Manager as Negotiator: Bargaining for Cooperation and Competitive Gain*）Free Press，1986 年］。坚守这些行为准则，它们可能对你有用：

- 对正在发生的任务，你在遵循社会广泛理解和接受的规则吗？如在扑克游戏中，虚张声势也是游戏公认的一部分。
- 对你的行动进行公开讨论和辩护会让你舒服吗？
- 如果朋友们都知道它，你会舒服吗？你的家庭知道吗？如果它出现在报纸头版呢？
- 你希望别人那样对你或你的家庭吗？
- 如果每个人都那样做会怎样？受结果影响的群体会满意吗？
- 还有没有其他基础更坚实的备选方案？

可能检验你的个人和道德信仰系统的事情包括：

- 你不能用竞争性建议书的同等标准衡量一份建议书。
- 你向管理层、发起人、团队或你的客户隐瞒坏消息。
- 为保持进度的利益，你省略测试或忽略质量控制。
- 对侵占或欺诈的行为，你睁一只眼闭一只眼。
- 你接受某供应商的贿赂，他想成为唯一来源供应商。
- 你提供有缺陷的报告来掩盖未解决的问题。

尊重

你可曾遭受不公正的无礼对待吗？作为项目经理，我们可能曾遇上过有人对我们不敬，因为我们是“新”的或“默默无闻的”。如果你管理的项目属于你的异性掌权的行业，性别就可能是一个问题。也许你还曾在一个不尊重你观点的团队中待过。许多人遭受不敬时只是简单地停止交流，不再分享他们的宝贵信息。

在儿童时，我们可能被教导过，要尊敬父母和老师，以及我们的财产。作为成年人，我们学会了尊重金钱、其他人的安全、我们的声誉和环境。

当我们给予自己和他人明智的尊重，给他们自由言论的信心（即使我们不同意），激励大家合作时，人们就开始信任我们了。

尊重价值观的典范性行为准则

能够对他人表现尊重的人是有礼貌的、得体的。达到该价值观的典范性准则：

- 我们了解别人的风俗，因此我们不会不尊重他们的价值观和文化。例如，如果您正在一个亚洲国家使用筷子，吃饭的适当行为是暂停吃饭时把筷子摆在碗的顶端而不是插在碗里的食物中。
- 我们倾听他人的观点，不仅努力追求理解它们的意思而且争取理解沟通的意图。这意味着学习有效的沟通技巧。
- 我们公开表扬，私下训斥或争论。
- 我们以专业的方式行事和说话，即使得不到同等的回报。如果我们回报以非专业的方式，就贬低我们自己和我们的声誉。

一位项目经理讲了这个故事。在一个严重的错误发生后她召开了一次会议。会议的目的是确定如何修正这个错误。参加者想出了如何解决这个问题的办法。然后，项目经理询问这个团队：“有没有什么事情，如果我换个方式去做，或许就能避免这个问题？”在房间后面的一个人说：“好吧，如果你在上周的会议上问我这个，我可能告诉你如何避免它。”项目经理感到完全不受尊重。她脸色铁青，回应说：“如果你的意图是让我看起来像个傻瓜，你已经做到了。如果你的意图是想羞辱我们的公司，你也已经做到了。但我要问你，为什么你要以危害我们的客户服务为代价来满足这种病态呢？”在那个时候，其余的团队成员变得对他很生气。

有些人会把信息紧紧地抓住不放。项目经理知道这个吗？她提出过正确的问题吗？或许情况是可以避免的，如果她这样问，“在我们继续行动之前，还有没有我需要知道的其他事情？”

尊重价值观的强制性行为准则

当表现出尊重的价值观，你提升了别人的自尊。以下是尊重别人的强制性行为方式：

- 用双赢的态度谈判。
- 我们不使用我们的专业权力或地位来影响他人的决定或行为。
- 我们不以牺牲他人为代价获取个人利益的方式来提升自己。
- 我们不以侮辱的方式对待他人。
- 我们尊重他人的权利，无论是财产、保密，还是将导致某人失去他人的尊重的其他事项。

一位项目经理培训师讲过一个故事。团队集中讨论。这个培训班有一个项目经理和他的队员，项目经理正面临着安排工作让事情做好方面的一些困难。讲师问："项目经理必须是团队里面技术最牛的成员吗？"房间里的项目经理回应："我必须知道一切，否则工作不会按照应有的方式去完成。"当看到房间里其他人的肢体语言时，讲师停顿了几秒钟。项目经理问："那有什么问题吗？"培训师说："我个人认为，一个人的团队不是一个团队。"

问题就在这儿了。项目经理不相信他的队员可以做他们的任务。他们觉得不被尊重。

公平

远离偏好、个人利益及在行动中不抱偏见，是我们的责任。我们应该公平和客观地做出决策。

➤ 公平价值观的典范性行为准则

为了做到公平，你必须是正直的和公正的。以下是一些可以维持你客观性的方法：

- 做出决策时，我们的决策过程应该透明。换句话说，我们会展现出我们如何做出的决定。
- 如果我们的客观性或公正性看似缺失，我们采取步骤纠正行动。

项目经理收到来自一家供应商的提议，要给她世界职业棒球大赛期间所有主场比赛的包厢。门票多到足够让她的整个团队看三场比赛。而作为回报，供应商希望项目经理选择他的公司参与一些即将开始的项目工作。"交个朋友，互相关照。"他说。但这不仅是不道德的，而且对其他供应商也是不公平的——不管这个提议多么诱人。

➤ 公平价值观的强制性行为准则

根据 PMP 手册：

- "我们积极主动地、完全地向适当的相关方披露任何实际或潜在的利益冲突。"
- "当我们意识到我们有潜在的利益冲突时，我们应避免参与决策过程或试图影响结果，除非或直到：我们已充分向受影响的相关方披露，我们有一个批准的缓解计划，以及我们已获得的相关方同意继续进行。"

你可能没有意识到存在潜在的利益冲突。问自己下列问题可能有帮助：

- 有没有涉及我的个人财务？
- 我有没有任何经济利益，如股票或房地产？
- 项目是否给我提供收入来源？
- 在我负责的项目的供应商或供货商组织中，我是否拥有管理职位，如董事、高级职员、合作伙伴、受托人、雇员？
- 我有没有馈赠金钱或提供食物、提供旅行开支，或者提供其他超出了法律法规限制的东西？
- 礼物超出管理层批准的金额吗？
- 有人提议负担我的旅行开支吗？
- 有人提供娱乐活动门票和入场券吗？
- 我用了非公开信息为个人获利吗（例如，股票市场内幕交易）？

你必须让自己意识到潜在的利益冲突和组织内管理它们的规则。根据 PMP 手册：

- 我们在处理敏感问题如雇用或解雇、奖励或惩罚、授予合同或拒绝授予等这类事情时，不依据私人的因素来做出抉择，这些私人因素包括但不限于偏袒、裙带关系或受贿。
- 我们不以别人的以下一些状况而歧视他们，这些状况包括但不限于性别、种族、年龄、宗教信仰、伤残、国籍或性取向。
- 我们既不偏袒也不抱成见地使用组织（雇主、PMI 或其他团体）的规章。

诚实

根据 PMP 手册：诚实是我们了解真相并以真实的方式去沟通和行为的义务。

➤ 诚实价值观的典范性行为准则

行动中诚实会促进信任。有时坦率可能让人感到不舒服，但你将因诚意和“据实以告”而被人记住。

- 我们总是努力了解真相。
- 例如，可能发起人和其他人不想听到项目状态的实情。不要讲他们想听到的。说实话，尽管可能有麻烦。在你的解释中准备好细节，这样他们明白实情真正意味着什么。
- 提供及时、准确的信息。不要隐藏信息或指责别人糟糕的业绩。正如我们前面所说，“担当”它，不要忘记赞美那些值得赞美的人。
- 我们创造一个环境，让其他人感到讲真话是安全的。没人打算在工作中犯错。他们是每个项目的一部分。这是我们解决问题的地方，而不是指责。

➤ 诚实价值观的强制性行为准则

根据 PMP 手册：

- 我们不介入也不姑息欺骗别人的行为，包括但不限于编造误导的或虚假的言论，半真半假的言辞，提供断章取义的信息或者扣发信息，而明知这样做将使我们的言论成为误导或片面的。
- 我们不介入欺骗性的行为，以达到获取个人利益或损害别人利益的目的。

在一个大型建设项目，采购总监有一个兄弟，他在另一个州有钻孔业务。鉴于成本过于昂贵，项目工程决策是不做任何钻孔工作。项目经理收到一份寄到家里的匿名信，附有一张发票复印件。在发票上，采购总监签署了 5 英里的钻孔，还包括一台单列的钻孔机。发票金额超过 300 000 美元。更令人吃惊的是，项目经理从未见发票，也从未请她签过字。项目经理与采购总监争论有关的发票事宜。采购总监告诉她不用理了，因为早已付过款了。

项目经理目瞪口呆。她把发票拿给批准发票的首席财务官，被警告别管闲事，要不就会失去她的工作。她把它带给委员会主席，却被告知立即停止这些查询，只做自己的工作。她不想要任何欺诈活动发生在她的项目。当面临专业管治准则缺乏的情况，你会做些什么？

现在，带着对我们行业标准和期望的清晰视野，您可以开始项目管理的旅程了。

注意：在每个阶段的结束，都会有这个主题的问题需要回答。

阶段 1

启 动 过 程

工人们可能认为项目开始时可以什么都不用做，就像从透明的空气中抓出来。有些人认为私下的“甜心交易”之后才开始项目的合理成本分析。其他人使用复杂的可行性分析及商业论证来决定是否启动一个项目。

无论项目如何批准，在某种程度上那些可信赖的经验丰富的项目经理可能需要挑战高级管理层的理性，然后才能将项目编入项目组合或移动到下一个阶段。我们需要面对这样的事实：这些高级管理层并不总是了解项目经理可能掌握的全部信息。我们需要基于数据和事实做事。情绪在这里没有用处。

例如，项目经理负责内部项目（如资产改良项目）工作时，被建议不要考虑成本；似乎来自发起人和高级管理层的命令是“不论如何只要做好工作”。项目经理是公司资金的管家。你应该帮助公司启动这样的项目，不仅能提供收益，而且能节约成本。当然你必须从最初来开始。在本阶段，书中将探索项目启动时能够让你作为项目经理发挥影响的几种方式：

- 理解公司战略。
- 理解财务原则。
- 实施项目选择方法。
- 使用内置的可行性分析建立渐进的业务论证。

任务 1.1：执行项目评估

要恰当地评估一个项目，你必须先理解公司战略及其在项目选择中的用处。战略计划描述了企业对目标市场的愿景及其有效创造客户满意度的市场目标。

你的项目符合公司战略目标吗？许多项目没有按照企业愿景来规划。其中一些可能有利于一个部门或另一个部门，但不符合公司战略。所有项目都应该回答这个问题：“项目对公司有益吗？”项目经理应该能够询问发起人这个问题并得到诚实的回答。没有什么比不得不问“为什么我们要这样做”更让项目团队沮丧的了。

战略计划有时编制之后从没执行过，因为总在“规划”阶段。如果没有执行，那它们就没有服务于任何有用的目的。由于执行全部的可选项目并不合算，必须理解和利用组织内各种可用的项目选择方法。

项目选择方法帮助决策者基于某些标准做出选择。有几种项目选择方法。本任务将介绍经济模型，包括净现值、内部收益率及根据预设标准比较项目的比较利益法。我们还会了解加权评分模型。

项目经理也可能在项目的经济工程中扮演关键角色，而且还应参与可行性研究和项目经济合理性分析。如果没有深刻理解资金如何使用的概念，你就无法参与财务问题。当然这并不是完全绝对的，掌握这一主题的人可以获得专业学位，而我们只探讨财务的基本原则。

当掌握了企业战略和财务知识后，我们将探讨商业论证及其对项目管理的价值。

➤ 场景

Cimarron 工业是一家从小作坊发展起来的百万美元级的公司。现在跻身财富 500 强，拥有 200 家店铺和一家集中加工面料的纺织厂。

该公司的业务开始于出版一系列的儿童书籍，撰写人是公司创始人兼现任首席执行官 Olivia Ross。图书生意大获成功后，图书事业的收益就投入到开设儿童服装连锁店，服装图案也来自书中的主要人物。

每个角色的服装系列最初都由 Ross 女士设计制造，委托给一个大型服装连锁店的儿童精品店销售。产品迅速售罄。后来，公司的服装商店也非常成功。市场战略继续专注于折扣价格的优质服装。

以该成功为基础，Ross 女士现在想开设女装系列的连锁商店，叫作“苹果”和“梨子”。Ross 女士相信商店会为世界各地的女士们提供她们正在寻找的衣服，即按照身材量身定制的时髦服装。腰粗的女人是“苹果”，臀肥的女人是“梨子”。目标顾客是中老年女性，但对于那些体型不太完美的年轻女士，苹果和梨子还将提供一个服装系列。它不关注加大码，而是各种尺码的体型。

Ross 女士不认为自己有商业头脑。她的学位是纺织和销售，所以她希望 Skylar Reese——首席财务官（CFO），指导她的业务和财务决策。在讨论中，Reese 女士提醒 Ross 女士，有几个其他的项目正在审议。其中之一是重新装修销量居前的五家商店。另一个项目是升级纺织厂设备。

Reese 女士认为，现在启动另一个项目将会收紧现金流。她提议，应该对建议书进行市场分析和经济研究，然后再做出决策。Ross 女士同意。

你已经被指定为苹果和梨子项目的项目经理，全力协助 Reese 女士。Reese 女士选择你的原因是你以前的职位是业务分析师。你至今已做了 5 年成功的项目经理，但实施规模都很小。你以前仅仅是被安排负责管理项目执行。你了解公司和大部分的流程。

你最近参加了一门资本预算课程，你很想尝试所学的东西。所有这些看起来都很有希望，但是真正的答案是用金钱来说话的。

自从上课起，你就一直在收集现金流数据，思考运营成本和息税前利润（EBIT），以及在项目上工作人员的可用性、需要的培训、战略契合、竞争优势和高层次的比较分析。你跟 Reese 女士分享了这一信息。

尽管 Reese 女士能够基于目前所了解的情况，99%断定 Ross 女士会批准该项目，但 Reese 女士还想更仔细地了解业务的真实情况。她要求你编制一份渐进的业务论证，通过查看运营问题、收入测试和其他可能影响利润的非财务要素，进一步证实你目前所知的事实。

Reese 女士跟 James Stevens 讨论了你的建议，两人都是财务委员会的成员，他决定使用一个渐进的业务论证。他认为这将为所做的假设提供现实数据，并且从那些可能的项目反对者那里获得坚定的支持。

任务范围

持续时间

该任务应该需要几天，不然就是几周，取决于项目的规模和项目选择方法的参与程度。

设置

在这项任务中，你必须知道项目该如何符合公司战略，以及如果财务不是你的专业，你需要理解关键的财务原则。项目经理收集项目相关数据，财务人员进行运算。你必须知道运算的数字意味着什么，并且能够利用它们来帮助你建立项目计划。

对于这项任务，你还需要对公司的业务运营实现基本了解。这可让你很轻松地协助准备商业论证。你将与其他经理共事，他们所有人都会参与。

注意事项

你必须能够接触叫作公司战略计划、战略目标等情况的信息。

在项目选择中，项目经理通常有一位财务人员搭档，以便把项目向高级管理层解释清楚。

然后一般由项目经理负责商业论证中的“成功的概率和里程碑”，这部分的操作要求会发给项目经理，因为这是项目经理的专长。这里所说的专长的意思是，大多数项目经理对运营工作中的流程有良好的理解。

步骤

在这个任务中，你将看到那些你理解战略计划所需的事项：

- 战略计划说明。
- 战略计划要素。
- 成功测量系统。
- 项目组合管理。
- 定义业务需求。

你还将了解资金如何在业务或组织中使用及与项目管理的联系。我们将学习以下内容：

- 资金的时间价值。
- 资本预算的概念。
- 现金流的概念。
- 资金的现值。
- 资金的未来值。

你将学习各种用来决定项目批准或否决的方法。相关主题包括：

- 净现值（Net Present Value, NPV）。
- 内部收益率（Internal Rate of Return，IRR）。
- 收益测量方法，如比较法和加权评分模型。

当你了解渐进商业论证的各种要素，你会看到它们是如何被迭代优化的。我们将看到商业论证的五个部分并比较它们的迭代计分卡。这五个部分是：

- 项目评估。
- 财务。
- 内部问题。
- 替代方案和建议。
- 里程碑。

细节

由于技术进步、法律要求、市场需求、客户需求等，组织总是处于变化的状态。组织的战略计划也将会依据变化的速度和组织管理这些变化的能力而变化。

此外，我们的经验是尽管项目管理课程通常不会讲授全部财务概念，业务领导们期望项目经理能够讨论财务问题。你可能不会参与实际的项目选择，但学会项目选择方法的基础知识及选择项目的方式，能让你为这方面的问题提供符合逻辑的答案。我们将介绍符合项目经理在“金钱游戏”中的角色的简单财务概念。

由于选择项目有时会很难，所以要在各种不同的项目选择方法中挑选，其中至少应该有一种项目选择方法应包含客观的经济模型如 NPV 或 IRR。为巩固你的意见，你不仅要能够使用你自己主观的想法和观点，还要能够使用事实和数据。

然而，如果使用商业论证，你就能很好地维护你的想法。商业论证经常用来评估项目。商业论证由掌握企业财务管理知识和项目管理知识的人完成。一个渐进的商业论证含有内建的可行性分析，并在每个阶段完成都给出一个“得分”。要想进入下一阶段，需要超过最低分数。每个阶段都有专用的“计分卡”，使用最低得分来衡量过程。我们将关注以下计分卡：

- 项目选择计分卡。
- 项目章程签署计分卡。
- 项目规划计分卡。

1. 战略计划说明

战略计划是企业为满足有效创造客户满意度的目标而阐述的目标市场企业愿景。

没有执行的战略计划无助于任何有用的目的。为了解决问题及编制营销计划、产品开发、研发、资产改良和其他的商业计划，可以说，把战略计划放在龙头的位置是非常重要的。当把所有计划和问题都进行整合并提供支持后，其终极结果就是得到最佳决策。

2. 战略计划要素

战略计划要素通常回答下面的问题：你和你的业务走向何方？业务和市场环境是否有利于成功？你怎么从当下到达终点？

项目计划应该对应战略计划。与营销计划、业务计划等结合在一起，它就成为一份战术计划。所以理解战略计划的要素至关重要，它大概包括：

- 价值和愿景说明。
- 使命说明。
- 关键的业务成功因素。
- 你想要什么样的形象。
- 你想要以什么而闻名。
- 未来五年你想达到什么地位。
- 关键业务驱动因素。
- 实现目标的行动。
- 成功测量系统。

项目应该基于它们与战略目的和目标的符合程度而获得批准。

3. 成功测量系统

战略测量指标对组织的成功十分关键。稳定的环境对错误有更多的宽容，也有更强的能力从错误中恢复。不稳定的环境很少容忍错误存在，需要更经常地做出衡量以便为战略进行关键调整。

战略衡量是常见的规划工具，在面对不确定性时更加重要，还可以对战略衡量的执行效力补充资料并提出反馈。Richard T. Quinn（Sears 公司质量副总裁）说：“如果你无法衡量它，你就不能管理它。”

4. 项目组合管理

项目组合管理是对各个项目及它们需要的总投资进行整体观察的业务过程。通过这种方式，投资决策的优先级排序可以根据企业战略、战略符合度及可用的资源来完成。不应该根据一个部门胜过他人的政治影响做出投资。

例如，多数大公司有业务单位，这些单位有高级经理。高级经理在他们的团队的帮助下，预测哪些项目将有益于他们自己的业务单位，然后制定相应预算。为什么不使用项目组合管理？业务单位负责人一起开会，把他们所有的项目都摆上台面。团队基于对业务最好而不是对业务单位最好的标准对这些项目进行优先级排序。其中的好处是非常明显的：

- 得到理性投资决定。
- 提供最佳的投资风险和回报组合。
- 在高风险高回报项目与更安全低回报项目之间促成平衡。
- 对新的及正在进行的投资进行分类、优先排序和监视。
- 在项目所有者和业务领导之间促进更好的沟通。
- 实现对资金分配问题上的更大的理解与合作，每个人都能看到资金的流动和使用原因。
- 提供更高的投资业务责任。
- 能使用项目组合管理为合适的领导人指派责任。
- 更加有效地使用人力资源，分配到不同项目的员工和经理数量变得更有可见性和可比性。
- 暴露多余的和重复的项目。

不过，也有一些项目组合管理的陷阱：

- 在所有提出的项目请求都没有得到投资时，有些业务单位领导会觉得处境很危险。
- 即使位居高层，有时难以改变思维。

高级管理人员将支持这个过程，并在工作进展过程中做出直接报告。

5. 定义业务需求

项目的业务需求应该紧密联系战略计划。典型的业务需求可能如下所示：

- 增加收入。
- 增加市场份额。
- 增加客户满意度。
- 减少开支。
- 更新技术。
- 更新基础设施。
- 增加新的产品和服务。
- 执行资产改良。
- 遵守法律或法规的规定。

帮助创建战略计划的关键业务驱动因素可能每年随着经济或关键人员的可用性而改变。某年的战略计划可能是通过解雇人员来减少开支，而另一年可能是通过改变一种能力来保持竞争力。还有许多其他的。你的工作就是总能够回答这个问题：“为什么我们要这样做？”

亲手实践 1.1：知识测试——企业战略

1. 为什么项目经理必须理解企业战略？
2. 列出战略计划的三个要素。
3. 为什么项目组合管理重要？
4. 苹果和梨子项目的业务需求是什么？

6. 资金的时间价值

商业经济和管理决策有一个基本概念，一笔钱的价值是现金接收或支付时间的一个函数。今天收到的一美元比未来某个时间收到的一美元更有价值。让这个概念有效需要一个前提，那就是无论什么情况下，投资利率为正值。通过展示如何得到未来资金的现值和现在资金的未来值。我们将会进一步探索这个概念。资金的时间价值是资本预算的核心。

7. 资本预算的概念

资本预算用于投资决策，可能包括以下目标：

- 股东财富最大化。
- 考虑所有的现金流。
- 按照资金成本折现现金流。
- 尝试为新项目的战略意义赋以经济价值，并把它们纳入经济分析中。
- 以非财务术语量化新项目的战略利益（如质量改进或减少提前时间）。

资本预算的目的：

- 生成并收集投资理念。
- 估算/预测投资成本和收益。
- 分析/评估每个备选方案的成本和效益。
- 在投资备选方案中做出选择并实施所选方案。
- 评估实施的投资。

8. 现金流的概念

因为投资决策需要现金流的知识，让我们简要研究一份简单的现金流图解（见表 1.1）。一个公司花费 100 000 美元从事概念研究，并使用以下信息来确定现金流（单位：美元）：

设备	2 400.00（第 0 年）
折旧	450.00, 360.00, 270.00, 180.00,90.00
培训成本	816.00（第 0 年）
销售增加	7 500.00,6 年中每年增加 10%
营业费用增加	6 500.00,5 年中每年增加 6%

表 1.1　现金流示例　　单位：美元

	第 0 年	第 1 年	第 2 年	第 3 年	第 4 年	第 5 年
设备	−2 400.00					
折旧		−450.00	−360.00	−270.00	−180.00	−90.00
培训成本	−816.00					
销售增加		7 500.00	8 250.00	9 075.00	9 982.50	10 980.75
营业费用		−6 500.00	−6 890.00	−7 303.40	−7 741.60	−8 206.10
息税前利润		550.00	1.000.00	1 501.60	2 060.90	2 684.65
税金=40%		−220.00	−400.00	−600.64	−824.36	−1 073.86
现金流	−3 216.00	330.00	600.00	900.96	1 236.54	1 610.79

请注意，在第 0 年只有支出。接下来的几年里显示的折旧是负数，接着从销售收入增量减去折旧及营业费用得到息税前利润的数据。然后减去税金得到现金流。大多数的现金流会更为复杂，包括又加回来的折旧，然后得到净现金流。

9. 资金的现值

现在大多数的大公司在投资决策（资本预算）时都使用某种形式的贴现现金流技术（Discounted Cash Flow, DCF）。执行贴现分析，你必须找到未来货币款项的现值。如果你两年后能得到 200 美元，那么今天你可能愿意接受较少数额的一笔（例如，188.68 美元），前提是在接下来的两年你的投资足以挣到 200 美元。

现值公式是：

$$\mathrm{PV} = \mathrm{FV}/(1+r)^t$$

式中，$(1+r)^t$ 是周期 t 结束时收到的一美元的现在的价值；r 是资金的时间价值；FV 是未来值；1/（$1+r$）^{t} 叫作现值系数或折现系数。

这些折现系数决定了潜在的增长。现值等于未来值乘以折现系数。这些系数可以用三种方法计算：通过表格、手工计算器或计算机程序。表格是最简单的。表 1.2 就是折现系数的例子。

表 1.2　折现系数

n/r	1%	2%	3%	4%	5%	6%	7%	8%	9%	10%	11%	12%	13%	14%	15%
1	0.990 1	0.980 4	0.970 9	0.961 5	0.952 4	0.943 4	0.934 6	0.925 9	0.917 4	0.909 1	0.900 9	0.892 9	0.885 0	0.877 2	0.869 6
2	0.980 3	0.961 2	0.942 6	0.924 6	0.907 0	0.890 0	0.873 4	0.857 3	0.841 7	0.826 4	0.811 6	0.797 2	0.783 1	0.769 5	0.756 1
3	0.970 6	0.842 3	0.915 1	0.889 0	0.863 8	0.839 6	0.816 3	0.793 8	0.772 2	0.751 3	0.731 2	0.711 8	0.693 1	0.675 0	0.657 5
4	0.961 0	0.923 8	0.888 5	0.854 8	0.822 7	0.792 1	0.763 9	0.735 0	0.708 4	0.683 0	0.658 7	0.635 5	0.613 3	0.592 1	0.571 8
5	0.951 5	0.905 7	0.862 6	0.821 9	0.783 5	0.747 3	0.713 0	0.680 6	0.649 9	0.620 9	0.593 5	0.567 4	0.542 8	0.519 4	0.497 2
6	0.942 0	0.888 0	0.837 5	0.790 3	0.746 2	0.705 0	0.666 3	0.630 2	0.596 3	0.564 5	0.534 6	0.506 6	0.480 3	0.455 6	0.432 3
7	0.932 7	0.870 6	0.813 1	0.759 9	0.710 7	0.665 1	0.622 7	0.583 5	0.547 0	0.513 2	0.481 7	0.452 3	0.425 1	0.399 6	0.375 9
8	0.923 5	0.853 5	0.789 4	0.730 7	0.676 8	0.627 4	0.582 0	0.540 3	0.501 9	0.466 5	0.433 9	0.403 9	0.376 2	0.350 6	0.326 9
9	0.914 3	0.836 3	0.766 4	0.702 6	0.644 8	0.591 9	0.543 9	0.500 2	0.460 4	0.424 1	0.390 9	0.360 6	0.332 9	0.307 5	0.247 2
10	0.905 3	0.830 3	0.744 1	0.675 6	0.613 9	0.558 4	0.508 3	0.463 2	0.422 4	0.385 5	0.352 2	0.322 0	0.294 6	0.269 7	0.247 2

如果每个时段的货币时间价值是 0.10，三个时段后收到的 1 美元的现值是多少？

在表 1.2 中，在 10%和三个时段的交叉点，值等于 0.7 513。因此，如果你投资 0.7 513 美元，每年赚 10%，三年后你会收到 1 美元。

如果每个时段的货币时间价值是 0.10，三个时段后收到的 100 美元的现值是多少？因为 $1/(1+0.1)^3=0.7513$（见表 1.2），你可以看到在表 1.3，可以看到 100 美元在时段 1 的现值是 75.13 美元，在时段 2 的现值是 82.64 美元，在时段 3 的现值是 100 美元。

表 1.3　现值示例

时　段	阶段开始投资（美元）	利　息	阶段结束投资（美元）
1	75.13	7.513	82.64
2	82.64	8.264	90.91
3	90.91	9.091	100.00

使用折现系数，你可以计算任何单一现金流的现值。但大多数时候，你需要计算任意数量现金流序列的现值。

10．现值加法规则

现值加法规则指出，任何一组现金流的价值是该组中每一现金流的现值之和。例如，使用表 1.2，如果资金的时间价值是 0.10，时段 1 收到 100 美元，时段 2 收到 200 美元，两笔现金流的现值是多少？表 1.4 中展示了如何计算的例子。

表 1.4　现值加法规则

时　段	现金流（美元）	折现系数	现值（美元）
1	100.00	0.909 1	90.91
2	200.00	0.826 4	165.28
		应用 0.10 利息下的现值	256.19

通过使用未来现金流的现值公式和现值加法规则，你就可以计算任意可能现金流的现值。

11．资金的未来值

假设你现在有 1 美元，可以投资赚取利息 i。经过 1 个时段，你就会有 1 美元加上这 1 美元赚来的利息。FV 为未来值，r 是年息。

重复这个过程中，在时段 2，你会得到 $FV=PV(1+r)^2$

如果 r=0.1，n=2，你会得到 $FV=PV(1+r)^2=(1+0.1)^2=1.21$（美元）

如果不是从 1 美元开始，而是从某一现值 PV=50 美元开始，那么阶段 2 的价值是：

$FV=PV(1+r)^t=50\times(1+0.1)^2=60.50$（美元）

按照利率 10%计算，50.00 美元在阶段 1 增长到 55.00 美元。55.00 美元（仍以 10%计算利率）在阶段 2 增长到 60.50 美元。这个方程是现有金额的未来值的标准复利公式。术语 $(1+r)^t$ 叫作复利终值。它显示了如何计算现有金额的未来值：现有金额 PV 按照每阶段利率 r 来计算 n 个时段（可能是几个月、季度、年等）的复利。业务决策不计算未来值，而是时常基于现值。

亲手实践 1.2：知识测试——财务原则

年利率是 5%。做出必要的计算，判断以下哪些陈述是正确的或哪些是错误的。记住，n 用于计算复利终值而不是做一个乘数。

1. 现在 98.00 美元相当于一年以后的 105.60 美元。（正确或错误？）
2. 一年前的 200.00 美元相当于现在的 205.00 美元。（正确或错误？）
3. 现在 3 000.00 美元相当于一年后的 3 150.00 美元。（正确或错误？）
4. 现在 3 000.00 美元相当于一年前的 2 887.14 美元。（正确或错误？）
5. 投资 2 000.00 美元一年的累积利息是 100.00 美元。（正确或错误？）

12. 经济模型

有时候从几个项目中选择一个是很困难的一件事，你可能要从各种不同的项目选择方法中挑选，但至少应该挑选一种包含客观的经济模型的项目选择方法，如 NPV 或 IRR。因为除自己主观的想法和观点外，你还希望能够用事实和数据维护你的想法。

（1）经济模型：净现值（NPV）

NPV 是在未来时间 n 的现金流量在当前时间的市场价值，折现系数 Dn 基于贴现率 r，贴现率相当于使用 1 美元的市场价格。这是现值概念的一个应用，其中跨过不同时间的价值汇总起来。NPV 也被认为是现金总流量的市场价值。

如果 NPV 大于 1，一般认为投资可以接受。你当然可以基于其他因素做不同选择。如果税金为 0，那么投资方案的 NPV 可以描述为一家公司可以为投资机会付出而不带来财务恶化的最大金额。

计算投资方案的NPV是用现金流的现值总和减去初始投资。NPV由以下几步确定：

1）选择合适的贴现率。

2）计算投资方案预期收益的现金的现值。

3）计算投资方案要求的现金支出的现值。

4）用收入现值的总和减去支出的现值。

按照表 1.5，假设投资花费 10 000 000 美元，1 年后回报 12 100 000 美元。若贴现率是 10%，那么公司最多可以直接花费 11 000 110 美元来期望 1 年后获得 12 100 000 美元的收入。如果实际上只花费了 10 000 000 美元就可以获得 12 100 000 美元的收入，那么这笔投资的 NPV 是 1 000 110 美元。换句话说，1 000 110 美元代表收入的现值 110 00 110 美元和实际支出 10 000 000 美元之间的差异。时段 0 的价值是负的，因为那是我们的初始投资。

表 1.5　净现值示例

时　段	现金流（美元）	现值系数	现值（美元）
1	−10 000 000	1.000	−10 000 000
2	12 100 000	0.909 1	11 000 110
NPV=1 000 110			

NPV 在大量的企业中得到广泛接受和使用。计算简单，容易理解。此外，该例子中 NPV 是正的，显示投资可以接受。NPV 有以下优势：

- NPV 是合理的。它直接衡量一笔或多笔单独考虑或联合考虑的现金流的当前市场价值。
- NPV 是有效的。作为决策变量，NPV 除了提供其他任何变量能提供的所有可用之处，还有额外的优势。
- NPV 是可靠的。只要遵守 NPV 的规则，当知道现金流的数额和基于市场资金成本的贴现率后，任何人都可以计算出同样的结果。
- NPV 是灵活的。项目任何部分的 NPV 计算之后就可使用，不用考虑也不用再次计算投资的任何其他部分。

注意：在几个例子里，我们展示了 NPV 的使用，在时段 0 或时段 1。如果我们从时段 0 开始，那就是时段的起点。如果我们使用时段 1，我们是说投资已经运作了 1 个时段（例如，在第一年的结束）。

还有一点需留意，如果你从时段 0 开始，那就按时段 0 计算 NVP。如果你从时段 1 开始，那就按时段 1 计算 NVP。

既然你了解了计算 NPV 的步骤，那我们就试试吧。

亲手实践 1.3：知识测试——NPV

（1）假设需要进行一项投资。初始投资是 12 337 美元（第 0 年）。因为是初始投资，看起来有负数。第一年年末（时段 1）的现金流是 10 000 美元。第二年年末（时段 2）的现金流是 5 000 美元。使用表 1.6，计算该项投资的 NPV，贴现率是 10%。

表 1.6　确定 NPV 问题 1

时　段	现金流	现值系数	现值（美元）
NPV=			

（2）改造项目初始投资是 500 万美元，资金成本是 9%。第 1 年的现金流是 100 万美元，第 2～3 年是 90 万美元，第 4～6 年是 75 万美元。使用表 1.7，确定改造项目每年的现值。

表 1.7　改造项目的 PV

时　段	现金流	现值系数	现值（万美元）
NPV=			

（3）改造项目的 NPV 是多少？

（4）苹果和梨子项目的初始投资为 700 万美元，资金成本是 9%。假设第 1 年现金流为 300 万美元，第 2～3 年是 200 万美元，第 4～6 年是 150 万美元。使用表 1.8，确定苹果和梨子项目每年的现值。

表 1.8　苹果和梨子项目的 PV

时　段	现金流	现值系数	现值（万美元）
NPV=			

（5）苹果和梨子项目的净现值是多少？

（6）如果苹果和梨子项目投资增加到 875 万美元，这对 NPV 的改变是什么？

（7）应该继续哪个项目？

（8）你可以使用其他哪些项目选择方法？

（2）经济模型：内部收益率

内部收益率就是使 NPV=0 的 r 的值。因此，内部收益率是投资的综合测量指标（而不只是现金流），只有当与另一个类似的投资方案比较时才有用。例如，比较两个资产改良项目时，使用 IRR 被认为可以接受。但比较一个建筑项目和一个 IT 项目就不行。

使用 IRR 可能给资本预算管理者带来严峻挑战。当经理决定只投资 IRR 最高的项目时，他们可能在做出一个不像他们所想的那么讨人喜欢的决定。例如，当现金流的所有要素是已知的时，IRR 提供了特定现金流的一些信息。每项财务投资的 IRR 为 10%（见表 1.9）。

表 1.9　内部收益率示例　　单位：美元

时　段	0	1	2
A	−100	0	110
B	−100	10	110
C	−100	110	110

注意，0 栏所示投资是负值。

在场景 A，两年投资 100 美元利率 10%，投资回报为 100 美元。

在场景 B，也是两年投资 100 美元利率 10%，但是第 1 年年底支付利息，在第 2 年年底返回本金及过去 1 年的利息。

在场景 C，第 1 年年底支付本金和本息。本金（100 美元）在第二年以相同的利息（10%）再次投资。

这些例子有相当不同的场景，但都有一个相同的 IRR，所以使用 IRR 时要小心。不仅 A、B、C 每个备选方案有可能会被一个或多个投资者看作相同的，而且可能把每个备选方案的规模差异给调换了。IRR 相同的财务投资机会，在另一方面可能表现非常不同，比如说，当使用 NPV 跟另一个比较时可能就会发现。

13．比较利益法

发起人和企业领导总想对他们做出的决定感到自信。他们需要从项目经理和其他协助他们的人那里得到信息。各种比较利益法都可用来协助项目经理为他们的发起人和领导提供可接受的和有意义的信息。你将学习：

- 比较法。
- 加权评分模型。
- 商业论证。

（1）比较利益法：比较法

表 1.10 说明了比较法。有三个步骤：

1）确定标准。（这些通常是预先分配的）

2）比较每个标准。

3）为结果加上权重。

重要的是要记住，大多数项目做出决定之前也使用经济模型或把经济模型列入标准之一。

表 1.10　比较法

标　　准	项目 1	项目 2
1．项目反映业务愿景、使命、目标和企业战略	是/否	是/否
2．项目对业务提供足够的价值	是/否	是/否
3．项目影响或关系到在其他业务单位内另一项目或应用	是/否	是/否
4．完成备选方案分析	是/否	是/否
5．项目遵循公司的标准	是/否	是/否
6．团队成员有适当的技能而且人员是可用的	是/否	是/否
7．其他类似项目解决类似的要求	是/否	是/否
8．当这个项目完成之后，现有项目中是否有项目必须停止	是/否	是/否

（2）比较利益法：加权评分模型

可以使用跟上面相同的比较，但每一问题要赋以一个权重。每个权重应该解释以免混淆（例如，5=关键任务，4=非常重要，3=重要，2=可有可无，1=不重要）。在这种情况下，幅度是 1～5，其中 5 最高。其他的评分模型可能会有不同的幅度。这个过程有三个步骤：

1）每个标准分配一个权重。

2）给每个标准评级。

3）权重乘以评级值，得到评分。

表 1.11 显示了加权评分例子。

表 1.11　加权评分

标　　准	项目 1			项目 2		
	权重	评级	得分	权重	评级	得分
1．项目反映业务愿景、使命、目标和企业战略	5	5	25	5	3	15
2．项目对业务提供足够的价值	5	4	20	5	5	25
3．项目影响或关系到在其他业务单位内另一项目或应用	4	4	16	4	4	16
4．完成备选方案分析	4	3	12	4	2	8
5．项目遵循公司的标准	4	3	12	4	4	16
6．团队成员有适当的技能而且人员是可用的	3	3	9	3	3	9
7．其他类似项目解决类似的要求	4	2	8	4	3	12
8．当这个项目完成之后，现有项目中是否有项目必须停止	3	2	6	3	1	3
		合计	108		合计	104

加权评分模型很简单，而且测量方法具有一致性。对于小项目（你公司必须决定怎样算是小），加权评分模型可能是足够的。但大多数公司也同时使用经济模型。

使用评分模型可能会有挑战。项目可以主观地排名和评分（不使用数据和事实），而不是使用客观的方法。在基于政治、个人议程等的选择委员会中，就可能有不一致。高级管理人员可以推翻决定。如果这些挑战确实存在，考虑修改标准，让所有人都意见一致。

亲手实践 1.4：知识测验——比较利益法—评分模型

回答下列问题：

1. 对于表 1.11 中的每个标准，你能提供什么来证明评级和得分的信息？
2. 选择五个额外的标准，给它们加权并评级，确定评分。这将如何影响问题 1 的结果？
3. 评分模型的优势是什么？
4. 比较法够用吗？为什么或为什么不？

（3）内置可行性分析的商业论证

商业论证和其他项目选择方法之间的差异就是商业论证向决策者提供了更高层次的信心，因为它为公司全盘考虑。商业论证在规划阶段完成，因而是在主要支出发生之前完成。此外，商业论证可能在项目结束后甚至更远的时间来追踪。例如，如果项目的业务目标是提高收入，这可能需要多花一年甚至多年来判断收入是否增加。

在商业论证中，每一节的每个标准都分配一个最低分数线。如果总的最低分数线没有实现，项目不能继续到下一个活动。

不仅每个标准会预先分配最低分数，项目选择委员会通常为每个计分板决定最低分数线。在现实世界中，商业论证在项目章程签署和规划活动中再三使用。每个渐进的阶段会把最低分数线提高，使决策者决定项目是否应该继续。

例如，如果项目章程签署的最低分数不满足两个活动的最低分数线（选择和章程），项目不能继续前进到规划。这份表不是用来显示章程和规划的全部得分，我们只把最低得分的摘要列入考虑之中。

表 1.12 是项目选择活动的最低分数计分卡的例子。

表 1.12　项目选择计分卡

1. 项目评估					
A.	市场分析				
	客户发起请求或顾客期望		最低分数	0	得分
	0	没有要求			
	5	非正式要求			
	10	正式请求/期望			
	满足客户需要		最低分数	5	得分
	0	没有识别的需求			
	5	感知符合需求			
	10	已知符合需求			
	市场时机		最低分数	4	得分

续表

	0	不能满足——交付时间超过客户需求			
	5	感知的满足客户的需求能力			
	10	已知的满足客户要求的能力			
	付款意愿		最低分数	5	得分
	0	已知的意愿			
	5	感知的意愿			
	10	已知在提议价格的意愿			
	市场潜力		最低分数	3	得分
	0	无潜力			
	3	感知的潜力			
	5	一些客户想要			
	10	大多数顾客想要			
	预测		最低分数	3	得分
	0	没有预测			
	5	草拟预测			
	10	来自客户的肯定的预测，附有客户服务团队和客户的承诺			
B.	战略契合				
	产品符合战略		最低分数	3	得分
	0	不符合任何业务单位战略			
	5	符合一半的业务单位战略			
	10	符合所有业务单位的策略			
C.	竞争优势				
	制造竞争优势		最低分数	0	得分
	0	没有优势			
	5	感知的优势或满足竞争			
	10	明显的优势			
D.	成功概率				
	技术能力		最低分数	5	得分
	0	没有优势			
	5	感知的优势或满足竞争			
	10	明显的优势			
	订单系统		最低分数	3	得分
	0	没有可用的方法			
	5	感知的可行性			
	10	已知的可行性——机械化系统就绪待用			
	账单系统		最低分数	3	得分
	0	没有可用的方法			
	5	感知的可行性			
	10	已知的可行性——机械化系统就绪待用			
	欺诈控制		最低分数	3	得分

续表

	0	没有优势			
	5	感知的优势或满足竞争			
	10	明显的优势			
	维护		最低分数	3	得分
	0	没有可用的方法			
	5	感知的可行性			
	10	已知的可行性——就绪待用			
	安装/部署		最低分数	3	得分
	0	没有可用的方法			
	5	感知的可行性			
	10	已知的可行性——就绪待用			
	系统协同		最低分数	3	得分
	0	需要所有新系统			
	5	需要重大修改			
	10	需要最小的修改			
	风险对收益		最低分数	3	得分
	0	风险大于收益			
	5	风险和收益都是平等的			
	10	收益大于风险			
		项目评估最低得分			49
		项目评估实际分数			
		差异			
2. 财务					
A.	财务分析质量		最低分数	3	得分
	0	没做			
	1	粗略估算收入、费用、资本或价格和估计增量投资（每单位计算）			
	3	估计需求、收入、费用、资本以商业论证格式（损益表等）			
	5	初步的财务分析，包括变量的灵敏度分析、职能单位在适当情况参与估算成本			
	7	财务分析包括最好/最坏情景案例、灵敏度分析、职能单位在适当情况参与估算成本			
	10	财务分析包括蒙特卡罗风险分析、最好/最坏情景案例、灵敏度分析和职能单位在适当情况参与估算成本			
B.	项目集的财务可取性		最低分数	1	得分
	0	没做			
	1	项目或项目集预计在 5 年内盈亏平衡			
	3	项目/项目集在研究的生命期内有正的 NPV，折现的盈亏平衡是 5 年或更少			
	5	项目具有重大的毛利率/利税折旧及摊销前利润（EBITDA）的机会和影响			

续表

	7	项目/项目集满足以下 4 个标准之中的 3 个： • 修正的利润指数为 2.0 或更高 • 项目集的回报率超过资金成本 10% • 折现的盈亏平衡是 5 年或更少 • 和/或股东价值超过 500 万美元			
	10	项目/项目集有： • 修正的利润指数为 3.0 或更高 • 项目集的回报率超过资金成本 15% • 折现的盈亏平衡是 3 年或更少 • 和/或股东价值超过 1 000 万美元 • 最坏的情景案例满足所有 5 个标准			
		财务最低得分			4
		财务实际分数			
		差异			
3．内部问题					
A.	初步披露的影响		最低分数	3	得分
	0	没有优势			
	5	感知的优势或满足竞争			
	10	明显的优势			
B.	合同制定		最低分数	2	得分
	0	没有可用的方法			
	5	感知的可行性			
	10	已知的可行性——机械化系统就绪待用			
C.	净收入测试输入/分析				得分
	对交叉弹性及免费服务的影响		最低分数	5	
	0	没有完成或消极的净影响			
	5	中立的净影响			
	10	积极的净影响			
	对新服务、交叉弹性、免费服务的需求分析		最低分数	5	
	0	没做			
	5	初步分析完成，有点粗略，但大部分研究要么完成，要么正在进展中			
	10	良好制定和文件记录的分析			
	净收入测试需求关系分析		最低分数	5	
	0	没有完成或消极的净影响			
	5	中立的净影响			
	10	积极的净影响			
	法律		最低分数	4	
	0	违反规则/法律			
	3	问题已识别			
	4	法律部门已联系			

续表

	5	感知的解决问题能力			
	10	不违反规则/法律			
	内部问题最低分数				24
	内部问题实际分数				
	差异				
4. 替代方案和建议					
	定价计划（第一年）		最低分数	3	得分
	0	没做			
	5	粗略草拟			
	10	完成			
		替代方案和建议最低分数			3
		替代方案和建议实际分数			
		差异			
5. 里程碑					
A.	按季度编制的第一年的里程碑（包括跟踪机制和应急储备）		最低分数	0	得分
	0	没做			
	5	粗略草拟			
	10	完成			
		里程碑最低分数			0
		里程碑实际分数			
		差异			

亲手实践 1.5：知识测试——商业论证

用你的常识和经验，回答下面的问题：

- 谁应该准备商业论证？为什么？
- 你认为项目经理参与商业论证过程的优势是什么？
- 有没有劣势呢？为什么或为什么不？
- 一个商业论证足够了吗？为什么或为什么不？

现在你已经回顾了商业论证，表 1.13 提供了一份项目选择、章程签署和规划的总结。注意分数如何逐渐增加。既然你对企业的战略有了一个概览，你就有能力把你的项目活动反映到企业最重要的问题——钱。

你也对财务有了很好的掌握，还研究了如何选择项目及商业论证如何逐步完成。你已准备好继续前进！记住，在食物链的顶端，总是关于钱的。现在你可以出色地规划你的项目，出色地呈现你的项目，并出色地维护你的项目：使用数据和事实而不是钱！

表 1.13 项目选择、章程签署和规划的摘要计分卡

项目选择的摘要计分卡			
	最低分数线	实际分数	差 异
项目集评估	49		
财务	4		
内部问题	24		
替代方案和建议	3		
里程碑	0		
总计	80		
章程签署的摘要计分卡			
项目集评估	76		
财务	8		
内部问题	33		
替代方案和建议	10		
里程碑	5		
总计	132		
项目规划摘要计分卡			
项目集评估	117		
财务	12		
内部问题	43		
替代方案和建议	19		
里程碑	9		
总计	200		

任务 1.2：编制范围说明书

在项目开始时编制范围说明书的目的是为未来制定项目决策建立基础。项目范围说明书应该让高级管理层能够对整个项目生命期全盘概览，知道在整个过程的每一步会期望得到什么，以及预期的项目结果是什么样子的。

在这个阶段，你把你所知道的描述出来。这个高层次的范围说明书随后将成为项目章程的一部分。进一步的规划步骤将把这个初始的范围说明书渐进明细，提供更多的关于估算、分配、控制和最终接受项目可交付成果的细节。

➤ 场景

你拿到了 Cimarron 的儿童商店的原始项目计划，尽管该计划已经过时，但你能够收集和更新你认为足够的信息来制定范围说明书。这些情况为你得到的计划补充了额外的信息。经过相关方访谈，你了解到并不是每个人都热衷于该项目。

你有幸参与一些战略计划会议，因为你的导师也是你的项目发起人。Terri Higgins 是一名项目管理专业人员（PMP），而你也很有希望在 12 月底成为一名 PMP，因为这个项目将让你满足参加 PMP 考试所需的时间要求。它对你是一个很大的帮助。谢天谢地，你知道，项目管理是一个关键的业务流程，而且得到了你的上司的支持。事实上，有一个重要的项目管理办公室（PMO）里有一位项目经理的经理，能提供项目管理的服务、支持、培训和员工指导。你属于这个团体。

你现在知道项目的第一阶段，将在华盛顿 Bellevue 一个新的购物中心建设试验商店。这是一个高端场所，但公司在赌的是，不论客户的消费习惯如何，价格合理、合身的漂亮衣服将会吸引大多数购物者。另一个位置将在华盛顿广场——俄勒冈州 Portland 的南边，那里的消费习惯会分布更广一些。

这些商店将是优雅的，有豪华地毯，演奏柔和的音乐，进行设计师展示，提供私人更衣室，全场实现环绕灯效，并设有显示珠宝、配饰和香水物品的陈列区。二楼还有一个婚礼画廊。

高级管理层最初决定哪些品牌开发及广告工作、人员招聘工作，以及执行任何 IT 工作都被认为是做生意的成本。你和 Reese 女士已经说服高级管理层，这些工作的成本至少比最初估算的再增加 1 750 000 美元，而且应该列入项目中，这样实际成本就可以确定出来以备未来使用。他们同意增加预算总额。

该项目将不包括商场租赁场地的成本，因为那被认为年度运营成本。

Terri Higgins 通知你，在你帮助准备的商业论证的基础上，项目已经有条件地批准了。开设两个商店的粗略量级预算是 8 750 000 美元，如表 1.14 那样分配。

表 1.14　初步项目预算

预　算　项	金额（美元）	预　算　项	金额（美元）
广告	1 000 000	员工招聘和培训	50 000
空间设计	5 000	信息技术	700 000
建造	3 600 000	制造成本	2 075 000
耗用品家具	50 000	交付及安装	20 000
服装设计	1 250 000	总计	8 750 000

当项目细节了解后，这个数字将继续被完善。这两家店的目标完成日期是明年 11 月 1 日，刚好赶上假期。

任务范围

持续时间

持续时间可能是数小时或数天，这取决于项目的复杂性。

⊳ 设置 ⊲

这不是你单独完成的任务。你将招募团队成员和其他人来帮助你完成这个任务。别忘了你的发起人！

⊳ 注意事项 ⊲

一定要包括地理上分散的团队。任务的持续时间可能受到影响，特别是如果团队成员住在其他国家或时区时。

步骤

对于这一任务，你将编写一份项目范围说明书，它包括但不限于这些因素：

- 业务目标与项目目标。
- 产品范围说明。
- 高层次项目需求。
- 典型的组织结构。

此外，这项任务将描述正确的项目人员配备所需的特征，包括合适的人员技能及按规划的预算在合适的时点在需要的时候能够用到。

⊳ 细节 ⊲

有种说法，准备不足的范围说明书常常导致重大成本超支、进度拖延、士气低落、最终的项目失败。所以你该从哪里获得所有需要的信息去编制范围说明书？你可以依靠专家，使用模板、表单和过去的历史，以及跟同等级别的项目经理们聊一聊，如果有人曾管理过类似的项目，那他们可能就是你最好的信息来源。你已经进行过相关方分析，很多你需要的信息来自那里。

准备得当而且成为基准的项目范围说明书是综合全面的，足以让所有的相关方达成对项目目标和可交付成果的共同理解。

成为范围基准后，它用来评估那些需要额外工作的变更请求，验证它们是否在初始批准的工作量的边界之内。

1. 业务目标与项目目标

业务目标描述你想要完成什么，而业务目标必须符合公司战略。项目目标描述你将如何完成业务目标。编制项目目标时最好用的是 SMART 方法——一种流行多年的方法。目标应满足如下条件：

- **具体的（Specific）**　目标应确切地说明问题或需要是什么、在哪里及如何去解决，应该写得清晰、简明、易懂。
- **可衡量的（Measurable）**　测量指标应准备到位，以便你知道是否成功。
- **准确的（Accurate）**　目标应该精确描述，这样不会发生错误。

- **现实的（Realistic）** 目标应该是在容许的时间内可以达到的结果。
- **有时间限制的（Time-bound）** 目标必须包含一个特定的达成日期。

2. 产品范围说明

如果项目是内部项目，产品范围说明书介绍项目内产品的最终结果的特征并应该反映业务目标。由于你会随着项目进展而了解更多，这种说明书也将会渐进明细。

如果项目来自外部并将在一份签署的合同下执行，它被称作工作说明书或合同工作说明书。

由于这个活动将最终决定你的项目结果，因此很有必要保证说明书不会带有令人误解的内容。项目管理计划的大多数要素（我们将在后面讨论）将反映这份说明书。应该记住，项目范围是所有的产品的总和，而产品范围是创建单一产品的所有事项的总和。

亲手实践 1.6：知识测试——业务战略目标和项目战术目标

考虑到现在你知道苹果和梨子项目的情况，写这个项目的业务目标及实现这些业务目标的项目目标。使用下面的 SMART 模型（见表 1.15）来协助你。

表 1.15 SMART 目标练习

SMART	业务目标（WHAT）	项目目标（HOW）
具体的		
可衡量的		
准确的		
现实的		
有时间限制的		

亲手实践 1.7：知识测试——产品范围说明书

考虑到现在你了解了苹果和梨子的项目，使用表 1.16，为这两种产品编写产品范围说明书。

表 1.16 产品范围说明书

产品范围说明书
1.
2.

3. 高层次项目需求

项目需求描述了可交付成果的特征。《PMBOK®指南》（第 4 版）描述了需求为“发起人、客户和其他相关方的已量化且记录下来的需要与期望”。

需求在项目的开始通常不完全清楚。一个可遵循的好经验是连续不断接受需求直到真正开始工作。更改文档总比在野外执行返工或开发软件时返工要容易一些。

那么，我们到哪里获得这些需求？这是永远不要独自去做的事情。然而，你可能发现自己确实是在独自探寻和记录需求，但你不应该是所需信息的唯一来源！业务流程所有者、团队成员、顾问、客户、管理人员和专家，都是你可以寻求帮助的人，让你确保找到所有而且满足项目业务目标的那些需求。

用一个简单方法来验证客户的需求和期望。你只需简单地记下每个需要和期望，然后跳伦巴舞（RUMBA）！表 1.17 描述了伦巴舞（RUMBA）的要素。

表 1.17　伦巴舞要素

Responsible	你或你的组织可以满足需求（不会违背公司程序、设备能力等）
Understandable	客户核实了你对客户需求的理解是正确的
Measurable	在某种程度上，你能够客观地确定需求满足的程度和频率
Believable	员工愿意为哪种成就水平而奋斗
Achievable	你能满足需求吗（想得到的绩效水平是理论上可行的吗）？如果不是，你可能需要在事实和数据清楚之后重新协商

对于每个商定的合理的期望，如果所有 RUMBA 问题的答案是 Yes，那么需求是有效的。任何 No 的回答意味着进一步协商，直到成为一个 Yes 的回答。如果它不能成为一个 Yes，那么客户的需要或合理期望就不会是一个有效需求，那就不应作为有效需求来接受。

亲手实践 1.8：知识测试——需求

考虑到现在你了解了苹果和梨子的项目，用表 1.18 和 RUMBA 来描述和验证项目五个需求。

表 1.18　需　　求

需　　求	R	U	M	B	A
1.					
2.					
3.					
4.					
5.					

4．典型的组织结构

了解公司中存在的组织结构将帮助你管理项目及更好地建立项目组织结构。你在此时定义权力、责任问题及控制问题。有几种类型的组织，我们会在后面谈到。

（1）职能型组织

第一种类型的组织结构是职能型组织（见图 1.1）。

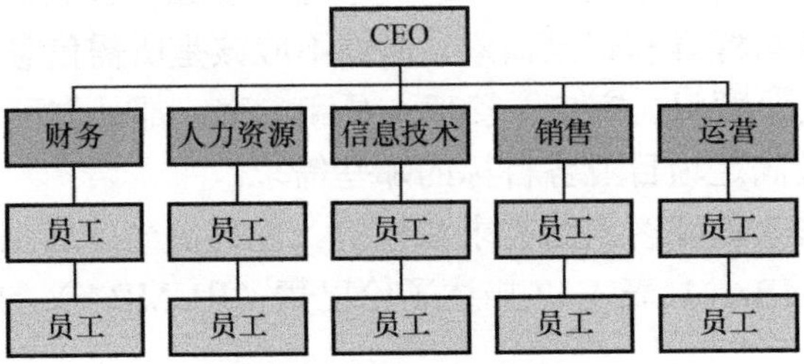

图 1.1　职能型组织

在这种组织中，职能部门经理决定谁将从事项目任务。在项目章程的准备工作中你就已经知道哪些人将成为项目团队成员；哪些人将全职工作，而哪些人会临时工作。在这种情况下，项目经理通常也是职能经理。

项目经理很少被任命，即使任命了，他们也很少有或没有权威。被任命为项目经理的人也有他们自己的全职工作，不曾参与项目的初始阶段。他们的经理会安排自己的员工，协调员工之间的活动。工作人员不会越过职能部门沟通；但他们的经理会。图 1.1 展示了职能型组织。

职能型组织的优点和缺点如表 1.19 所示。

表 1.19　职能型组织的优点和缺点

优　　点	缺　　点
组织结构稳定	项目经理很少或者根本没有权威
由于职能的分离，会有清晰的职业路径，能够让专业技能蓬勃发展	多个项目争夺有限的资源和优先级
员工有一个主管在清晰的命令链上	项目团队成员忠于职能部门经理

（2）项目型组织

项目型组织对项目有终极权威。图 1.2 说明了组织的焦点是项目。项目的工作人员只关注项目和项目工作。团队成员通常集中办公，忠于项目而不是某一职能经理。

图 1.2　项目型组织

在这种组织中，项目经理可以雇用适合任务的团队成员。项目经理可能有一组核心人员在所有的项目工作（如工程）。只要需要他们的服务，项目就为他们发放薪水。其他人是一次性雇用。这些人可能是顾问、主题专家等。

（3）矩阵型组织

强大的矩阵环境是支持项目管理的理想的组织结构（见图 1.3）。在图中你可以看到一个项目经理的经理和其他经理在人员和资金方面平起平坐。在这种安排下，最有可能设置项目管理办公室，但项目管理办公室在其他的组织结构也可能设置，即使他们得不到很好的支持。

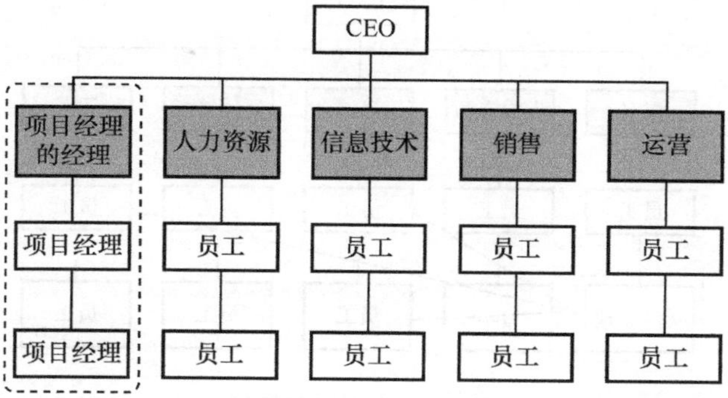

图 1.3　强矩阵型组织

在弱矩阵（见图 1.4）或平衡矩阵（见图 1.5）结构中，项目管理工作停留在组织的“养子”的角色。例如，如果营销预算是 x 美元，你能够确定，只有约 5% 的预算被分配到项目管理的支持工作。而平衡矩阵给予职能经理和项目经理平等的权利。

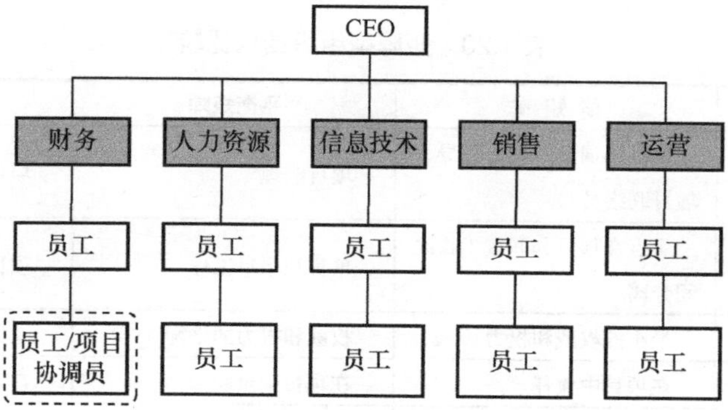

图 1.4　弱矩阵组织

在这些组织中，项目经理可能为某一特定人员而必须与职能经理进行协商。这可能成为一个问题，因为那个人或许不能在你的项目工作。项目经理还常常告诉职能经理他们必须在多长时间内完成任务。职能经理（通常是一位同级人员）感觉好像项目经理在告诉他们如何及何时去工作。我们真的不知道职能经理有什么自己的想法。以下是另一种做法：

- 与职能经理讨论已知的任务。
- 询问任务需要多长时间。
- 询问完成任务的时间承诺。

当这样接近职能经理时，可以获得某种信任。他们通常会成为可信赖的盟友，安排他们的直接下属做你的项目团队成员。

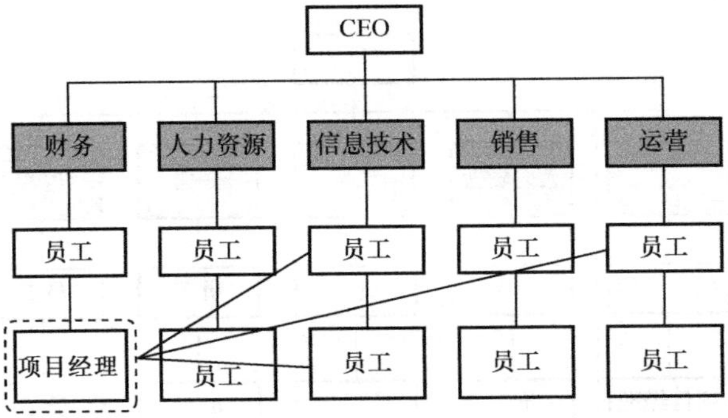

图 1.5　平衡矩阵组织

最后的谈话可能像这样："我知道，用好你的人、干好你的活是你的职责所在。我也知道，答应我的任务你会帮我完成。还有，要是你答应我尽可能地不换人，我会感激不尽。如果必须换人，请尽量提早让我知道，给我机会做出调整。"

在表 1.20 中，你可以很容易地看到在不同的组织结构如何看待项目管理，以及项目经理的权力和工作重点。

表 1.20　矩阵型组织结构比较

	弱 矩 阵	平衡矩阵	强 矩 阵
项目经理头衔	项目协调员、项目领导、项目联络员	项目经理	项目经理
项目经理工作焦点	焦点在项目和职能工作之间分离	项目和项目工作	项目和项目工作
项目经理的权力	最小的权威和权力	权威和权力的平衡	重大的权威和权力
项目经理时间	在项目中兼任	在项目中全职	在项目中全职
组织类型	很像职能型	弱矩阵和强矩阵的混合型	很像项目型组织
项目经理汇报对象	职能经理	职能经理，但双方分享权力和权威	项目经理的经理

亲手实践 1.9：知识测试——组织结构

根据你现在所了解的组织结构及苹果和梨子项目，回答下列问题。

1. Cimarron 的组织可以看作职能型、项目型、弱矩阵、强矩阵、平衡矩阵？
2. 列出影响你回答第一个问题的 Cimarron 的组织特点。
3. 完成与你前面答案相关的组织图，如图 1.6 所示。

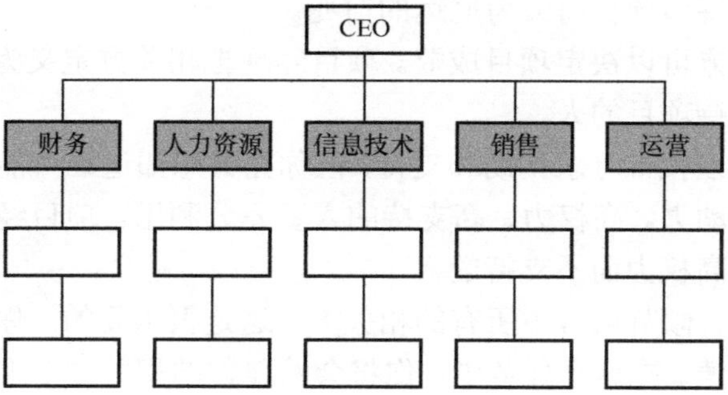

图 1.6　项目组织图示例

亲手实践 1.10：知识测试——项目范围说明书

使用表 1.21，编制高层次的苹果和梨子项目的范围说明书此时的已知要素。

表 1.21　范围说明书模板

高层次的范围说明书模板
描述业务目标
描述项目的主要目标
描述项目的背景
描述预期的收益
列出相关方和他们在项目中的角色
描述 5 个高层次需求
描述项目组织

任务 1.3：理解你的相关方

相关方是各种人。首先而且最重要的，他们是人类。这些人可以是个人、团体、社区，或者类似的，但不管我们叫他们什么，他们在项目中有利益存在。他们可能充满热情地支持你的项目，或者他们可能特别关注你的项目。

有些人可能特别关注，但没有权力去改变项目中的任何事情。其他人可能是高度支持，但没有地位。反过来也是如此，一些高级别企业人员可能是你项目的拥护者，或者因为根本不支持该项目而成为厄运的前兆。

项目中的相关方可以决定项目成败。项目经理把相关方定义为资产或损害，由此会找出支持或不支持项目的人。

你需要知道可以找谁寻求帮助和支持，但你尤其想知道谁可能破坏你的项目或在你前进时让你失去动力。高权力、高支持的人要充分利用。项目经理应该创建一个应对策略，满足那些高权力而不支持的人。

在任何情况下，倾听项目中所有的相关方，这是很重要的。你可能了解一些你不理解或不知道的事情。在这个任务中，你将会发现你的相关方是谁以及他们在项目中的角色和职责。

➤ 场景

Reese 女士在她的 Cimarron 工业的项目经理的帮助下，已经确定苹果和梨子的项目是一个应开展良好的项目，已经确定这一项目将比升级纺织厂或改造现有的儿童商店产生更多的短期收益。

开设服装店是公司的“面包”和“黄油”。Ross 女士认为应该使用 20 年前儿童商店开张时曾用过的方式。而 Reese 女士想引入额外的内部人员，他们可能对以更现代的方式处理这种项目有更好的理解。Ross 女士认为这是浪费时间但不情愿地同意了。

Reese 女士也提醒 Ross 女士，如果启动阶段一切顺利，规划工作可在 12 月开始，项目将可能在下一个假期开始前完成。Ross 女士认为这将很漂亮，但发现那些日期不是确凿的，除非完成彻底的规划。Reese 女士也准备了一份关键相关方名单，交给了项目经理。

Megan Holly 是一位营销经理，参与了最初的市场研究。她有销售背景，已经在规划营销策略。

James Stevens 跟 Reese 女士在财务委员会。他认为，即使最初的数字看起来是正的，假设当前的经济将会支持增加项目的收入预期是危险的。

Jacob Patrick 是工程和建筑经理。他认为，材料成本正在降低，是由于新屋销售放缓，并且该项目在实施期间可以提供许多工作。

Jordyn Kelly 是人力资源副总裁，全心为项目工作，因为将在许多新城市创造新岗位。

Skylar Janes，Cimarron 工业公司的广告经理。

Carolyn Lee 是制造厂的工会代表。她代表了那些最终将设计和制造衣服的人。

Madison Adams 是 Cimarron 网页的网管。她想知道如果苹果和梨子项目的客户会否通过互联网订购衣服，如果是，是否有足够的资金买额外的服务器等。

Allison Jones 是 IT 经理，担心没有足够的支持系统，流量可能翻一番。

Darcy Moore 是西海岸童装店运营总监。

Louise Rose 是东海岸童装店运营总监。

Todd Franks 是一位新店的现场主管。

Harry Edwards 是 Cimarron 采购总监。

尽管仍然担心成本和经济，James Stevens 已经同意担任项目发起人。这个角色让他第一个了解预算和成本的发生情况。

Jocelyn Greer 是你在一次电话会议时遇到的新人。她是 Cimarron 的欧洲服装设计联络人。她做了 20 年服装设计师，熟悉所有最新时装潮流。她将协调苹果和梨子项目在欧洲和美国的服装设计人员。

Greer 女士很兴奋项目将包括婚庆服装和正装，她将跟合作伙伴 Jeness Hopkins 设计部分服装并找人设计其他的。Hopkins 女士是正装的买家，所以这种伙伴关系-应该带来很好的合作。Hopkins 女士和她的买家团队将负责采购不在生产厂制作的衣服。

Eric Nash 是制造总监。他还负责监督施工的制造厂，将生产 Greer 女士和 Hopkins 女士设计的服装。

Michelle Price 将协调设计与制造之间的流程。

相信你已经识别了正确的团队项目。所有的团队成员都有很高的个人名望，但你知道，需要一段时间来让他们“同步”成为一个团队。

你已经定义了团队成员的角色和责任。现在你想编制一份项目组织结构图，提供可视化的团队成员关系及其责任。过去你曾管理过许多项目，但从没有使用一个正式的方法，因为跟这个相比，你以前的项目要小得多。

Reese 女士在项目章程中任命你为项目经理。她还发出一份全公司范围内的备忘录公布你的职位。希望这将帮助你获得所有相关方的支持。

你过去是一名职能经理，那些直接下属都很尊敬你。你能够完成许多好东西，所以你对管理这个项目有信心，对参与的人员也有信心。

任务范围

持续时间

这个任务可能需要几小时或几天，归因于这些要素：你的组织对正式的项目管理是陌生的、相关方的可用性、角色和职责已经以成熟的项目管理方法进行预定义。

设置

没有。

注意事项

对于该任务，你必须能够与高级管理层或该层次的其他人交谈。该任务将依赖以下因素：

- 项目的大小。
- 独特性程度。
- 管理的复杂性程度。
- 技术的复杂性程度。
- 组织因素。

步骤

在这个任务中，你会做到以下几点：

- 确定项目类型。
- 识别和分析项目相关方。
- 探索各方的角色和职责，包括项目发起人、项目经理和团队领导。
- 了解项目经理需要的管理和领导技能。
- 识别团队成员。
- 学习如何获得团队成员。
- 分配责任。
- 实施相关方分析。
- 编制相关方图。
- 编制项目组织结构图。

此外，这项任务将描述正确的项目人员配备所需的特征，包括合适的人员技能及按规划的预算在合适的时点在需要的时候能够用到。

细节

人是项目最重要的资源！人是复杂的，作为项目经理，你会花大量的时间跟他们共事。你提供和接收信息，克服情绪障碍，以各种沟通方式提供和接收绩效信息。首先而且最重要的是，你必须知道和理解这些人是谁，他们在项目中是什么角色。相关方会有不同的背景，取决于正在参与的项目的类型。让我们看看某天你可能管理的项目的类型。

1. 确定项目类型

不同项目类型决定了参与项目的合适的相关方。大多数项目经理并不具备管理所有类型项目的经验，虽然具备技术能力有些帮助，但合适的项目经理可以管理许多类型的项目。尽管这个清单并没有包含所有的，有几种类型的项目似乎对大多数的业务和组织很常见。

- **研发项目**。这类项目经常被比作项目集，因为它们通常有一些持续的活动，只要有资金就存在，获得预期的结果。
- **战略项目**。这类项目包括重组、合并、收购、再造，或者企业级行动，如过程改进或质量活动。
- **信息技术项目**。这类项目包括新开发、快速应用开发、小型和大型维护、局域网/广域网建设、应用收购，以及类似的。
- **工程和建设项目**。这类项目包括建筑、桥梁和道路之类的。
- **资产改良项目**。这类项目是升级内部或外部的基础设施（道路、桥梁等）或设备。
- **产品开发项目**。这类项目是基于市场需求和技术进步，为内部或外部使用，创建新的产品和服务，通常会叫作制造工作。
- **法律规定或要求**。这类项目包括，例如，生产设备必须满足环境保护署的强制性排放标准或者法律要求安全设备必须更新。
- **外部客户请求**。这类项目是客户生成的项目，不是组织的内部项目。

这个清单并不代表所有类型的项目，还有很多。

2. 什么是相关方

相关方是将受到项目影响或在项目中有利益的任何人。谁是有利益和被影响的人呢？以下列出的是项目的一些相关方：

- 客户。
- 发起人。
- 项目经理。
- 拥护者。
- 执行者。
- 用户。
- 直线经理。
- 供应商。
- 指导委员会。
- 支持和运营人员。
- 质量控制人员。
- 质量保证人员。

3. 相关方的角色和职责

项目团队最重要的一些成员是项目发起人、项目经理和项目团队领导。你需要了解他们的角色和职责以防止角色混淆。我们还将简要地看一看项目经理的领导和管理技能。

（1）项目发起人的角色

项目发起人在项目中扮演重要的角色，有着定义好的一套责任：

- 参与销售工作和合同谈判。
- 建立和维护顶级客户的关系。
- 协助项目经理启动项目。
- 参与项目指导委员会、管制会或监督委员会来协助设定项目的优先级。
- 必要时解释公司政策。
- 需要时削减这些烦琐的手续。
- 优化企业的目标。

发起人应当和项目经理密切沟通。项目经理必须不断通知发起人项目活动的信息。对于应该从项目经理收到的信息，永远不该让发起人从其他人那里收到，哪怕只是一句话。

（2）项目经理的角色：管理

大多数人可以学习贸易工具，但项目经理必须具备良好的管理技能：

- 财务管理和会计。
- 购买和采购。
- 合同法和商业法律。
- 制造和分销。
- 物流和供应链。
- 战略计划、战术计划和运营计划。
- 组织结构、组织行为、人事管理、补偿、福利和职业道路。
- 信息技术。

此外，项目经理必须有一些技术能力，能够：

- 管理技术，即便不熟练。
- 与技术人员沟通。
- 有全局观。
- 促成权衡取舍。
- 整合技术、业务和人员的目标。
- 了解工程的工具和支持方法。
- 执行适当的预算和评估技术。
- 规划和组织跨职能团队。
- 理解职能政策和运营程序。

那么，当经理在聘任项目经理时他们还在寻找什么？并不是每个人都适合做这个工作。你能满足这个单子中的要求吗？

- 你必须厚脸皮。
- 你需要是技术多面手（而不是专家）。
- 你需要能够生存在没有结构和规则的状况下。
- 相反，你也需要能够生存在结构和规则中。
- 你要接受的事实是，你会（有时会）有难伺候的团队成员。

记住，这只是一份工作，不要忘记工作/生活平衡。

现在，你知道了什么是项目经理的管理角色，让我们看看项目经理的领导角色。

（3）项目经理的角色：领导

项目经理的位置并不适合所有人。管理和领导有明显差异。第一位美国陆军女将军，Anna Mae Hays 准将，陆军护理队的首领，这样说过："你领导人。你管理时间和事情。"两者都是必要的，但在项目管理角色中，领导的精髓是更为重要的。

大多数项目经理在成长过程中可能没有告诉他们的父母，他们想成为一名项目经理。我们以各种不同的方式得到这个角色。你可能曾被问是否想要一个"工作丰富化的机会"。当然你说 Yes，但事实上你对管理项目一无所知。值得庆幸的是，你的老板看到你有良好的管理技能和领导力，久而久之，你成为一个成功的项目经理。

其他人被选为项目经理，是因为有过硬的技术能力。然而，当项目经理专注于专业技术领域时，有时可能成为项目的障碍：很难摘下技术帽子和成为通才而不是专家；需要极大地信任某人一样能做好技术工作。

有些项目经理实际上在学校研究的就是这个主题，因此他们从一开始就准备成为一名项目经理。你准备好担任项目管理领导角色了吗？

亲手实践 1.11：知识测试——领导力分析

表 1.22 代表了关键的项目管理的领导技能。真实回到每一项，圈出相应数字。对你的答案的分析在第一阶段的解决方案部分。

表 1.22 领导力分析

很少	有些		很多		技能
1	2	3	4	5	1. 能理解和处理团体动力
1	2	3	4	5	2. 能区分重要和不重要问题
1	2	3	4	5	3. 能知道什么时候妥协
1	2	3	4	5	4. 具有获得成功的柔和的个性和坚定的决心
1	2	3	4	5	5. 能在需要时很好地陈述案例
1	2	3	4	5	6. 能够自信
1	2	3	4	5	7. 想要把工作做完
1	2	3	4	5	8. 能有说服力，而不是被潜在的争论和争吵阻止

续表

很少	有些		很多		技　能
1	2	3	4	5	9. 惯于自我指导，不会因上级的不清晰授权变得泄气
1	2	3	4	5	10. 能快速做出现场决定
1	2	3	4	5	11. 展示出成熟的判断力
1	2	3	4	5	12. 能控制成本
1	2	3	4	5	13. 能建立联系，并监测和评估项目团队成员之间的责任
1	2	3	4	5	14. 能理解主要技术问题
1	2	3	4	5	15. 能为生产性和创造性的工作提供反馈
1	2	3	4	5	16. 能与客户和更高的管理层进行上行沟通，与关键技术经理和专业人员进行下行沟通
1	2	3	4	5	17. 能够在项目开始采取强有力的领导，而随着项目的进展愿意把责任和权力委派给别人
1	2	3	4	5	18. 能倾听、探究并客观地评价信息
1	2	3	4	5	19. 作为经理能担任不熟悉的角色
1	2	3	4	5	20. 政治机敏
1	2	3	4	5	21. 跟同级人员和不同地位的人能够发展有效的工作关系
1	2	3	4	5	22. 愿意参与问题发现、问题解决和决策制定
1	2	3	4	5	23. 必要时，愿意使用试错法，而不是复杂管理方法
1	2	3	4	5	24. 对谈判进程得心应手
1	2	3	4	5	25. 能做一个政治外交官

（4）项目团队领导的角色

项目经理通常工作在矩阵型组织结构。职能经理、一线经理或团队领导人在项目成功中扮演了重要的角色。他们的角色，除了负责其运营目标，还要支持项目经理。项目经理希望团队领导人扮演决定成败的角色，这里有一些：

- 显示出创新性和创造性行为的潜力。
- 支持业务目标和项目目标。
- 必须变更时保持灵活。
- 实现承诺完成可交付成果。
- 在自己的权威领域内处理冲突。
- 结果导向。
- 保持士气高昂。
- 清晰准确的沟通。

4. 识别团队成员

到目前为止，我们主要关注了关键的相关方（他们成为特别的团队成员）。团队成员是那些安排来实际做工作的人。

你是应该先定义任务再识别谁来做工作，还是先识别团队成员再决定做什么工作？在现实中，两者都可以。你内心知道有些团队成员到底是谁。你可能在以前的项目中已经与他们合作过，一些人，如 IT，由于发挥关键作用所以在你所有的项目中。而由于只知道高层次的项目范围，在对范围进行精确的过程中，将会识别出其他人。

5. 如何获得团队成员

你要的是能够找到可用的最好的团队成员。有时候你并不能选择谁在你的团队里。但你可以更有效地为选择团队成员谈判，如果你做到以下几点：

- 识别履行项目的目的和目标需要的技能。
- 为那些拥有所需技能来执行各种任务的人编制一个简短的工作说明书。
- 对那些你感觉能服务项目需要的人，列出名字并说明为何要从内部物色资源。
- 确定接受雇员的基本规则，例如，你不希望接受有绩效问题的人或你没有培训别人的预算，或者他们需要在项目全职还是兼职。
- 询问团队领导或者主管，借用他们的员工的基本规则是什么，例如，除项目任务外，员工必须有足够的时间来执行自己的本职工作，或者他们想有发展机会，诸如此类。

6. 责任分配矩阵

项目经理在项目中有许多事情要负责，但团队成员如何？责任分配矩阵（Responsibility Assignment Matrix，RAM）是一个简单的工具，用来查看谁负责什么。表 1.23 介绍了经常使用的 RAM 术语。表 1.23 显示了一个 RAM，表示项目人员与参与项目的程度的二维关系。

表 1.23 RAM 术语说明

负责	通常是对工作的执行者负责的一位一线经理
全责	一个负责任的参与者是对结果负责的某个人或团体，拥有根据验收标准批准或拒绝可交付成果的权威。这个人通常是项目的所有者
支持	支持者通常是执行工作的人，可能是一个内部支持者，也可能是外部供应商
贡献者	贡献者或顾问就是给项目提供输入的人。这些人在随需的基础上贡献专业知识
信息	被通知项目信息的人。这通常是发起人和项目团队的成员如果项目是高度引人注目的，高级管理层可能希望被告知

他们可以记作：负责任的、负全责的、提供支持的、必须咨询的、需要提供信息的，有时被称为 RASCI。与他们相关的项目和任务往往很复杂。人们想知道他们被安排在什么地方。有许多模型用来识别项目人员的角色。一个通用的 RASCI 模型如表 1.24 所示。

表 1.24　RASCI 模型

任务	项目经理	PMO	团队成员	直线经理	部门经理	发起人	高级管理层
R	Responsible	第一步：列出任务。 第二步：对于每项任务，在上方列出的人员头衔对应的位置，写上其职责的 RASCI 简称。 第三步：确保只有一位负全责的人员。					
A	Accountable						
S	Support						
C	Consult						
I	Information						

RASEI 的模型很简单。如果增加任务编号和任意数量的更多人员头衔，它会更复杂。RAM 是一个很好用的高级执行人员概览工具，使得高级管理层能一眼看到正在做什么和由谁来做。

现在，你知道这些人是谁，除了发起人、项目经理和团队领导，你应该识别出关键相关方。你需要这样做，因为关键相关方能积极或消极地影响一个项目。例如，一位关键相关方很关心预算超支。事实上，如果觉得项目偏离轨道而且预算不在范围之内，这位关键相关方可以取消项目。

如果知道这一信息，你可以向这位关键相关方提供项目现金流数据、挣值数据信息等，证明这个项目在预算之内，给她一定程度的信心。那么，如何判断这些事情？你要实施相关方分析。

7. 分配角色和责任

你希望你的团队成员可以确切地知道自己要去哪里，走哪一条路到达那里。如果某一事件中，团队成员不清楚他们的角色，他们可能沿着错误的路径走下去（当然带着所有好的初衷）。你不要试图去告诉他们如何执行他们的工作，他们已经知道了。你要为每个团队成员做的是，分配明确的清晰的角色和职责。

工作由合适的人在合适的时间完成，可帮助项目经理确保任务不半途而废。

表 1.25 显示了各种项目参与者的角色和职责。

表 1.25　角色和职责

团队成员	角　色	职责/责任
项目发起人	参与项目所有阶段	确保项目继续进行，以使工作能够实现项目
项目经理	指导项目的所有过程	确保项目工作成功完成并部署
职能经理/直线经理	由他们的团体为即将执行的工作提供估算并沟通将分配到该项目人员的可用性	对于他们在项目中的那部分绩效，向项目经理和发起人负全责

续表

团队成员	角　色	职责/责任
供应商	规划由他们的团体实现的工作以及被派往该项目的人员的可用性	供应商经理对于他们在项目中的那部分绩效，向项目经理和发起人负全责
客户	项目所有者	关于范围定义和项目是否应启动和/或继续，有明显的权威
个人贡献者	执行项目工作	保证工作符合 PM 计划以及任何有关的行业标准
项目管理办公室	促成和支持项目管理	实施行政活动、方法论教练、培训和执行，项目组合跟踪等
主题专家	在过程中具有专门知识的个人执行者	在需要时提供技术或业务问题的专业知识
关键决策者	有责任做出项目重大决策的任何人	做出关于项目的重大决策，如是否停止项目或让它继续

亲手实践 1.12：知识测试——识别团队成员

表 1.26 作为一个模型，使用 RASCI 模型为 Cimarron 的苹果和梨子项目编制责任分配矩阵。根据需要添加行数。

表 1.26　RAM：Cimarron 的苹果和梨子项目

任　务	项目经理	PMO	团队成员	直线经理	部门经理	发起人	高级管理层
项目管理							
广告							
空间规划							
建设							
耗用品家具							
服装设计							
招聘和培训的人员							
信息技术							
制造							

R	Responsible	第一步：列出任务。 第二步：对于每项任务，在上方列出的人员头衔对应的位置，写上其职责的 RASCI 简称。 第三步：确保只有一位负全责的人员。
A	Accountable	
S	Support	
C	Consult	
I	Information	

亲手实践 1.13：知识测试——角色和责任

使用表 1.27，为苹果和梨子项目识别的团队成员定义特定的角色、职责和权威级别。确保列入任何新成员。

表 1.27　角色和职责

团队成员	角　色	职责/责任

8. 实施相关方分析

每个人都有有价值的东西带给项目，有人多一些。认识相关方的贡献和反馈将有助于项目的成功。为了实现这个目标，你要进行相关方分析。

相关方分析是一个相对简单的工作。然而，要记住关键的相关方并不总是组织中的高层经理。例如，位于不同地域的 5 个呼叫中心正被搬到至少 75 英里之外，要建立超大中心。这个项目的关键相关方是呼叫中心的雇员。他们担心的主要是天然气成本、时间增加、日托问题。大多数都要辞职。经过相关方分析，管理层确认他们的担忧已经被注意到，采取了几个措施，让那些工人很愉快地留在了他们的岗位上。

正如前面提到的，要实施相关方分析来识别出那些对项目可能有积极或消极影响的人。这些步骤包括，但不限于：

1）用头脑风暴分析那些潜在的相关方可能是谁。

2）访谈潜在相关方，找出他们可能对项目带来的利益或者关注。

3）确定相关方的权力或作用的级别。

4）确定相关方的影响。

5）开发从这些相关方获得项目支持的策略。

6）创建相关方图。

首先与你的团队和他人进行头脑风暴识别相关方，然后访谈他们，接下来的两个步骤相对简单。开发策略可以更复杂一些，但如果你前面的步骤做得好，就不用那么多。表 1.28 显示了分析的四个元素。

表 1.28　相关方分析模板

识别和访谈潜在相关方	确定利益或关注	影响评估	减少挑战及获得支持的策略

对于那些有高权力、高关注的，你必须让他们参与相关方分析和通过共同努力满足他们的关注。在他们参与进来之前，你必须准备好回答他们的问题。这里有一些问题，是高管们可能问的：

- 项目的业务需求是什么？
- 为什么我们现在承接它？
- 商业意义是什么？
- 我们有具有合适技能的正确的人员完成这个项目吗？
- 这会影响我们的市场份额吗？
- 建议的进度是什么？
- 成本因素是什么？
- 有什么特殊要求吗？
- 如果我们不做这个项目，将会发生什么？

对于那些有高权力、无关注的，你应该把他们保持在沟通循环中，但别让他们陷入细节。

对于那些有低权力但高关注的，要确保识别那些关注，并使他们参与该项目的细节。这是那些技术娴熟但可能不相信你拥有全部所需细节的人。如果忽略，他们可能是项目的浪费。例如，他们可能提出一个你并不熟悉的技术问题。如果你不听他们的意见，他们可能往后站，看你陷入麻烦，并说“好吧，如果你曾请求我的帮助的话，我那时应该会的”。不是每个人都会这么做，但哪怕只有一个做了，项目就可能处于危险之中。

这里是低权力、高关注的人可能有的一些问题：

- 这个项目给我的好处是什么？
- 这个项目会更改/取消我的工作吗？
- 这个项目会改变我的工作方式吗？
- 这个项目会给我带来个人冲突吗（开始轮班、加班、日托问题等）？
- 对于那些低权力和低利益的，不要给他们太多的信息。

所以现在我们知道谁是关键相关方：高权力、高关注和低权力、高关注的人。

最后一步的分析可以通过编制相关方图来完成。这张图（见图 1.7）能让你

低关注/利益/支持 高权力 **保持满意**	高关注/利益/支持 高权力 **密切管理**
低关注/利益/支持 低权力 **正常监视**	高关注/利益/支持 低权力 **保持通知**

图 1.7　相关方图

看一看如何管理你的相关方。在绘图时，有些人喜欢用颜色标识结果，例如，绘在方格中的绿色代表积极，黄色代表中立，红色代表消极。

亲手实践 1.14：知识测试——相关方分析

1. 完成表 1.29，确定权力或影响力水平、影响评估和相关方管理策略——用来利用或降低相关方感知到的挑战。

表 1.29　相关方分析

识别和访谈的潜在相关方	确定利益或关注	影响评估	减少挑战及获得支持的策略
Megan Holly			
James Stevens			
Jacob Patrick			
Jordyn Kelly			
Skylar Janes			
Carolyn Lee			
Madison Adams			
Allison Jones			
Darcy Moore			
Louise Rose			
Todd Franks			
Harry Edwards			

2. 相关方访谈以及相关方分析的好处是什么？
3. 还有什么其他相关方可能与项目有利益关系吗？
4. 还有什么其他信息你可能想知道以便用来帮助理解相关方吗？
5. 相关方分析如何帮助建立需要的支持呢？

亲手实践 1.15：知识测试——绘制相关方图

使用表 1.30 图解你曾分析的相关方。

表 1.30　相关方图解练习

低关注/利益/支持 高权力 **保持满意**	高关注/利益/支持 高权力 **密切管理**
低关注/利益/支持 低权力 **正常监视**	高关注/利益/支持 低权力 **保持通知**

9. 编制项目组织结构图

直线（或职能）经理、产品经理、项目经理和项目发起人是核心团队的一部分，他们通常在项目的整个持续时间内参与工作。

在矩阵组织的主要执行者跟项目经理之间有一个虚线关系，那就是，只要他们在项目中，他们就把他们的工作报告给项目经理。职能经理（他们正式的老板）指派他们到项目中，但依然管理他们的行政问题或关心事项。随着阶段完成和新工作开始，这些执行者来来去去。

职能经理被看作项目的分包商。他们有自己的一部分行动，需要作为贡献者来履行。项目经理和职能经理之间应该发展伙伴关系，因为他们往往是同级人员。持有伙伴关系的态度能让所有的相关方在项目拥有投资（金钱或其他），当项目按计划进行，所有伙伴关系各方都将受益。

那么指导委员会和项目发起人如何？他们不应该在顶层吗？如果你正在扁平化运作，那他们跟团队成员都是平等的。他们有不同的责任和权威，但他们跟其他人一样是“为赢而战”的。所以不要因等级烦心。高级管理者通常十分可爱、平易近人。

项目的组织形式受到项目特点的影响。不要混淆我们前面看到的层级组织结构，如矩阵型和项目型结构。然而，项目组织结构确实是通过层级的组织关系建立的。事实上，大多数的这种关系存在于矩阵或其他类型的组织结构。

你可以按照级别构建一个层级的项目结构，但建一个扁平结构反而有好处。考虑在地平线上管理项目，没有等级。这并不意味着团队中的每个人都运作，项目经理对项目负全责，也应该是所有团队成员的单独的联络点。项目经理要扮演的角色只是比团队成员的有一点不同。每个人都会带着有价值的东西借给这个过程使用。曾说过，作为项目经理，也不是坐在上座的首领。

项目组织结构也必须支持这些员工的技能和能力。有些团队成员被提供了一个“发展的机会”，这可能超出他们的技能和能力。

通过定义角色和职责，组织的项目规划促成职能团体和项目团队成员之间的沟通，也定义了特定的人力需求，以确保执行者具有预期的技能水平和能力来执行项目活动。

项目组织图的目的是在项目团队内部帮助沟通报告关系，以及解释和项目团队如何联系或报告给更大的组织。

如图 1.8 所示，项目发起人与指导委员会有虚线关系，与项目经理有虚线关系，以及直接汇报给副总裁。注意，在项目经理和项目发起人之间的箭头是双向的，使这一关系成为水平而不是垂直或层次的关系。

项目组织图表显示项目是如何构成的，为相关方提供了谁参与到项目的视图。由于项目成员来来往往，保持项目的组织结构图一直最新，是一个好主意。

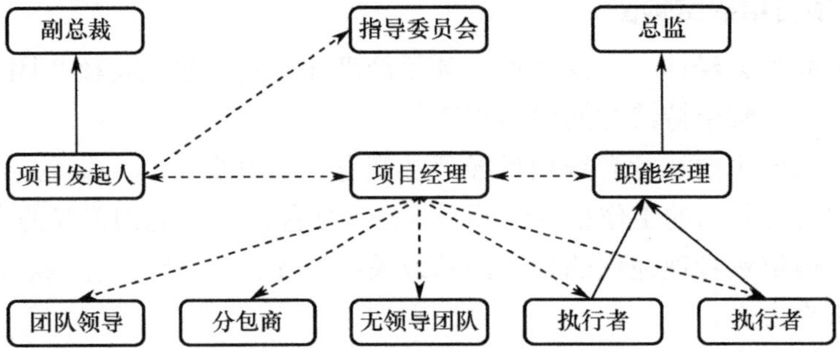

图 1.8　水平项目组织

职能经理与项目经理也有双向虚线关系，并直接向总监报告。执行者直接报告给职能经理，但与项目经理也有虚线关系。

团体领导、承包商和无领导团队都与项目经理有虚线关系。这种类型的项目组织结构可以促进团队合作和沟通，随访随谈、来者不拒原则显然是目标。

10. 项目接口

你需要与你的项目接口保持密切沟通。至关重要的是，每个团队成员在正确的时间按照项目或合同协议所需的方式执行正确的工作。他们可能是正式的或非正式的报告关系，一般分为三类：

- 组织接口内部存在于不同的部门、业务单元之间。
- 或专业的组织单位之间，或存在于公司和外部承包商之间。
- 技术接口存在于不同的技术学科之间，如销售和 IT，正式或非正式的关系。
- 人际接口存在于参与项目工作的不同人员之间。

11. 限制因素

在组织规划过程，项目经理和项目团队会遇到限制他们选择的因素。

我们以前了解过约束。如果我们不解决约束，他们可能成为项目阻碍。这里有一些例子：

- 项目经理需要没有所需的权威。
- 工会将决定员工可以做哪些工作。
- 员工的经验水平决定了他们必须密切监督的程度。
- 那些最终分配给项目的人可能分散在各地。
- 职能经理可能有其他的需要，而这会在你需要资源的时候影响他们的提供能力。
- 该组织可能有政策限制使用外部承包商或临时帮助。

你可以通过良好的项目沟通克服所有约束。在下一个任务我们将详细讨论这一点。

亲手实践 1.16：知识测试——项目组织结构

回答问题 1～3，按指示完成第 4 项。

1. 与在水平报告结构工作相关的挑战是什么？
2. 与在垂直结构管理项目相关的两个挑战是什么？
3. 你如何克服在水平报告结构中工作的挑战？
4. 编制一份项目组织结构。

任务 1.4：识别项目限制，提出实现方法

有时，尤其是如果项目像这个例子一样是战略性的，就存在着“解决世界饥饿”的倾向。每个人都想加入队伍，列入他们的宠物项目。虽然包括或“潜入”一个小项目应该是不错的，但有必要控制和记录项目的限制。此外，决定一个实现方法将帮助你保持在与预算、进度和范围相关的项目限制之内。

场景

你已经进行了与相关方的访谈并编制了范围说明书，但是现在你发现正在错过一些东西。一份高层次风险评估是必要的，还包括假设和制约。

任务范围

持续时间

这个任务的持续时间可能是几小时。

设置

该任务没有特殊设置。

注意事项

没有。

步骤

在这个任务中，基于项目环境，使用历史数据和专家意见，识别项目的限制因素，用文件记录高层次风险及假设和制约。

细节

说明什么不包括在项目范围内，将在项目前进中避免混淆。例如，如果你将为 IT

单位更新设备，你可能决定，它只包含特定的设备，你会指出不会发生更换的其他设备。换句话说，把需求和边界写得非常详细就会把它们识别出来。在项目继续时这将帮你避免冲突。

1. 项目限制

建立项目限制也减少，或者在某些情况下，消除所谓的范围渐变。例如，如果某一需求是购买会计软件，你将说明并指出你不会购买工资单软件，因为工资单软件将被外包开发。

范围渐变经常发生，因为客户并不真正知道他们想要什么，直到项目顺利进行。一些客户变更可以添加进项目中，只要遵循合适的变更控制措施。你要学会不用说不而说“不”。你可以向客户说：“我将很高兴为你做出变更。它增加预算___美元，将延长进度计划到____，将会增加风险。如果你希望批准这些变更及所有那些我为你识别的影响，我们就可以行动。”有时他们会，但往往他们不会。客户通常都没有意识到他们的请求的影响。

记住，如果变更在实际工作之前开始，那它可能就不像在工作中间变更那样危险；然而，这取决于实际变更什么。例如，业务驱动因素或需求的变更可能取消一个项目，基础设施和技术的变更可能大大增加成本和范围。下游返工的成本总是大于早期的纠正措施，但是变更对每一个项目都是不可避免的。

亲手实践 1.17：知识测试——项目限制

考虑到现在你知道苹果和梨的项目，使用表 1.31，尽可能多地描述项目边界。

表 1.31　项目限制

1.
2.
3.
4.
5.

2. 确定项目实现方法

一个项目可以通过多种方法实现。你的选择，在很大程度上取决于项目的关键性、解决方案的复杂度和内部客户组织。分阶段执行是最常见的。它们是线性的，阶段 2 不能开始直到阶段 1 完成等。每个阶段可能是按照一次由一个部门执行来设计的。

另一种类型的项目通常被认为一个“转换”或“赶工”项目。这种类型的项目通常是在非工作时间里完成的。该项目“切割”旧系统和部署新系统。用户的培训非常重要，这样新的系统对他们来说就不会看起来像外国的一样。

有些项目可以而且应该并行完成。例如，客户端组织不能有任何停机时间，所以一个实现策略可能是“在后台”实施项目。每个人都通知了并行运行日期，经过大量的试验，在该日期新的项目解决方案取代了旧的。一切对客户都是完全透明的。

亲手实践 1.18：知识测试——实现方法

考虑到现在你知道苹果和梨子项目，描述项目实现的方法。

任务 1.5：制定项目章程

项目章程通常是一个短文档，引用其他更详细的文件，如“请求新报价书”或“请求建议书”或任何其他感知的业务需要或客户请求。项目章程是一个文档，由发起人编制但由项目外部某人签署。在现实中，你将为你的发起人准备该文档。

场景

已经进行了与相关方的访谈和编制了范围说明书，但现在你发现你正在错过一些东西。一份高层次风险评估是必要的，还包括假设和制约、进度里程碑、配置管理、项目验收标准和审批指南。你急于完成这个项目的一部分，这样它就可以正式启动。

任务范围

持续时间

这个任务的持续时间可能是几小时。

设置

没有为该任务的特殊设置。

注意事项

没有。

步骤

对于此任务，你将编制项目章程，除了高层次的项目范围说明书，它还包含了以下内容：

- 摘要里程碑（初步）。
- 摘要的成本（初步）。
- 项目高层次风险的描述。
- 配置管理需求。

- 环境的、组织的和外部的假设。
- 环境的、组织的和外部的制约。
- 项目审批要求。
- 项目验收标准。

细节

项目章程把发起人响应业务需要的请求正式化。它由发起人编制但由项目外部某人签署。在现实中，你将为你的发起人准备该文档。

项目章程的目的：

- 承认项目的存在。
- 任命项目经理领导这个项目。
- 提供项目经理利用公司资源的权威。

没有章程可能导致：

- 项目目标不明确。
- 业务需求或客户请求的解决方案不明确。
- 错过项目的重要相关方。

你已经在章程中确定项目的根本原因，并制定高层次的初始范围说明书，但你仍需要额外的信息。

1. 列入进度的里程碑

里程碑是项目的重要事件，如完成可交付成果。在项目规划进展中，你可以添加额外的里程碑。高级经理们通常没有兴趣知道所有的项目细节，但他们会对关键里程碑的信息感兴趣。他们只是想知道一个列入进度的里程碑是否按进度完成。

亲手实践 1.19：知识测试——里程碑

考虑到现在你知道苹果和梨的项目，使用表 1.32 列出该项目的里程碑。你可以用你的想象去说明特定日期。

表 1.32　项目里程碑

里 程 碑	日　期

2. 估算的预算成本

我们将在阶段2花更多的时间在这个主题上。现在，我们正在根据目前所知的谈论高层次估算。估算时间和成本时应该验证提出的高层次预算，并至少包括以下几点：

- 提出项目的高层次估算。
- 非比寻常的资金需求（如果需要）。
- 正在进行的成本。
- 支持时间和成本要素的主要论点。

亲手实践 1.20：知识测试——估算预算

考虑到现在你知道苹果和梨子项目，运用你的常识，列出你认为遗漏的任何额外的费用，并写入表1.33。

表1.33　估算预算

事　项	金　额

3. 高层次项目风险

高层次项目风险帮助你决定项目应该批准还是否决。你希望能够回答高级管理层关于风险的问题，比如：

- 成功的概率是多少？
- 是否能实现预期？
- 范围说明书被所有人理解了吗？
- 有没有项目的拥护者？
- 是否有任何已知的项目反对情况，如果有，来自哪里？
- 基本预算合理吗？
- 进度计划合理吗？
- 资源在需要时可用吗？
- 项目假设和制约是什么？
- 项目有市场风险吗？
- 我们意识到外部的项目依赖关系吗？
- 启动后我们有能力支持吗？

大多数人把风险看作消极的，但在定义风险时，机会也存在。假设你在试图解决关于某种形式的风险问题。你的解决方案不仅可以解决风险，而且可以用于日常运营，因此也成为一个机会。

我们将在第 2 阶段讨论风险应对策略。

亲手实践 1.21：知识测试——高层次项目风险

考虑到现在你知道苹果和梨子项目，运用你的常识，在表 1.34 中列出项目在这个阶段的任何高层次风险和机会。

表 1.34 高层次风险和机会

高层次风险和机会
1.
2.
3.
4.
5.

4．配置管理需求

这不是可以轻松应对的主题。在《PMP：项目管理专业考试学习指南》中［豪华版（第 2 版），Sybex，2007］，配置管理被描述为“说明如何提交变更请求及如何管理变更请求的文件记录的程序。配置管理追踪变更请求的状态和定义需要批准的变更的权力级别。它描述了项目产品的特点，并确保描述是准确和完整的。配置管理控制对某一事项的特征的变更，跟踪做出的或请求的变更，以及它们的状态”。这对于 IT 项目和运营尤其重要。

项目章程应简单描述将使用的变更管理处理过程。（我们将在阶段 2、3 和 4 讨论变更管理。）我们也可能在项目章程中引用组织的现有流程。

5．环境的、组织的和外部的假设和制约

错误的假设和未知的制约能把项目打倒。你可能认为你的基础很扎实，但后来却发现你正在努力克服因为错误的假设和未知的制约带来的挑战。尽管我们很早就在这个阶段提到了假设和制约，我们将在这里再次讨论更多细节。

（1）假设

假设是认定为真的那些事情，或者认为理所当然的那些事情。项目有很多因素你不会知道，所以你做出假设。你可能假设，IT 的 Connie 应该是管理测试的人员。她是唯一知道新的测试环境的人。然后你发现，当你需要她执行任务时，她却在国外度假。这个假设现在成了一种风险。

通过跟你所有的相关方沟通，你可以找到这些假设。请他们给你提供他们的假设，并编制文档。可能会有重复，因为有其他人相信那些假设是真的。

如果一个假设证明不是真的，那么你有了一个风险，甚至重大风险。尝试去验证任何尚不清楚的假设，一定要测试它们，频繁地问："这个假设依然为真吗？"

（2）制约

制约是在项目开始时，可能也可能不明显的限制或障碍，有些会随着项目的进展浮现出来。制约如果没有得到管理，可以破坏一个项目。可以帮助管理制约的两个重要步骤是：

1）识别制约，如时间、预算、质量、进度、技术和管理指令、法律、政治、技能和态度，以及地理角度。

2）制定应对措施，控制那些可以管理的制约。例如，假如管理层说不会有加班，如果合适，就让任务持续时间更长一些。如果你依赖外部因素，如交付产品，则让时间提前量更长一些。

事业环境因素和组织过程资产也可以帮助你定义假设和约束。项目管理知识体系指南（第 4 版，）描述事业环境因素如下：

- 组织文化、结构和流程。
- 政府或行业标准。
- 基础设施（包括 IT）。
- 人力资源。
- 人事管理制度。
- 组织工作授权系统。
- 市场条件。
- 相关方风险承受力。
- 商业数据库（指行业特定信息、风险数据库等）。
- 项目管理信息系统。

《项目管理知识体系指南®》［《PMBOK®指南》（第 4 版）］描述组织过程资产如下：

- 组织的标准。
- 指南、程序和计划。
- 实施工作的方法或标准。
- 模板。
- 沟通规定。
- 项目收尾指南。
- 财务控制程序。
- 质量管理程序。
- 变更控制程序。

- 风险控制程序。
- 审批或工作授权程序。

亲手实践 1.22：知识测试——项目假设

考虑到现在你知道苹果和梨子项目，使用表 1.35 列出三个你知道是真实的假设和三个你不确定的假设。

表 1.35　项目假设

项目假设	
	真
	真
	真
	不确定
	不确定
	不确定

亲手实践 1.23：知识测试——项目制约及应对措施

考虑到现在你知道苹果和梨子项目，在表 1.36 列出三种制约并确定应对措施。

表 1.36　制约及应对措施

制　　约	应对措施
1.	
2.	
3.	

6．项目验收标准

项目验收标准因项目类型而不同，但大多数项目遵循这些通用的验收标准：

- 所有的工作都已检查。
- 所有可交付成果都已验收。
- 员工训练已经完成。
- 手册和程序已经提供。
- 竣工图纸已收到并批准。
- 批准之前需要完成的事项，即竣工查核事项表（punch list）通过客户审查。
- 供应商的合同和协议已经结束。
- 承包商收到最终付款。

在项目章程列出这些标准很重要，因为这样不容易漏掉。当编制项目验收计划时，这将是一个重要的要素。

亲手实践 1.24：知识测试——汇总各项

就像你完成项目范围说明书一样，填写模板（见表 1.37）完成项目章程。

表 1.37　项目章程

项目章程	
里程碑摘要	
成本摘要	
高层次风险	
配置管理	
假设	
制约	
项目审批	
项目验收标准	

任务 1.6：获得项目章程批准

通过编制项目章程并经过发起人或组织中可批准项目的其他人的签字同意，项目获得批准。

场景

你已经完成了你的项目章程，现在必须获得发起人的批准。

任务范围

持续时间

这个任务的持续时间取决于批准人的可用性，可能需要几小时。

设置

该任务没有特殊设置。

注意事项

没有。

步骤

这个任务根据摘要计分卡的结果，编制项目批准要求。

细节

项目批准必须符合项目章程中计分卡水平的渐进的商业论证（见表 1.38）。

表 1.38　项目章程摘要计分卡

	最低分数线	实际得分	差　异
项目评估	76		
财务	8		
内部问题	33		
替代方案和建议	10		
里程碑	5		
总计	132		

记住，项目章程需要项目外部的某人来签署。你需要为签署人提供一定程度的自信，相信那些分数是有效的，所以准备好维护你的项目！

亲手实践 1.25：知识测试——第一阶段的专业责任

在阶段 0，你了解了专业责任和行为。在这里和在每个后续阶段，你将回答专业责任和行为的问题。回答下列与第 1 阶段相关的问题。

1. 你把一些预算信息提供给财务总监。他就那些信息致电给你，并指出数字都是错误的。你该做什么？
2. 你可以在两人中选一位参加你的项目团队。一位是高技能而且以前你跟她合作过，她是你的朋友。另一位同样有能力，但没有机会成为项目团队成员。你选择谁，为什么？
3. 你曾被一位职能经理恶劣对待，他在参会人员面前让你尴尬。你会做什么？
4. 自从你被指定为苹果和梨子项目的项目经理，你发现你的姐夫是正被考虑的供应商之一。你能做什么来保证你的诚信和专业精神吗？
5. 你采取什么行动来促进团队成员和其他相关方之间的诚实互动？

在这个阶段你获得了相当多的知识。你学习了如何做到以下几点：

- 执行项目评估。
- 编制范围说明书。
- 识别项目的限制。
- 提出项目实现方法。
- 制定项目章程。
- 获得项目章程批准。

你的项目已获批准，你现在正要进行更详细的规划。

执行上面这些步骤都是值得的，请相信我们。有些可能是多余的，但不论怎样汇总在一起，完成启动阶段，就让“我们已经搞定”的说法有了新含义。你会熟悉地参与项目，这也是你想要的。尽管我们不是在讨论微管理的事，但告诉那些瞎搞的经理这些信息，会让他们从你身后走开，因为他们将有一个更高的信任度，那就是你真的知道正在发生什么和你在让球朝着正确的方向飞。

阶段 2

规 划 过 程

规划项目可详可略。有些人花在规划、编制文件报表的时间比他们管理项目还要多。但无论如何，适当的规划将决定项目的命运。

规划工作不要独自完成，尽管有些项目经理觉得他们可以自己编制项目计划。他们有技术专业才能，认为自己是专业人员，因此不需要帮助。这可能是真的。即使能够完成所有的项目规划，这么做也是错的。一个人的团队不是团队。当你鼓励某些相关方参与到规划过程时，你不仅在开发你的团队，而且向编制良好的项目计划迈出了第一步。

有时你在项目开始后才被请进来。可能你不相信有正确的支持或足够的时间去规划。那你在实施别人的计划吗？当被要求仅仅去执行别人的计划时，你觉得会多有责任心呢？你可能在开始前就觉得被打败了，或者觉得是别人在操作演出。你有管理项目的必要的权威吗？

你可能认为这些事情会干扰你编制一份好计划的能力。不用怕！你可以不理那些事情就让项目运转起来。相信能力，实现梦想，因为在这一阶段，我们将要展示良好项目规划的要义所在。

规划不是思考的替代品。规划要求把项目的每一步考虑得比以往任何时候都彻底。它也要求所有管理人员的全心支持——高层、中层、同僚。

项目经理和成员必须成为规划工作力量的一部分。常见的错误是把网络开发或进度规划之类的事项交给成员里面的某位“专家”或外部顾问，希望能得到最好的。

你必须使用计划来监视和控制项目。但计划只是提供信息。要保持项目按进度按预算，取决于项目经理。

规划过程包括：

- 确立项目可交付成果。
- 编制工作分解结构。
- 制订预算计划。

- 制订项目进度计划。
- 制订资源计划。
- 制订沟通计划。
- 制订采购计划。
- 制订质量管理计划。
- 制订变更管理计划。
- 制订风险管理计划。
- 制订和展示项目管理主计划。
- 获得计划批准。

亚伯拉罕·林肯曾经说："如果给我 6 小时砍一棵树，我会先花 4 小时磨利斧头。"他清楚预先规划是成功结果的必要条件。

任务 2.1：确立项目可交付成果

项目的可交付成果是我们希望在项目完成时实现的所有产出。可交付成果一般包括物理属性、内容属性（文档或其他书面作品）、技术属性和验收标准。

场景

Carrie MacIntyre（你）在项目章程中被指定为官方的项目经理。现在 Cimarron 的项目章程已经批准，你已经完全忙于你的项目，现在可以根据定义高阶粗略的项目范围确定的要求来识别可交付成果。

任务范围

持续时间

取决于项目的规模，这可能需要一两天或几周。对于一个持续多年的项目，你不能今天规划多年以后发生的某事，所以你详细规划近期的，粗略规划后面的。在接近未来 18 个月以内的工作时（技术上这个持续时间是变更的速度），可以采取更加完整的规划，这成了滚动式规划。

设置

没有。

注意事项

一定要把分散各地的团队成员包括进来。可交付成果的持续时间可能受到影响，特别是团队成员住在另一个国家或时区时。

步骤

这项任务包括以下步骤：

1）从客户的立场记录每一可交付成果。

2）与客户一起，联系我们正在识别和定义的可交付成果，评审项目目标、关键假设和范围。

3）与客户一起，评审整体项目方法，以确保可交付成果可以而且将要被实现。

4）定义每一可交付成果的产品验收标准。

5）为每一验收标准确立指标。

细节

除非所有相关的任务因满足了预设的及可测的结果而被接受，否则可交付成果不能视为完成。至关重要的是，项目经理要在项目开始前，沟通并获得对可交付成果及其要求的一致意见。

1. 从客户的立场记录每一可交付成果

作为项目经理，责无旁贷地要确保把苹果描述为苹果，梨子描述为梨子。关于一个特定的可交付成果看起来像什么，不应该有任何的混淆。假如客户头脑中有一个与你不同的念头应怎么办？简单地结合目的、构成、派生及质量标准按照你的理解把可交付成果记录下来，然后向客户询问反馈。如果你没有简洁地沟通这些事项，某人就会去做某些事生产出他们以为你所要的东西。

2. 与客户一起，评审项目目标、关键假设和范围

确保项目目标未变。如果红灯亮起，就要彻底调查，而且如有必要，应重新考虑或者取消项目。例如，你正忙于一技术项目，但竞争对手在媒体宣布说“下一件好事”明年上市。现在就应该是最好的时机重新考虑现有项目，尽你所能挽救残局，甚至从头再来。

关于假设你可以问的其他问题：

- 它们依然是同样的吗？
- 内容是同样的吗？
- 受众变化没有？
- 资源将依然为你所用吗？

3. 评审项目战略

在阶段 1“启动过程组”，你不但明确了执行方法，而且明确了项目的制约。现

在是时候审阅那些策略是否依然保持为真。可能到期日已经延长或缩短，在这种情况下你的战略或许要变更。确保在战略决策中客户都参与进来。

4．定义每一可交付成果的产品验收标准

产品验收标准包括，但不限于：

- 质量期望。
- 进度日期。
- 功能——产品是否按它应该的情况运行？
- 外观。
- 性能水平。
- 实用性——产品是否适合多数的用户？
- 清晰度——产品是否易于使用和理解？
- 容量——产品是否满足预设的产品用量？
- 准确度。
- 可用性——产品是否让消费者容易获得？
- 可维护性——产品是否能够在合理的时间用量内修复？
- 可靠性——产品是否每次使用都有同样的结果？
- 灵活性——产品能否在外部变化发生时很容易地适应环境？

通过识别具体的产出、评估方式、要求的资源、验收进度、问题解决过程等，这份清单可以展开更多。

5．为每一验收标准确立指标

亲手实践 2.1：知识测试——可交付成果

回顾阶段 1，用你现在所了解的苹果和梨子项目的内容，在表 2.1 中描述五件与项目相关的可交付成果。为避免存在与可交付成果相关的问题，记得提供足够的细节。

表 2.1　可交付成果

1.
2.
3.
4.
5.

亲手实践 2.2：知识测试——产品验收标准

考虑所知道的苹果和梨子项目的信息，使用以前讨论过的质量措施，描述出为商店设计和制造的服装的产品验收标准，填写在表 2.2 中。

表 2.2　产品验收标准

进度日期	
功能	
外观	
性能水平	
实用性	
清晰度	
容量	
准确度	
可用性	
可维护性	
可靠性	
灵活性	

任务 2.2：编制工作分解结构

工作分解结构处于项目的中心。事实上，如果没有编制 WBS，项目会跳过一拍或两拍或 100 拍，有可能迅速完结。根据项目管理知识体系指南的定义，WBS 是“以可交付成果为导向的工作层级分解。其分解的对象是项目团队为实现项目目标、提交所需可交付成果而实施的工作。工作分解结构组织并定义了项目的全部范围”。换句话说，WBS 提供了项目中需要执行的所有的工作。而工作被分解为有逻辑的组成部分，以便对各交付成果指派责任、估算成本、确定预算、执行规划。整个项目可以形容为细分的可交付成果的总和。

做得好的话，WBS 能预防遗漏可交付成果，获得项目个人的承诺，使得基本项目计划能够制订，确保可交付成果的可见性，以及降低风险。

随项目章程编制的范围说明书仅仅编制了粗略的项目蓝图。WBS 增加了详情（任务和活动），包含了整体的项目范围。在该任务中你将学习如何编制 WBS。WBS 中各要素按图映射回项目章程，然后从章程回到范围，继而范围回到目标，如图 2.1 所示。

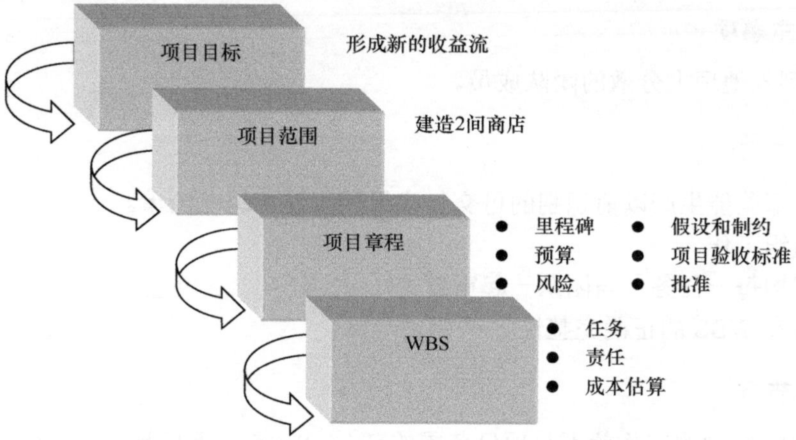

图 2.1　图解 WBS、章程、范围和项目目标

场景

在编制项目章程的过程中，你也确定了项目的范围，至少是粗略的。现在你需要把它分解为更小的更容易管理的工作块，这由一个人或小组执行。你已经审阅了范围说明书并决定了这些是项目的高阶粗略因素：

- 广告。
- 招聘和培训。
- 空间规划。
- 建造。
- 装修。
- 衣物设计。
- 信息技术。
- 衣物生产。
- 交货和设置。

你已经准备好列出项目中的任务，并且与那些你感觉会在这次工作努力中参与的成员安排了会议，已经准备好开始。

任务范围

持续时间

该任务可能需要几小时或几天，取决于任务规模和复杂度。

设置

无。

注意事项

记得列入地理上分散的团队成员。

步骤

1）对那些能生产以前识别的可交付成果的工作，编制清单。
2）组织工作。
3）解构每一任务，与团队一起审查。
4）核实 WBS 的正确完整性。

细节

不在 WBS 中的工作就不是项目范围的部分。WBS 并不只是项目工作的一份广泛列表。它是项目工作的彻底的分类。

有人认为 WBS 就是项目计划。尽管是项目的中心，但 WBS 只是范围管理计划的部分，也是项目管理主计划的部分。WBS 经常在项目开始时用来深入定义项目范围、组织进度表和估算成本。在整个项目中它是一直在成长的文档。WBS 可用于报告成本、管理风险。

在大一些的项目中，WBS 可以在整个项目中使用，识别跟踪工作包，为挣值管理报告工作组织数据，跟踪可交付成果，诸如此类。以后将探讨这些事项。

须记住的关键事情是 WBS 应全面涵盖项目的范围。遵循上文列出的步骤有助于确保所有的范围且只有这些范围成功地彻底地分解在 WBS 中。

了解一些重要定义。

1.《项目管理知识体系指南》术语表中的定义

工作分解结构词典（WBS Dictionary，WBS 词典）：描述工作分解结构各组成部分的文件。对于工作分解结构的每一组成部分，工作分解结构词典都包括简明的范围定义或工作说明、明确的可交付成果、相关活动清单及里程碑清单。其他信息可能包括责任组织、开始和完成日期、所需资源、成本估算、成本编号、合同信息、质量要求，以及便于完成工作的技术参考信息。

工作包（Work Package）：位于工作分解结构每条分支底层的可交付成果或项目工作组成部分。

控制账户（Control Account）：一种管理控制点。在该控制点上，把范围、预算（资源计划）、实际成本和进度加以整合，并把它们与挣值相比较，以测量绩效。

让我们仔细讨论以前介绍的步骤。

2. 步骤 1：编制工作清单

当与团队开会编制 WBS 时，应讨论工作范围及要交付的事项，使团队不会偏离轨道。记住，我们讨论过项目结构是水平的，没有等级之分，所以作为同级人员参与。

通过使用命令动词开始工作可能很有帮助。表 2.3 介绍了几个有用的命令动词。然后对余下须做的工作进行头脑风暴，编制工作清单。决定是否能够在你识别的详细程度上获得项目的成本和持续时间。

表 2.3 命令动词

动 词	介 绍
评估	审阅 研究 收集 分析 评定 明确 识别
要求	明确 描述 设计 制定 选择 获得 准备 批准
构建	创建 建立 写 获取 创造
验证	验证 试用 检查 测试
实施	实施 迁移 培训 替换 评估

亲手实践 2.3：知识测试——编制工作清单

你负责定义苹果和梨子项目中与家具有关的任务。

分解高级别的因素“明确要求的家具”（在随后的高阶粗略 WBS 中），知道你确信完成了可交付成果“识别家具”。

1. 获得一份空间规划的成果
2. 明确需要的家具
3. 订购家具
4. 安装家具

3. 步骤 2：组织工作

现在编制逻辑分组。可以按照阶段、地理、组织、关键的工作产品、年代或其他任何团队感觉能完成这项任务的方式。

亲手实践 2.4：知识测试——组织任务成逻辑分组

你已与团队制作一份清单，包括广告、培训销售和市场人员、打印苹果和梨子项目的宣传册和手册。

1）将下列任务放入四个逻辑分组：培训销售人员、培训市场人员、准备广告、印刷宣传册和手册。

- 帮助销售人员熟悉宣传册和手册。
- 把销售人员送回责任区域。
- 加强具体的市场培训。
- 设计和批准宣传册。

- 设计宣传册版面。
- 设计客户指导手册。
- 选择要培训的市场人员。
- 在各类合适媒体发布广告。
- 为专业期刊准备文章。
- 培训市场人员。
- 送销售人员去培训。
- 继续进行专业训练课程。
- 选择销售人员。
- 印刷宣传册。
- 打印客户指导手册。
- 将市场人员送回责任区域。
- 在专业期刊发表文章。
- 将市场人员带到总部。
- 准备阶段 1 培训。
- 准备阶段 2 培训。
- 准备区域广告。
- 发布和执行区域广告。
- 加强广告计划。
- 明确通用的市场方式。
- 批准区域广告。
- 批准客户指导手册。
- 引导阶段 1 培训。
- 引导阶段 2 培训。
- 发送手册给培训中心。

2）如果没有编制 WBS，你将会面对什么挑战？

4．步骤 3：解构每一任务，与团队一起审查

确保每一任务解构到可以分配资源及估算成本的程度。由于 WBS 是团队帮助编制的，所以你需要审阅并做出需要的调整。这种团队参与为你的团队成员把计划结合了起来。审阅应包括：

- 给团队展示至今所做的。
- 仔细检查 WBS 并修复和/或确定分组。
- 必要时调整任务和活动名称。
- 必要时更改用语以表达清晰，但不要调整含义。

亲手实践 2.5：知识测试——审阅和调整 WBS

你已跟团队编制工作清单，放入逻辑分组，解构任务和活动直到能产生可交付成果。审阅以下建造工程 WBS，审阅分组并在必要时调整。增加需要的任务或活动，直到你觉得可以产生合适的可交付成果（使用命令动词）。

- 获得工作计划。
- 提交计划。
- 获得批准。
- 用木桩固定墙角和壁阶。
- 设立打桩界石作为参考点。
- 执行土方工作。
  —挖出地基。
  —销售或保存沙土。
  —现场引入工具。
- 为地平面检查土方作业以便打桩。
- 按计划订购材料。
- 地基。
  —建造模板。
  —放置钢筋。
  —倾倒水泥。
  —倾倒圆柱试体。
  —拆卸清理模板。
  —让水泥凝固。
  —分析圆柱试体。
  —检查完工的地基。
- 房子框架。
- 草拟电力和管道图。
- 建筑后部设置物料配送功能区。
- 铺设人行道、通道和柏油路。
- 椽子。
- 覆盖房顶。
- 编制线路图。
- 房顶电路和管道。
- 安装房顶。
- 拉线。
- 检查线路。

- 隔热。
- 安放石膏板。
- 安装橱柜。
- 铺瓦和油布。
- 完成木工工作。
- 完成管道工作。
- 完成电力工作。
- 雇用清洁服务。
- 铺地毯。

5. 步骤 4：核实 WBS 的正确完整性

核实 WBS 的完整性和正确性的最佳方法是提问："这些任务能全部完成要求的可交付成果吗？"如果使用了命令动词开始介绍任务，你应该能把可交付成果跟任务联系起来。

6. 常见障碍

尽管在此过程中你主要扮演同级人员的角色，但如果遇到以下障碍就需要你的引导技能：

- 讨论或增加新的要求。
- 讨论方案而不是工作。
- 太早想设立依赖关系。
- 太早想安排资源。
- 过度详细以至于花了太多时间编制 WBS 而不是管理它。
- 关注 WBS 的层级：

—常见的 WBS 是 5～7 层。

—对预算级的可交付成果可能只需 3～4 层。

—如果有 7 层或更多，往往出现子项目或成为带有多个子项目的项目集。

7. 工作包的详细程度

当有如下感觉时，你就把项目范围分解到足够细致的程度了：

- 可被现实地、自信地估算。
- 逻辑上不能再分。
- 可以快速完成。
- 具有有意义的结果而且可以交付。
- 可以无中断完成（没有更多信息需要）。
- 可以外包或发包。

任务 2.3：制订预算计划

在资源和人员配备计划做完之后，项目经理就可制定资源成本的估算。财务计划（有时称为成本计划）应该足够可信，这样在工作开始前才能留有充足的预算，尤其是当项目需要几家分包商、供应商时，更是如此。

场景

现在你手上有一份偏爱的 WBS，你依然在完善它，但你同时意识到还需编制其他的各种计划。这不是一个直线过程——碎片和部件将逐步构成主项目计划。基于你的 WBS，你有足够的信息来验证项目章程中提到的初始预算。

任务范围

持续时间

任务的范围取决于项目的规格和复杂程度。

设置

无。

注意事项

你必须能接触到与资源相关联的成本数据。这不是说需要给你工资信息。你需要组织负担劳动率。负担劳动率往往是雇员的时薪加职工福利、资金成本和其他的管理费用。如果没有“负担”率，你可以用双倍的劳动成本代替。

步骤

该任务包括以下步骤：

- 成本估算。
- 成本预算。
- 成本控制。

细节

应该有一套财务管理体系来接收、批准、支付款项给供应商和分包商。你收到的发票可以回溯到那些已经完成和获得验收的材料或工作的采购订单、合同、收据。财务计划应该也具备一个过程来最终审计合同（如果有）和结束合同。

你应该在基准预算中包含应急储备。批准的管理储备也是成本计划的部分，但不是基准预算的部分。

这不是那种你制订后就忘掉的计划。像所有的项目计划，成本计划应该迭代地改进。你需要有能力去验证已经到位的财务控制的能力。成本计划的构成元素有成本估算、成本预算和成本控制。

1．成本估算

在项目章程签署时你就知道项目的粗略高阶估算有多少，但现在你需要把它校准。你现在比你开始时知道的要多，所有成本应该更加现实。我们细看一下估算类型：

参数模型 这种被认为是“自上而下”的。它在数学模型中使用项目特征（参数）来预计项目成本。例如，你将在某城市建造一处商业建筑，有可用信息（如材料成本、土地价值等）。但信息是从本地的快餐店到高楼的各类建筑的平均成本，以及商业地块的平均成本。结果，准确度的差异就是从−25%到+75%的任意数值。还有，可以这样考虑这些平均数：一只脚在沸水里，另一只脚在冰上，但“平均”起来你还是很舒服的。

类比估算 这是另一种自上而下的估算方式。当现有项目跟同类项目非常相似时，准确度的差异是−10%到+25%。如果是早期估算，偏差可能大一些。比如，有些组织使用 T 恤衫的尺码来类比。换句话说，不用花太多时间，或看太多细节，类比就是在把项目接收到项目组合之前，简单地把一个项目贴上小号、中号、大号的标签来考虑。这可能是推动内部强化类项目所需的所有细节了。记得，在项目进展中你知道的越多估算就越准确。

确定估算 这类估算经常有−5%到+10%的准确度水平。你估算个体工作项的成本，当你汇总或累计所有个体的估算，就能得到项目总体的成本。这类估算被认为自下而上。

在准备基础项目预算时，你必须考虑现实的资源可用性，大概 75%。然后确定项目有关的损失因素，如错误、供应中断、返工等。这给出成本的估算工作量。下一步考虑非项目的损失因素，如培训、休假、病假、假期，诸如此类，这给出进度的估算工作量。

2．成本预算

完成项目所需的全部工作量是在成本估算和进度制定过程明确的。直到最终进度表商定好，估算才算完成，因为你制定进度可能要重新安排资源，这就会变更单个任务的估算工作量。

工作量乘以资源的小时费率就得到人力资源成本。这些成本将会根据进度表中资源预期完成工作量的时段分配到项目持续时间中。然后，资金成本或设备采购相关成本、软件许可费用，诸如此类的会加到成本中。此外，物资设备成本直接记入项目。管理费用加上后就得到总的估算成本。这份总估算成本被分配到整个项目持续时间，基于预期做出开支的时间，就形成项目的预算。

预算必须不时重新评估，甚至变更——如果偏差大到必要的程度（在预算和实际支出之间的区别。通常，当你在项目中从阶段到阶段移动时，你有一个可接受范围的预算必须在移动到下一个阶段前满足。例如，你的组织可能允许在 10%的成本超支时前进到下一阶段，但超过此范围将中止项目。在你知道谁做什么、什么时候以及他们的负担率（包括福利和管理费用），你可以创建一份报告来显示预算（见表 2.4）。

表 2.4　人力资源预算　　　　**单位：美元**

活　　动	资　　源	估算工作量（小时）	负 担 率	预　　算	实际工作量	实际成本
A	Michelle	80	85	6 800		
B	Jeness	40	85	3 400		
C	Carrie	1 800	60	108 000		
D	Jocelyn	120	100	12 000		
E	Todd	480	35	16 800		
估算预算	147 000					

估算的资源预算（在这个简略的例子中）加上非劳力成本（不包括应急储备和管理储备）变成项目成本预算的基准。我们将在阶段 4“监视和控制过程”任务 4.4 讨论。

3．成本控制

根据 Standish 集团 2004 年的 Chaos Report，（http：//ptgrnedia.pearsoncrng.com/images/9780131575516/sarnplechapter/0131575511～CH01.pdf），平均的成本超支约为原有预算的 56%。成本控制需要监控实际成本绩效并识别和作用于成本差异。它还包括严格控制项目范围的变化，以防止不必要的成本增加。最后，它包括与适用的相关方沟通成本绩效和偏差，并与他们一起工作定义计划以保持项目在批准的范围之内。我们在监视和控制阶段来看看控制成本的一些方法。

以下是当你创建你的成本计划时可能有用的一个成本管理计划模板。

（1）第 1 部分：估算

- 描述你是如何获得估算的。
- 描述来自劳动力资源的估算。
- 描述非人工资源所需的估算。
- 描述与已知的风险事件相关的应急资金的估算。
- 描述用来应对可能出现的未知风险的管理储备的估算。

（2）第 2 部分：成本预算

- 按每个工作包分配成本。
- 按月、季度或年等时间要素分配成本。
- 定义支出计划以回答“项目部分地为自己解决资金吗？”这样的问题。例如，如果一个项目是为有线电视升级基础设施，一旦一个地区的升级完成，客户开始付费使用这项新服务。于是，这些利润的一部分可以为后续的项目提供资金。

（3）第 3 部分：成本控制

- 制定检索成本信息的程序。
- 运用挣值来确定资金在预先确定的范围是否足够。
- 比较计划的成本和实际的成本。
- 建立成本控制程序。

（4）第 4 部分：建立一份成本历史

- 用活动的实际成本建立 WBS，为类似项目建立成本历史。
- 利用或创建一个历史数据库来采集成本信息。
- 审核现有财务控制过程来检查是否正常运行。

亲手实践 2.6：知识测试——成本预算

1. 应该执行活动估算？为什么？

2. 我们讨论了自上而下和自下而上的估算。在项目中有没有两类估算的地方？为什么或为什么不？

3. 简述提供人力资源估算可能改变预算的两个场景。

任务 2.4：制订项目进度计划

良好的进度计划能最大限度地提高项目活动的资源生产率。通过查看进度计划，你就知道谁做什么、什么时候做。

项目经理负责进度计划。如果有大量的任务，例如在一个大型项目，雇用项目进度员可能是有益的。

场景

你已经完成你的 WBS 但完成项目进度计划之前还有更多的工作要做。

任务范围

持续时间

这项任务可能需要几小时、几天或几周，取决于项目的大小或复杂性。

设置

无。

注意事项

无。

步骤

以下是创建和理解项目进度计划的必要的进程：

- 定义进度活动。
- 确定活动顺序。
- 估算资源。
- 确定活动持续时间。
- 制订进度计划。

细节

这可能是项目中最重要的任务。如果进度计划不正确地编制和管理，项目可能不能按时进行或在预算之内。势在必行的是，你和你的团队应花些时间把它搞定。

1. 定义进度活动

先前描述的 WBS 仅仅显示了逻辑分组中的主要任务。你现在要做的就是进一步定义这些任务为子任务（如果合适的话）及安排进度计划和关联可交付成果的活动。

命名任务和子任务。在这一点上，你会想要有某种编码约定，如图 2.2 所示。最后，命名组成工作包的活动。这些活动也被称为进度活动，因为你可以分配资源到活动及估算活动。

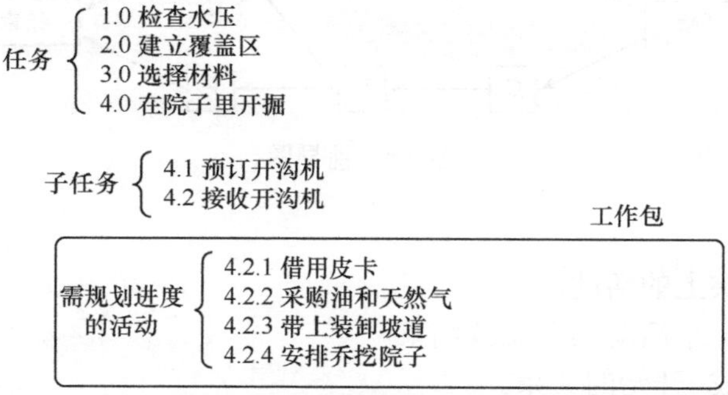

图 2.2　层级结构的工作分解结构

图 2.2 显示了部分 WBS，包含安装草坪洒水系统所需的任务、子任务和活动。

工作包完全实现了子任务“4.2 接收开沟机”，子任务完全实现任务“4.0 在院子里开掘”。请注意编码规定大纲是通用的。在 WBS 的最低水平，你现在可以安排活动。

2. 确定活动顺序

活动排序确定项目活动之间的逻辑关系（依赖）。项目团队共同努力识别任务之间的依赖关系。你必须先了解依赖的类型。有三种类型的依赖关系：

- **强制性**　强制性的依赖关系使用硬逻辑（任务 A 必须在任务 B 之前完成）。

- **选择性** 选择性依赖关系使用软逻辑或偏好逻辑。例如，使用软或偏好的逻辑，你通常会在铺设地毯之前粉刷墙壁；然而，如果油漆工在另一个项目工作延迟，你可以自主决定，选择首先铺设地毯（用塑料盖住它），以后再粉刷。绕过偏好的逻辑时，你还必须考虑增加到已经完成任务上的风险，在本案例中，使用了塑料覆盖地毯。
- **外部的** 外部依赖关系决定什么时候可以安排一些活动。例如，假设你要在马路地下铺设光纤。煤气公司也在相同的位置跨街地下作业。城市不会许可你第二次跨街地下作业，你必须和煤气公司协调你的工作。

排序任务的结果是一个网络图。两类图表技术都是可用的：一类是箭线图（Arrow Diagramming Method，ADM），如图 2.3 所示；另一类是前导图（Precedence Diagramming Method，PDM），如图 2.4 所示。

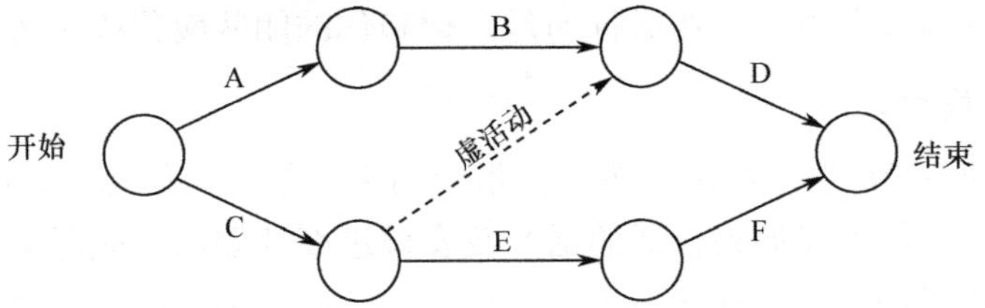

图 2.3　箭线图

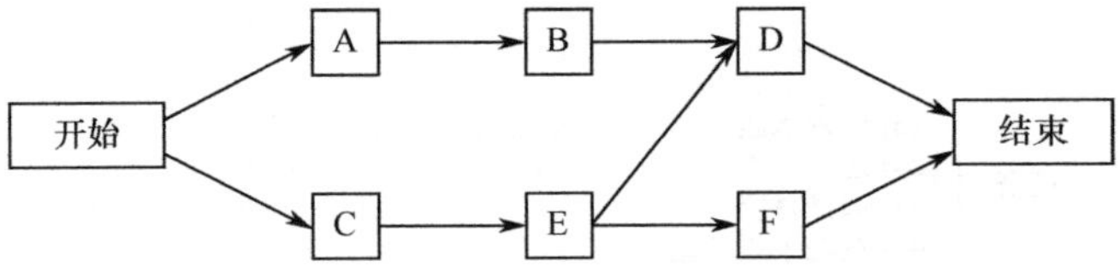

图 2.4　前导图

3. 箭线图

- 标识在箭头上的活动。
- 圆圈代表一个活动的开始或结束。
- 仅使用完成–开始的关系。
- 可以使用多次估算确定工期。
- 可能需要虚活动（虚线所示）表示逻辑，这类逻辑用来显示类似结束–开始的复杂紧前活动。

4. 前导图

- 活动标识在节点上。
- 可以使用四种优先关系：
  —结束–开始。
  —开始–结束。
  —结束–结束。

—开始-开始。

- 只使用一个持续时间。
- 其他项目信息可以显示在节点上。

紧前关系基于网络图如何构造的形式，简单地展示了任务之间如何联系，特别是任务之间的依赖关系。在大多数情况下，一个活动在另一个活动完成之前不能开始。这被称为结束-开始关系，也是最常见的形式。但是，一个或多个活动可以相互关联的形式有四种，如表 2.5 所示。

表 2.5　四种活动关系

活动	描述	图解
结束-开始	活动 A 的结束推动活动 B 的开始	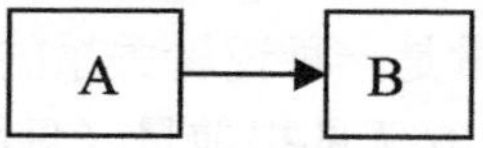
开始-结束	活动 A 的开始推动活动 B 的结束	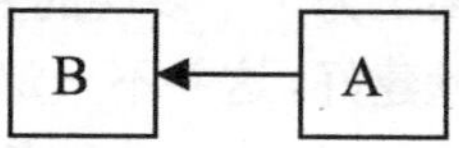
开始-开始	活动 A 的开始推动活动 B 的开始	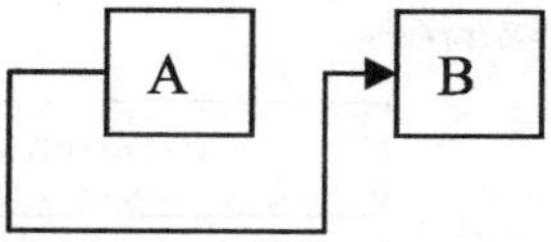
结束-结束	活动 A 的结束推动活动 B 的结束	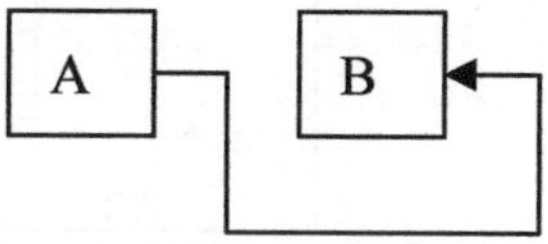

为了演示紧前关系如何工作，考虑一个项目的初始计划，有 20 天的持续时间（见图 2.5）。

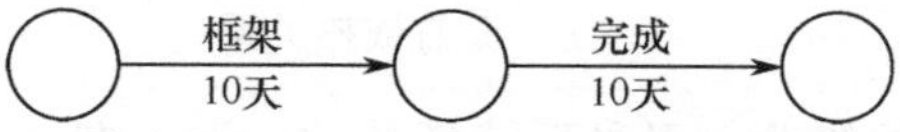

图 2.5　结束-开始关系的箭线图

假设你不得不缩短这个项目的持续时间，从你开始“框架活动”后的四天开始“完成活动”。在图 2.6 中，我们已经修改了计划，缩短了持续时间到 14 天。注意完成逻辑的“虚”活动。

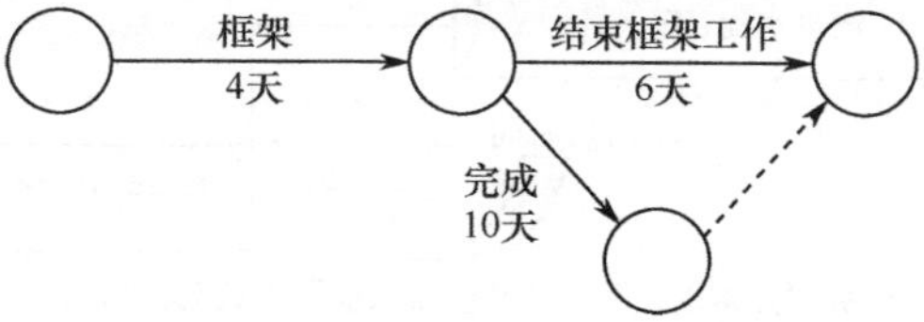

图 2.6　压缩持续时间后的箭线图

你可看到没那么复杂的前导图（见图 2.7），开始“框架活动”后四天你将通过应用四种关系中的 SS（开始–开始）关系，开始“完成活动”。“框架活动”已经开始后四天，你可以通过使用开始–开始的依赖关系开始“完成活动”。默认的关系总是开始-完成的依赖关系，这在本案例中是 20 天。

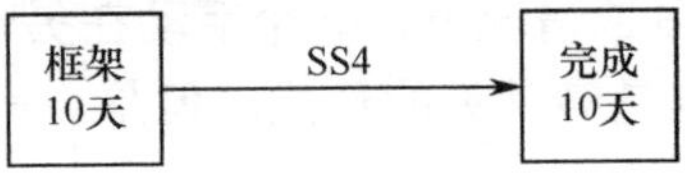

图 2.7　压缩持续时间后的前导图

当使用紧前关系时，有时你可能想使用提前量和滞后量时间，它们可以让你进一步描述任务发生了什么。

提前量是一种逻辑关系的修改，允许提早后续任务。例如，在结束–开始依赖关系有为期 10 天的提前量（见图 2.8），后继活动可以在紧前任务完成前两天开始。也许你让框架工为一个多层的梦幻街道私人豪宅安装内墙。电工在开始电路布线之前必须等到墙壁建好。这并不一定意味着他们必须要等到所有的墙壁都建起来，他们可以，如果你安排得当，在一定比例的紧前任务完成后或在紧前任务完成前的具体的天数提前电路布线活动。

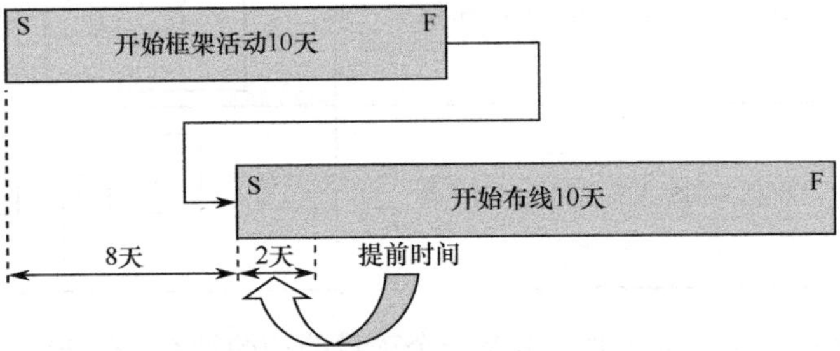

任务“开始布线”在“开始框架活动”之后8天开始

图 2.8　提前依赖关系

滞后量是逻辑关系的修改，引导后续任务的延迟。在有 5 天滞后量的结束–开始关系中（见图 2.9），在前置任务已完成五天之前，后继活动无法开始。例如，你已浇混凝土，接下来的任务是建设框架。滞后时间告诉你等待 5 天，不使用任何资源。你不需要在你的计划中放上一项称为“观察水泥固化的”任务。

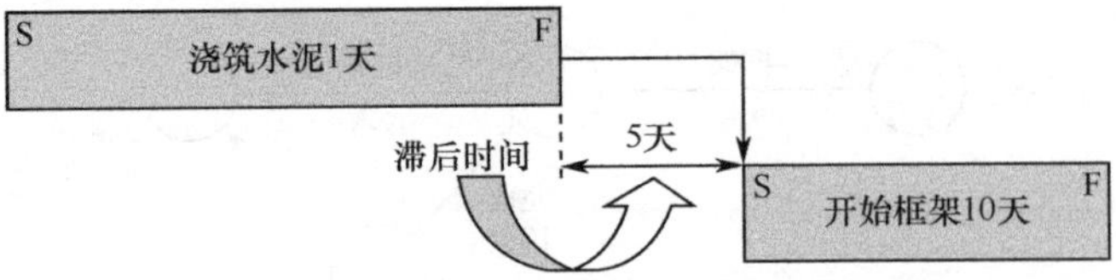

任务“开始框架”在“开浇筑水泥”完成5天后开始

图 2.9　滞后依赖关系

5. 估算资源

资源计划帮助你确定需要的资源，但现在你必须估算这些资源将花费什么。项目经理与分配完成工作的资源一起工作，首先估算活动所需的时间。

大多数资源经理倾向于使用他们熟悉的约束来估算。他们有很多资料，会根据自己的情况给出持续时间。相反，请他们给你一个没有约束的估计，那就是，如果有一个完美的世界，需要平均水平的员工花多少小时完成任务。考虑一下这些估算是计时收费的。我们在谈论的是工作和持续时间。如果它应该只需要 40 小时，就不要接受 3 个星期的工作估算。它可能需要 3 个星期才能干完，但你应该只按照约 40 小时付款。

你也应该按照一定的幅度表达估算及沟通你作为项目控制的正常部分而验证和修订的假设。如果你有一个很长的项目，按阶段估算。用自下向上的方法估算第一或前两个阶段，用自上而下的方法估算其余阶段。偏差在更大幅度的估算中会更大，没有历史信息则更大。

没有必要虚报估算。你可以应用其他因素。表 2.6 列出的因素，有助于带来现实的估算。你也要同时考虑生产力。正如你看到的，许多事项可能影响估算。毕竟，生产时间或 8 小时轮班利用率是很少到 8 小时的，如果曾经有的话。油田雇员在冬季环境的利用率，例如，可能只有 8 小时轮班的 3 小时。安全考虑可能要求经过这么多暴露时间后进行保暖休息。到现场穿上适当的防护服是规定，但不被认为是生产时间。

表 2.6　带来现实估算的因素

生产力	其他因素
有效工作时间的数量	团队规模
工具和技术	客户数量
技术水平	客户的可用性
激励	对目标的理解
工作环境	项目复杂程度
领导力和指示	团队经验
返工花费时间	花在其他工作的时间
参与任务的数量	历史数据的可用性

6. 确定活动持续时间

现在，你知道了每个活动的范围。AGCA（Associated General Contractors of America）采用生产率确定活动的持续时间。它联系工作数量考虑生产率，然后用工作数量除以生产率来确定实际活动持续时间的估算。

活动持续时间=工作数量÷生产率

对于 WBS 中的广告、宣传册和培训部分的工作，你拥有所有需要的来合并出正确的持续时间。你现在应该添加工期到你的 Microsoft®Project 软件或其他进度制定软件的文件中。

7．制订进度计划

你理解了依赖的概念及提前量和滞后量。下面，我们将讨论帮助你制订进度计划的其他关键要素：

- 关键路径。
- 浮动时间和时差。
- 前向和后向通过逻辑。

编制网络图是很容易的，但你应该理解项目管理软件中使用的逻辑，这样你才可以变更你的网络图，并明白更改的结果是什么。但首先你需要理解关键路径法（Critical Path Method，CPM）。基于特定顺序的网络逻辑和一个单一的持续时间估算，关键路径法计算每个活动的单一的、确定性的早开晚开和早结晚结时间。关键路径法的焦点是计算时差以确定哪些活动有最少的进度灵活性。

进行前向通过，将从所有网络活动早开和早结日期开始计算。然后进行后向通过，从所有网络活动晚开和晚结日期开始计算。任何没有浮动时间的任务被认为在关键路径上。

了解关键路径法和浮动时间的逻辑，有助于进行进度权衡，在个别任务控制及总进度控制上也是有用的。关键路径任务没有浮动时间或时差，这就是为什么它们是关键的。既然没有浮动时间，如果在关键路径上的任务比预期所需更长时间，将延迟项目结束。

自由浮动时间或自由时差是活动可以延迟但不影响紧跟着的后续活动的最早开始时间的时间量。总浮动时间或总时差是活动可以从它的最早开始时间延迟但不影响规划的项目完成日期的时间量。

浮动时间跟时差可以互换使用。它是一种数学运算并可以随着项目的进展和项目计划的变更而改变。

最晚开始–最早开始=时差

要记住的主要事情：不要让你的团队成员知道他们的浮动时间是什么。帕金森氏定律总是有效的——工作扩展到填满用来完成它的所有可用时间。团队成员通常不知道，他们理解的任务浮动时间是整个路径的累积时间。所以，如果乔看到他的任务有一个星期的浮动时间并用掉了，路径上的其他成员就会突然间没有任何的浮动时间。事实上，浮动时间用光后，你就有了另一条关键路径！

排序活动是唯一需要建立进度表的部分活动。你选择的软件采用前向通过和后向通过逻辑。这些功能将在你建立网络图时自动执行，但同样，理解那些决定任务或整个路径的浮动时间数量的内置逻辑也是有用的。当你变更持续时间或任务之间的依赖关系，浮动时间和关键路径就可能改变。

我们现在要确定依赖关系，执行前向通过，执行后向通过，然后确定关键路径和浮动时间。

图 2.10 显示了一个确定任务间依赖关系的例子。图 2.11 执行前向通过。没有紧前活动的任务用 0 开始“最早开始”日期（见 A7，C6，D8 和 F6）。前向通过在框或节点的顶部标出。第一个任务的最早开始从 0 开始，加上持续时间，就得到最早结束日期。最早结束日期沿着箭头到下一个节点，成为节点的最早开始日期。

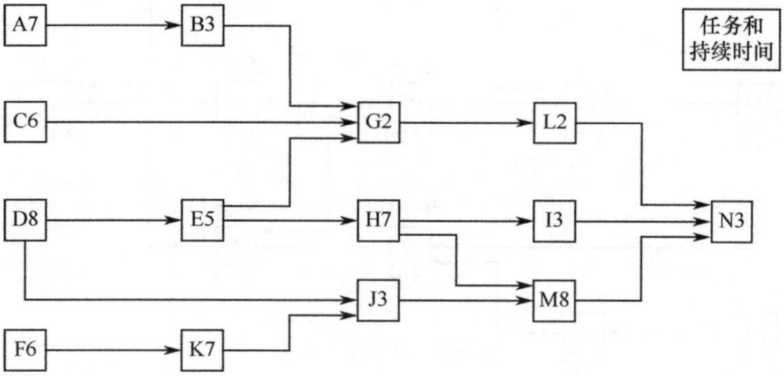

图 2.10 确定依赖关系

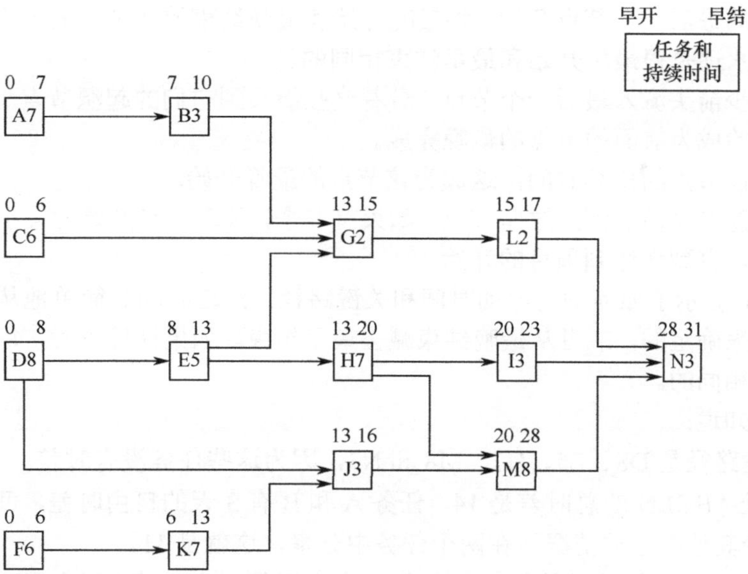

图 2.11 执行前向通过

继续执行到项目的结尾，牢记不同节点的几个箭头到一个节点时，前向通过的规则是使用最大的最早结束日期。

图 2.12 执行后向通过，向后通过比前向通过棘手。它只是一个观察许多箭头如何流入和流出各个节点的问题。

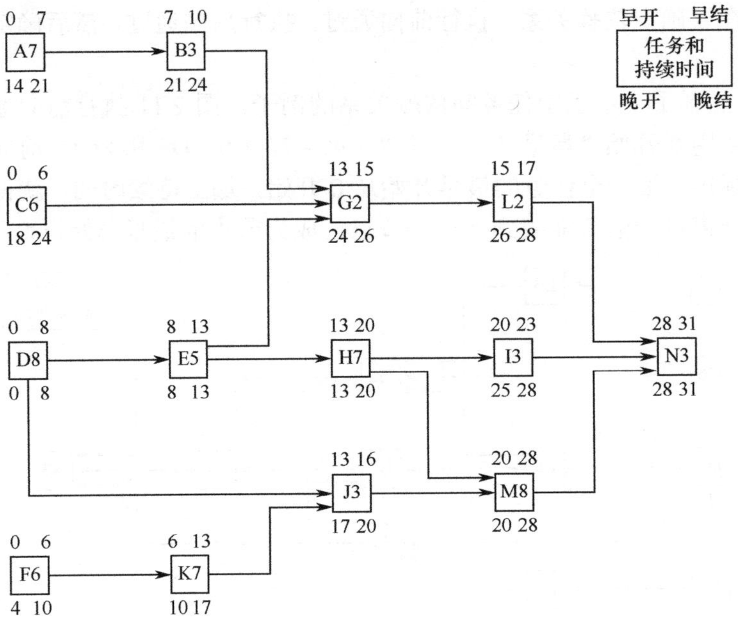

图 2.12 执行后向通过

从项目的最后一个节点开始。将最晚开始和最晚结束放在节点的下方。在最后一个节点，这永远是跟最早开始和最早结束相同的。

注意多少箭头流入最后一个节点。沿着这些箭头到它们的起源节点。最后一个节点的最晚开始成为前面的节点的最晚完成。

减去当前节点的持续时间，这成为该节点的最晚开始。

再次注意多少箭头流入这些节点。如果有多个，采取最晚开始的较小的一个并继续向后通过，直到你达到项目的开始。

图 2.13 显示了如何确定浮动时间和关键路径。浮动时间是简单地从最晚开始减去最早开始来确定的，或者从最晚结束减去最早结束。如果计算正确，每个节点上的答案都将是相同的。

现在你知道：

- 关键路径是 D8、E5、H7、M8 和 N3，因为这些任务没有时差。
- 路径 ABGLN 的总时差是 14，任务 A 和 B 有 3 天的自由时差，可以在不影响路径其他部分的情况下在两个任务中分享，这就是 11。
- 路径 CGLN 的总时差是 18，任务 C 有 7 天的自由时差，不会影响路径的剩余部分，这就是 11。
- 路径 DEGLN 的总时差是 11，没有自由时差给任何一个独立的任务，它们分享 11。
- 路径 DEHIN 的总时差是 5，只有任务 I 可以使用这个时差，因为其余的任务在关键路径上。
- 路径 FKJM 的总时差是 4，时差被分享了，所以没有自由时差。

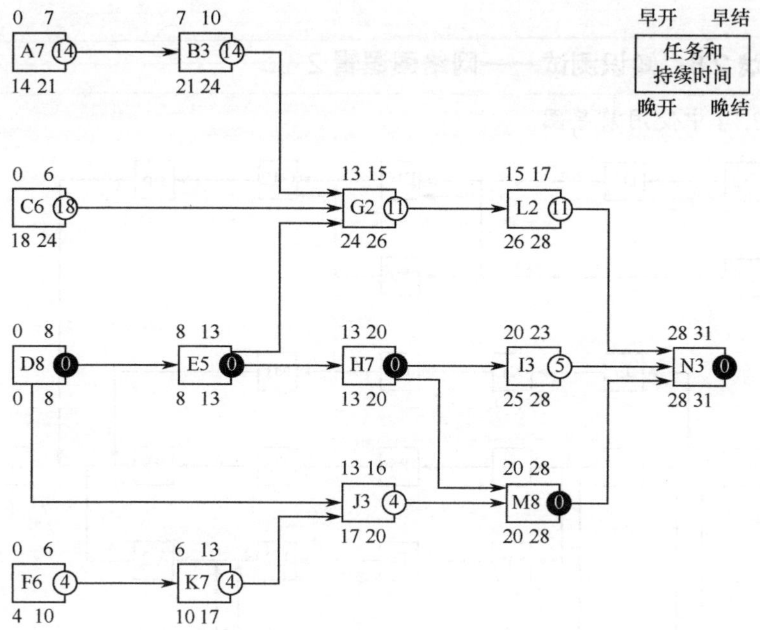

图 2.13　确定浮动时间和关键路径

现在你知道了项目的持续时间，这也是关键路径。你也知道有多少浮动时间可以用于非关键任务。你现在拥有了制订进度计划所需的一切。

亲手实践 2.7：知识测试——网络图逻辑 1

你刚刚确定了以下主要活动，执行新的电话系统所要求的：

A. 引导工作站评估（3）：紧前任务无

B. 获取网络要求（2）：紧前任务无

C. 编制工作站设计（2）：紧前任务 A

D. 编制网络电缆设计（4）：紧前任务 B

E. 构建机房（8）：紧前任务 B

F. 在交换机房安装配线架（2）：紧前任务 E

G. 安装硬件（3）：紧前任务 E

H. 安装电缆（2）：紧前任务 D，E

I. 捆绑电缆到配线架（3）：紧前任务 F，H

J. 安装，编程，测试工作站（2）：紧前任务 C，G，I

K. 引导连续性测试（4）：紧前任务 J

L. 试软件（1）：紧前任务 K

1. 使用前导图绘图技术，绘制该项目的网络图并计算每个活动的 ES、EF、LS、LF。
2. 确定关键路径。
3. 展示所有浮动时间。

亲手实践 2.8：知识测试——网络图逻辑 2

在图 2.14 中使用前导图。

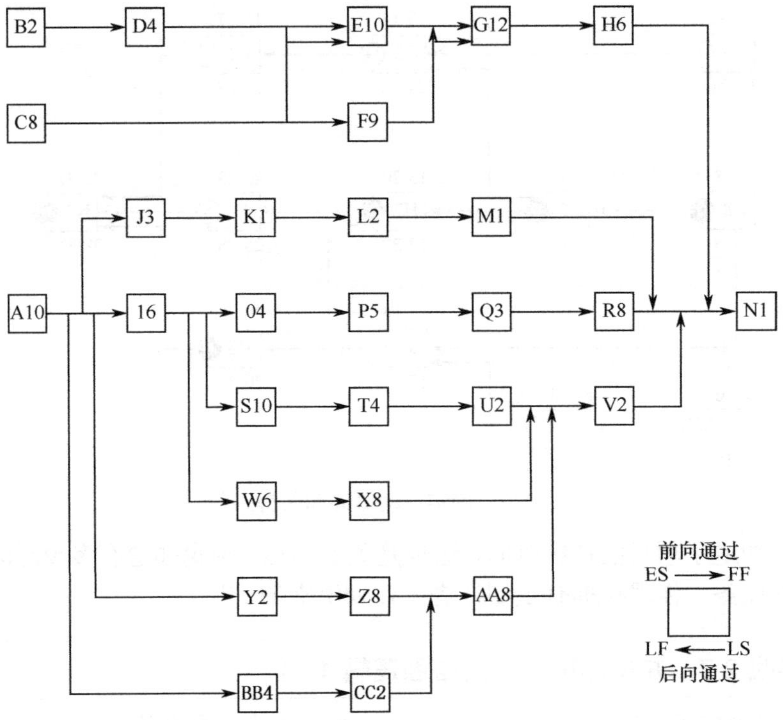

图 2.14　网络图

1. 计算每一活动的 ES、EF、LS、LF。
2. 每条路径有多少浮动时间？
3. 有没有自由时差？如果有，哪个任务有？
4. 浮动时间和自由浮动之间的差异是什么？
5. 确定关键路径。
6. 如果有一个以上关键路径你的进度计划会发生什么变化？
7. 当有多个关键路径时项目经理应该做什么？

8. 使用甘特图

甘特图因亨利 • L. 甘特而命名。甘特在第一次世界大战期间曾任职于造船工厂，他决定在任务和时间使用二维关系，以更好地满足那些活动。过程非常成功，现今被广泛采用。

当排序任务时，大多数项目管理软件可以帮你构建这个时间表。当任务“汇总”进里程碑时，甘特图可以为管理提供项目状态的快速视图。图 2.15 是一个用 Microsoft® Project 制作的甘特图，提供了广告、招聘和培训任务的细节。

9．面对不确定性，确定项目进度计划

对于非常大规模的、一次性的、复杂的、非例行的项目，你可以使用称为计划评审技术（Program Evaluation and Review Technique，PERT）的过程。PERT 用于当出现不确定性和不确定性妨碍了决策时。

Booz Allen Hamilton 公司在人造卫星危机期间开发了这一进程。该咨询公司于 1958 年经美国国防部美国海军特别项目办公室批准，参与北极星移动潜射弹道导弹项目的部分工作。

PERT 用来对产出是未知的大型项目进行简单的规划。关键路径法使用了一个持续时间，但 PERT 使用三个：

- **乐观的**（t_o） 理想状态下，一切进展顺利的活动时间。
- **最大可能的**（t_m） 在正常情况下的活动时间。
- **悲观的**（t_p） 遇到重大问题的活动时间。

PERT 计算每一项活动的平均或预期时间（t_e）：

$$\frac{[O+(4M)+P]/6}{6}$$

每个活动的方差（V）的计算如以下公式所示：

$$V=\left(\frac{t_o-t_p}{6}\right)^2$$

项目的总方差等于关键路径活动的方差总和。项目持续时间的标准差（SD）等于其总方差的平方根。

最后，PERT 假设项目完成时间（T）的分布是一种正态（钟形）分布，允许你计算满足指定项目完工日期的概率。

考虑图 2.16 的项目。所有的数字都以天计。第一个数字是活动的乐观时间，第二个数字是最大可能完成活动的时间，第三个数字是活动的悲观时间。

该项目持续时间（T）等于其关键活动（A，B，D）的预期时间总和：

$$T=t_{eA}+t_{eB}+t_{eD}=3.17+3.33+1.00=7.50$$

表 2.7 显示培训项目关键路径上每一活动的预期时间（TE）和方差（V），在计算中使用小数点后两位。

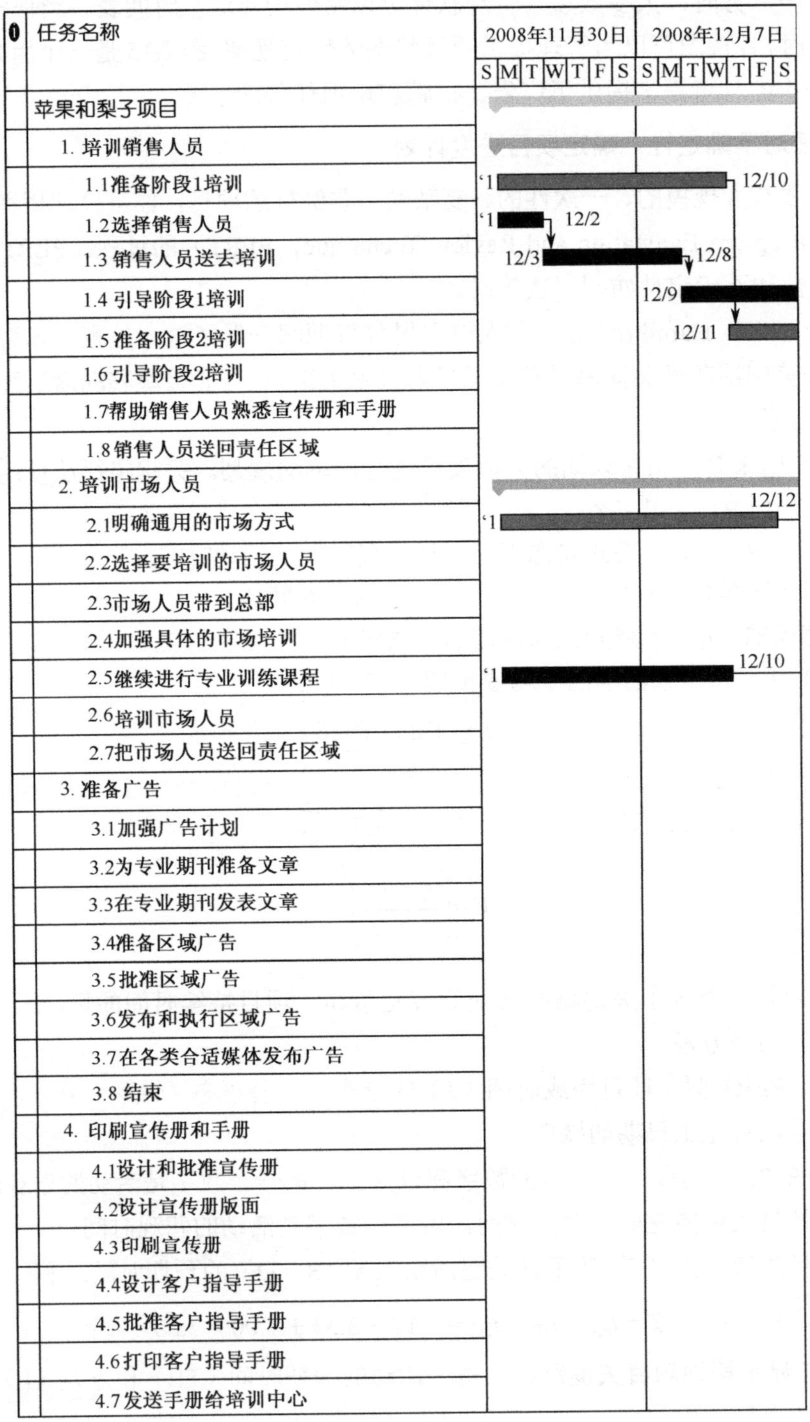
任务名称
2008年11月30日
2008年12月7日
S M T W T F S S M T W T F S
苹果和梨子项目
1. 培训销售人员
1.1准备阶段1培训
1.2选择销售人员
1.3 销售人员送去培训
1.4 引导阶段1培训
1.5 准备阶段2培训
1.6 引导阶段2培训
1.7帮助销售人员熟悉宣传册和手册
1.8 销售人员送回责任区域
2. 培训市场人员
2.1明确通用的市场方式
2.2选择要培训的市场人员
2.3市场人员带到总部
2.4加强具体的市场培训
2.5继续进行专业训练课程
2.6培训市场人员
2.7把市场人员送回责任区域
3. 准备广告
3.1加强广告计划
3.2为专业期刊准备文章
3.3在专业期刊发表文章
3.4准备区域广告
3.5批准区域广告
3.6发布和执行区域广告
3.7在各类合适媒体发布广告
3.8 结束
4. 印刷宣传册和手册
4.1设计和批准宣传册
4.2设计宣传册版面
4.3印刷宣传册
4.4设计客户指导手册
4.5批准客户指导手册
4.6打印客户指导手册
4.7发送手册给培训中心
12/10
12/2
12/3
12/8
12/9
12/11
12/12
12/10

图 2.15　甘特图

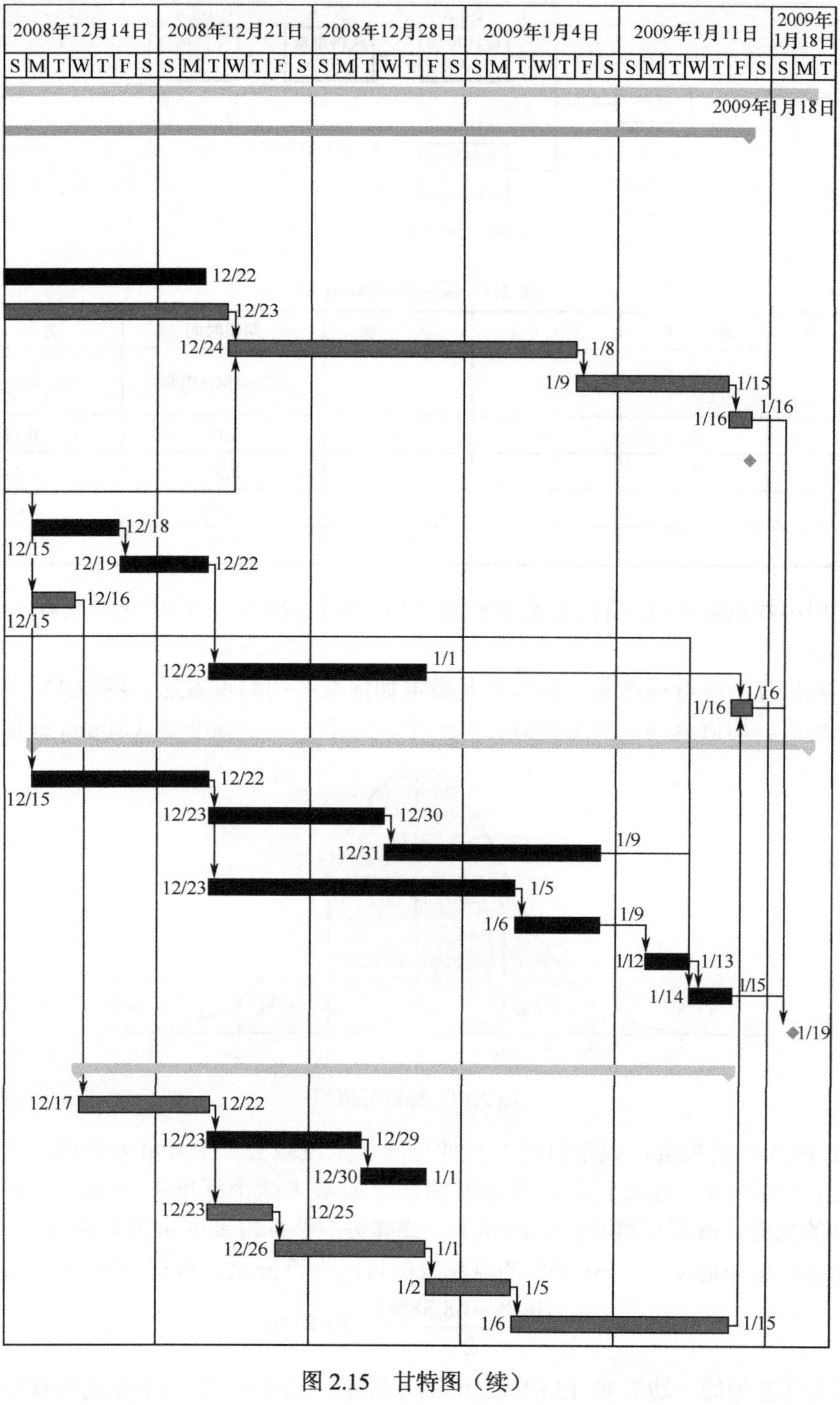
2008年12月14日
2008年12月21日
2008年12月28日
2009年1月4日
2009年1月11日
2009年1月18日
S M T W T F S S M T W T F S S M T W T F S S M T W T F S S M T W T F S S M T
2009年1月18日
12/22
12/23
12/24
1/8
1/9
1/15
1/16
1/16
12/18
12/15
12/19
12/22
12/16
12/15
12/23
1/1
1/16
1/16
12/22
12/15
12/23
12/30
12/31
1/9
12/23
1/5
1/6
1/9
1/12
1/13
1/14
1/15
1/19
12/17
12/22
12/23
12/29
12/30
1/1
12/23
12/25
12/26
1/1
1/2
1/5
1/6
1/15

图 2.15　甘特图（续）

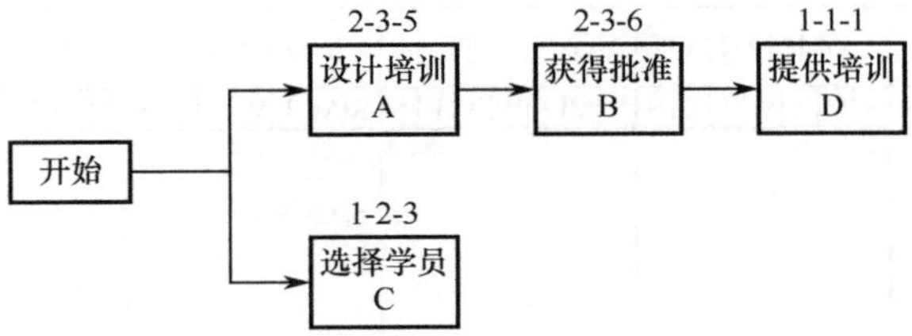

图 2.16　每个任务三点估算

表 2.7　期望时间和方差

活　动	乐　观	最大可能	悲　观	期望时间	方　差
				[O+(4M)+P]/6	$v=\left(\frac{t_O-t_P}{6}\right)^2$
A	2	3	5	3.17	0.25
B	2	3	6	3.33	0.45
D	1	1	1	1.00	0.00
			总计	7.50	0.70

使用小数点后两位，项目方差总和为 0.70。项目标准差（SD）是 0.837（SD=$\sqrt{0.70}$=0.837）。

让我们仔细看看标准差。标准差是数据如何散布的测量方法。图 2.17 中的中心线是平均值。均值两侧（加上或减去）一个、两个、三个标准差（Sigma 标记为∑）。

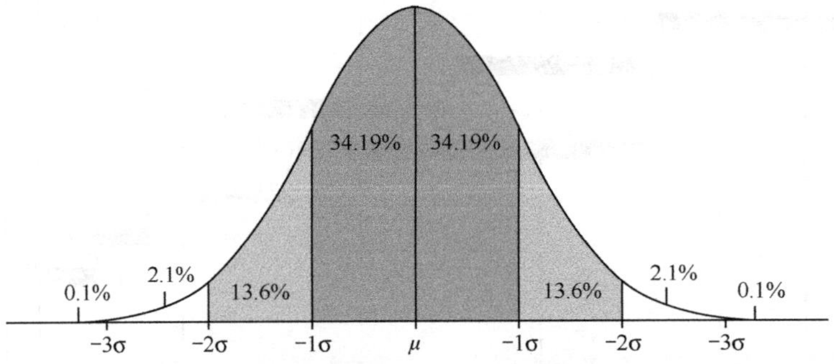

图 2.17　标准差模型

有 68.38%的机会，该项目将在预期时间加上或减去一个标准差的范围内完成。有 95.58%的机会，该项目将在预期时间加上或减去两个标准差的范围内完成。有 99.78%的机会，该项目将在预期时间加上或减去三个标准差的范围内完成。

如果你想知道项目在 68.38%的点完成的可能性百分比，执行下面的计算：

$$\frac{(100\%-68.38\%)}{2}=15.81\%$$

50%（在加的一边）和 15.81%之间的差等于 34.19%，相当于你的项目不会准时的概率。你可以对 2σ和 3σ进行相同的计算。

当使用 PERT 时遵循 11 个步骤：

1）建立网络图。

2）确定每项任务持续时间。

3）做一个前向通过。

4）做一个后向通过。

5）确定关键路径。

6）绘制标准差图。

7）确定平均值。

8）确定关键路径上每一项任务的方差。

9）汇总每个关键任务的方差以得到项目总方差。

10）确定项目的标准差。

11）把标准差添加到平均值，把每个西格玛都计算。

10. 压缩进度计划

前面我们建议你基于最佳情形估算工期。其中的原因很简单，让进度表切合实际。我们大多数人基于约束估算工期。我们被告知，"该项目必须在此日期前完成"。那么我们应该做些什么？不管提出的约束，要求你的团队提供更现实的不受约束的估算结果。这可能需要与施加约束的来源重新谈判，但你将得到出色地维护信息所需的数据，并为所有参与者促成合理的项目时间框架。

例如，管理层希望 10 月 15 日完成这个项目。你目前的时间表显示该项目最有可能于 11 月 30 日完成。有时候，管理层将简单地批准。他们给你的也许是一个随意的日期。你已经给了他们的理由，使他们能够在需要时，面对可能质疑日期的其他人。

亲手实践 2.9：知识测试——PERT

表 2.8 包含你制定的项目信息。

表 2.8　PERT 练习

活　动	紧前活动	紧后活动	乐　观	最大可能	悲　观	PERT 持续时间	关键任务	关键任务偏差
A	无	B，D，E	6	7	14			
B	A	C	8	10	12			
C	B，D	G	3	4	5			
D	A	C	6	7	8			
E	A	F	5	5.5	9			
F	E	G	2	3	4			
G	C，F	无	1	2	3			

总计

1. 编制网络图。
2. 确定关键路径。
3. 确定关键路径上的每个任务的方差。
4. 项目的总方差是什么?
5. 项目的标准差是什么?
6. 项目在 1 个标准差完成的概率是什么?
7. 项目在 2 个标准差完成的概率是什么?
8. 项目在 3 个标准差完成的概率是什么?
9. 使用问题 5 的标准差,项目在 1 个西格玛完成需要几个星期?
10. 使用问题 5 的标准差,项目在 2 个西格玛完成需要几个星期?
11. 使用问题 5 的标准差,项目在 3 个西格玛完成需要几个星期?

当然,在其他时候,无论出于何种原因,日期像刻在石头上一样是不能商讨的。因此,在前面的例子中你将不得不在进度表中压缩六个星期。大多数人只会简单地要求项目的每个人都缩短其持续时间。你并不需要这样做。理解关键路径法如何运作后,你知道,你只需要压缩关键路径。然而,编制一条以上关键路径是有危险的。下面是压缩项目工期的一些建议。

- 通过压缩关键路径上的活动持续时间压缩项目:

—当面对压缩上游和下游活动的选择时,压缩上游活动。
—确定压缩每一关键活动的单位时间的成本。
—首先降低成本最低的活动。
—压缩关键路径持续时间,直到它变得等于最长非关键路径。
—如果有两个关键路径,两个路径必须一起压缩以进一步压缩项目工期。
—在达成压缩哪一活动的最终决定时,考虑质量、成本和所有其他有关因素。
—明确斜率以明智地保护自己。

- 并行项目。并行就是把正常逻辑下按顺序进行的事情简单地并列进行。并行会带来风险,但这是一种有效地减少项目持续时间的办法。
- 计算斜率。斜率计算,显示压缩项目每天的成本。
- 负斜率表明,随着项目所需的时间减少,成本上升。
- 如果成本和时间都是一样的,不管它们是正常的还是压缩的,活动都不能加快。

$$斜率=\frac{压缩成本-正常成本}{压缩时间-正常时间}$$

另一件要考虑的事是压缩项目持续时间时,资源可能受到限制。如果是的话,那么做到以下几点:

- 如果结束日期是固定的,在期限内规划项目的进度时,为满足日期可能必须添加资源。
- 当在资源限制下规划项目进度时,在不超过可用的资源的前提下,做出尽快完成项目的计划。为了避免规划进来的资源超出可用的程度，项目结束日期可能延长。

此外：

- 从开始前进到项目结束。
- 不要违反原有的逻辑。
- 不超过可用资源。
- 如果可以选择，先安排最短的活动。

11．管理你的资源

重要的是要确保资源没有“用尽”。当他们被指派去完成比能够处理的更多的工作时，就会变得不堪重负。考虑到他们可能要去做其他项目或工作的承诺，保证资源随需可用，完全取决于你。有两个进程可以用来确保这点：

- **资源负荷**　这是为任务分配资源的过程，有时它被称为资源分配。资源负荷开始于做出任务级估算时。请记住，为了估算任务的工作量和时间，你必须在一个假定的技能水平（人力资源）假定一定数量的资源。
- **资源平衡**　这是一个确保资源不会负担过重及项目资源的使用相对平稳的过程。就一个项目的资源使用情况而言，将会有高峰和低谷，那么如果可以的话，你应该把工作分散，用另一个人的能力来处理过度分配工作的某人的相同的工作。

下列展示了一个模板，其中包括项目进度管理计划的元素。

（1）等 1 部分：WBS

插入一份 WBS 包括以下要素：

- 任务名称。
- 任务的持续时间。
- 分配到任务的资源。
- 与任务相关的可交付成果，包括工作包。

（2）第 2 部分：甘特图

包括甘特图或描述每日更新的甘特图所在位置。

（3）第 3 部分：网络图（可选）

包括你的网络图或描述每日网络图所在位置。

（4）第 4 部分：监测进度表

- 描述你打算如何监视你的日程安排。
- 描述状态信息将如何接收和发布到时间表。

（5）第 5 部分：控制进度表

- 描述你将如何使用资源平衡和资源负荷。

- 描述比较实际结果与计划结果时会使用的过程。
- 描述预防和纠正措施将如何做出。

亲手实践 2.10：知识测试——压缩项目持续时间

你为 Cimarron 准备了一份建议书，做一部分婚礼服装制造业务。令人遗憾的是，由于输入错误，建议书承诺，该项目将在一家发给供应商的购买订单的 5 周之后完成。该项目原始长度是 11 周，而且采购订单收到后你立刻发现了错误。在第 5 周末起每延误 1 周完成项目将罚款 3 000 美元。这项任务的第五周实际上开始于项目启动后 6 周。你迅速准备了表 2.9 的信息。

表 2.9 赶工练习

活　动	紧前活动	紧后活动	正常时间	正常成本（美元）	赶工时间	赶工成本（美元）
A	无	B	4	3 200	2	5 200
B	A	E	3	6 000	1	12 000
C	无	D	5	5 000	2	9 500
D	C	E	3	3 000	1	5 400
E	B，D	无	3	1 200	1	2 200

1. 创建前导网络图。
2. 确定关键路径。
3. 压缩项目到 8 周的赶工成本是什么？

任务 2.5：制订资源计划

项目经理必须确定完成项目范围所需要的资源。你已经与一个团队在一起，但是他们不是将被用于项目的唯一资源。你还必须与职能部门经理及可能的人力资源部门合作以获得对所需资源的承诺。

➤ 场景

你已经识别了团队成员，定义了角色、职责和责任，编制了项目组织结构图并基于成本估算及任务持续时间建立了项目进度计划。现在任务必须指派给个人。

➤ 任务范围

持续时间

这项任务可能需要几小时或几天，取决于项目大小。

⮞ 设置 ⮜

无。

⮞ 注意事项 ⮜

无。

➤ 步骤

制订资源计划所需的步骤：

1）确定人力资源和非劳动力资源。

2）确定资源的技能。

3）创建资源日历。

4）确定资源的假设。

5）确定资源风险和减轻措施。

⮞ 细节 ⮜

为了创建你想要的员工团队，你可能需要为他们谈判。在职能型组织，人力资源通常由职能经理分配。在矩阵型组织中，项目经理可以经常为他们谈判。在项目型组织，资源是先从现有资源池选择，然后可聘请外部人才。接下来的步骤将引导你完成人力资源计划。

1. 确定人力资源和非劳动力资源

完成 WBS 之后，你就知道可交付成果有哪些，因此可以判断所需的具体的人力资源。为定义项目所需的人力资源，你需要考虑这些因素：

- 可交付成果。
- 所需资源的类型和数量。
- 资源来源。
- 成本假设。
- 特殊需求。
- 培训需求。
- 物质需求。

2. 确定资源的技能

大多时候，项目经理不自己选择团队成员。你使用的那些人是被其他人指派给你的。那么，你如何知道该资源是否拥有你的项目所需的技能呢？你需要知道，资源是否：

- 专家。
- 非常能干。

- 合格。
- 初学者。

了解胜任力水平将帮助你理解将需要多少监管工作并进行学习曲线调整。

3. 创建资源日历

在你需要资源的时候，资源日历让你知道需要多少。当你规划一个有重要的持续时间的项目时，职能经理可能承诺从当下开始 6 个月的资源。在 6 个月内，他们可能不记得他们所承诺的。所以，资源计划包括一个过程，提前提醒资源供应者，他们为你项目所做的承诺及承诺的时间数量。

4. 确定资源的假设

我们早前谈到过项目假设。资源假设以同样的方式工作。假设就是相信为真的事情。如果事实证明是不正确的，它就会成为风险。下面是一些典型的资源假设：

- 单一来源资源将在需要时可用。
- 供应商将在需要时提供正确的材料。
- 资源不会负担过重。
- 资源将具有你需要的技能。
- 资源将在需要时可用。

既然你已经识别这些假设，如果假设证明是不正确的，你会怎么做？你需要确定资源风险及应对策略去克服它们。

5. 确定资源风险和减轻措施

当你的资源假设不真实的时候，资源风险就会发生。你应该创建一个工作人员风险清单，描述每个资源相关的风险，然后定义策略，以克服风险。

对确定所有所需的资源进行提前规划，而且相应的工作人员也将帮助制订财务/成本计划。为了得到更精确的资源成本情况，你现在想尽可能多地了解你的资源。

下面是一个模板，包括资源和人员配备管理计划的元素。

第 1 部分：人力资源

- 数量。
- 成本假设。
- 日期需要。
- 发布日期。
- 特殊需求。
- 特殊技能。
- 培训需求。
- 办公室和物料需求。

第 2 部分：非人工资源

你需要列出的资源类型、资源的来源、数量、每个资源的成本。

- 培训。
- 设施，如楼面面积的家具和搬迁费用。
- 日期需要。
- IT 硬件，如计算机、打印机及类似的。
- 供管理员、最终用户、技术支持的 IT 软件。
- 出版项目，如装订、复制费、办公用品。
- 环境需求，如石棉、整地、现场工作，诸如此类。
- 施工材料和设备。

第 3 部分：资源的知识、技能和能力

- 任务名称。
- 资源类型。
- 任务所需资源的数量。
- 技能。
- 经验水平：

—专家。

—非常能干。

—胜任。

—初学者。

第 4 部分：资源日历

- 在本节中插入你的资源日历。

第 5 部分：资源假设

- 在本节中插入记录的假设。

第 6 部分：资源和人员配置风险

- 资源。
- 风险。
- 减轻策略。

亲手实践 2.11：知识测试——人员配备风险

你已经确定这些资源可能是为项目人员配备的一个风险来源。使用表 2.10 来描述潜在的风险和你可能用来克服这些风险的策略。

表 2.10 资源风险和策略

资源	风险	策略
单一来源的人力资源		
你的地理区域的单一来源供应商		
内部资源		

任务 2.6：制订沟通计划

有些项目可能涉及许多团队和大量的人。当业务范围较广泛时，沟通信息和协调整个团队的努力是成功的关键因素。其目标是为业务团队、项目团队和管理，保证准确、一致、及时的信息沟通。

项目经理将参与许多类型的项目交流方式，包括但不限于：

- 项目计划（进度表、预算、风险计划，资源计划，等等）。
- 项目会议。
- 状态报告。
- 组织图。
- 需求。
- 合同。
- 演示。
- 决策备忘录。
- 政策和程序。
- 历史记录。

为了能够有效地做到这一切，你必须制订沟通计划。

场景

你已识别了你的团队成员；定义了角色、职责和责任；建立了项目组织结构图。这已经帮助你看到你的团队是一个整体，但你希望能够与你的团队成员以有效的方式沟通。

你曾经工作的一些项目中，团队的每个人会同时收到相同的信息。尽管信息有些时候是切题的，但经常不是。你决定，你的团队将获得的信息是由相关方识别的信息，而且是在他们想要的时候，以他们想要的格式，给他们想要的内容。

任务范围

持续时间

这个任务可能需要几小时或几天，这取决于项目的大小。

设置

无。

注意事项

无。

步骤

此任务会告诉你在沟通计划中要包括什么。

细节

项目经理应该是项目环境中沟通流的焦点。让我们看看 3 种常见的情景：

在项目经理和客户之间 项目经理将收到来自客户的项目目标。项目经理把关于这些目标的项目绩效报告返给客户。

在项目经理和发起人之间 项目经理收到来自发起人的项目优先级。项目经理发送绩效信息给发起人，如预算和进度结果。

在项目经理和项目团队之间 项目经理为项目团队提供项目标准，而从项目团队接收绩效结果。

要成功地进行这些沟通，你需要确定相关方的沟通需求。

1. 确定相关方的沟通需求

你访谈了你的相关方，以确定他们的问题和关注，以及他们是否支持该项目。现在，你要建立各相关方的沟通目标。例如：

- 项目发起人的一个沟通目标是把项目经理保持在业务战略性转变的沟通回路中。
- 项目经理的一个沟通目标是保持团队了解将要进行的工作，并在适当的时候给予信任和赞扬。
- 必须包括项目团队、发起人、供应商、交付和执行机构的管理层及可能需要项目信息的其他人。

各相关方的信息需求应仔细分析，以确定信息将如何提供及信息来源。这里有两个例子：

- 知道公司官方或正式的沟通渠道。
- 采访相关方了解他们的信息需求和非正式的沟通渠道（见表 2.11）。

表 2.11 相关方的信息需求

业务相关方	关键知识需求	项目管理沟通方式
高级管理层	• 用来理解业务计划的业务影响信息 • 一致的跨学科的信息 • 计划与实际的对比 —进展 —成本	• 从项目团队收集必要的信息 • 以管理资讯格式展示跨团队信息 • 满足跨企业的项目信息要求
项目经理	• 支持决策的信息 • 定义评估进展计划 • 预算/实际财务资料	• 定义跨团队标准 • 收集、审查，并整合信息

续表

业务相关方	关键知识需求	项目管理沟通方式
其他业务团体	• 业务项目信息 • 讨论问题的论坛 • 业务计划的背景 • 需要管理层指导的问题的信息	• 广泛传播信息 • 提供信息访问和更新功能的数据库 • 呈现信息，供管理层进行评估/决策制定
核心和扩展的业务团队	• 标准和模板 • 讨论承诺和问题的论坛 • 对规划和管理的支持	• 定义所需的模板和范例 • 定义并实施标准流程 • 主持小组间会议 • 项目的规划和支持

2. 应该沟通什么

沟通是为支持每个相关方的信息需求而设计的，是对项目的成功十分关键的相关方间的信息流。根据相关方特定的需求，关键信息被收集、评审、合并并报告给他们。这里有一些应根据相关方的需求沟通的要素：

进展报告 从之前的报告突出显示进展。

状态报告 提供管理评审项目细节。信息由每一团队以标准格式在预定时间收集，并与项目团队审查以为其他相关方提供项目状态。不应有任何意外，信息会给任何需要知道的人。报告是提供总结每个项目整体状态的沟通工具。

预测报告 预测项目成果。你不必做三个独立的报告，它们可以被组合成一个，只要把进展、当前状态、预计未来结果都包含在一起就行。

报告卡 提供了每个项目的管理总结。报告卡还可以被合并及提交给质量保证办公室审查。

项目问题 突出显示影响项目的关键项。问题和行动项应保持在一个数据库内，结果被合并，报告被提供给项目经理。

预算/实际支出 提供项目预算和实际支出的信息。实际开支被合并然后跟预算比较，结果发送给需要知道这些的相关方。

项目变更 突出显示影响项目的范围、供应商协议、整个项目计划或从项目的偏差的变更。变更报告给项目经理，他依次通知所有需要知道的相关方。

供应商信息 识别和跟踪支持项目的那些供应商。供应商信息的更新，将在变化发生时提交给项目经理。

合并工作计划 合并所有项目计划以生成重要项目可交付的摘录。可交付成果清单将由需要知道的相关方每两周进行一次审查。

3. 你应该什么时候沟通

每个相关方群体可能有接收信息的不同需求。创建一个沟通矩阵是有用的。表 2.12 显示了沟通矩阵的例子。

表 2.12　沟通矩阵

图　例		报告对象								
每天（Daily） 每周（Weekly） 双周（Biweekly） 每月（Monthly） 按需（As Needed）	D W BW M AN	项目发起人	项目经理	职能经理	团队执行人	客户	供应商	个人贡献者	主题专家	关键决策者
启动自										
项目发起人										
项目经理										
职能经理										
团队执行人										
客户										
供应商										
个人贡献者										
主题专家										
关键决策者										

4．沟通可交付成果模板

类似表 2.13 的表可用于识别和控制对每个沟通可交付成果的制定和传送。

表 2.13　沟通可交付成果模板

受　众	消　息	媒　介	责任方	日　期	所有者

可交付成果	已批准	
	是	否
项目描述	□	□
受众	□	□
关键信息	□	□
沟通排时	□	□
沟通工具	□	□
反馈机制	□	□
提前通知	□	□

续表

可交付成果	已批准	
	是	否
沟通签署	□	□
沟通工具	**定义**	
状态网页	提供任何人访问的项目网页	
一般公告	• 对每个人的项目通知 • 显示网站链接	
全球电子邮件	允许针对性的电子邮件到预定义的数据库和全球电子邮件的责任，显示全球接入电话号码	
紧急号码	指定的紧急联络的特定号码名单	
语音邮箱	用来发送广播消息到所有语音邮件收件人，显示本地电话接入号码	
高管状态报告热线	在特定里程碑，高管在里程碑接近完成时每小时收到更新信息。只为高管提供这种状态号码	

受众 可能是需要了解什么可交付成果正在制定及何时交付的团队成员、客户、业务伙伴、管理人员、高管和/或专业人士。

消息列 由该受众需要在适当的时候（文稿制定完成之前或产品交付之后）被通知的特定沟通来定义。

媒介列 表示面对特定受众的沟通类型（网页、一对一、一对多、演示、电话、电子邮件，等等）。

责任方列 标识制定可交付成果的人或组织。如果是一组，组领导的个人名字应标明。

日期列 定义每次沟通的排时。适时传递这些信息是项目成功的必要。

所有者列 标识提供指导和批准最终产品的人。此人将在发布之前签署沟通计划，将在沟通草案发出之前签字批准。

以下模板包括项目沟通管理计划的要素：

第 1 部分：组织结构图

- 插入项目组织结构图。

第 2 部分：团队名录

- 名称。
- 地址。
- 电话。
- 手机。
- 传真号。
- 电子邮件。

第 3 部分：相关方信息需求

- 高级管理人员。
- 项目发起人。

- 项目经理。
- 团队成员。
- 厂商和供应商。
- 顾问。

第 4 部分：应收集和发布的信息

- 状态报告。
- 报告卡。
- 项目问题。
- 绩效结果。
- 供应商信息。

第 5 部分：文件结构

- 内部网。
- 团队室。

第 6 部分：沟通矩阵

- 在这里插入沟通矩阵。

第 7 部分：沟通可交付结果

- 项目描述。
- 受众。
- 关键信息。
- 沟通排时。
- 沟通工具。
- 反馈机制。
- 预先通知。
- 沟通签署。

第 8 部分：沟通工具

- 一般公告。
- 全球和本地电子邮件。
- 紧急电话号码。
- 语音信箱。
- 高管状态报告热线。
- 语音信箱和相关的通信群组清单。
- 音频会议。
- 视频会议。
- 网站。
- 电子工作室或其他数据库的如 IBM 的 Lotus Notes 或 Microsoft 的 Outlook Express。

- 在线方法，如 Skype、短信，在线工具，如 Twitter。

第 9 部分：控制的信息

- 建筑物入口。
- 密码。

5. 20 个问题

沟通规划过程的最终目标是沟通计划。让我们浏览一下这些问题，回答完之后，将确保你已经创建了一个有效的项目沟通计划：

- 你有没有审查发起人的备忘录、正式或非正式的协议、项目的组织结构，以确定由发起人、该项目的定义说明书或其他来源所规定的报告和会议的要求？
- 你有没有审查供应商协议以确定报告绩效和会议的要求？
- 你有没有审查项目程序了解有关状态报告和状态会议的具体项目政策和程序？
- 你有没有确定是否有任何外部媒介的沟通需求？（识别需要传递及可以/应该包括在日常或经常沟通中的关键信息、公告和/或营销内容。你可能在承诺提供信息前，必须先咨询公共关系组。）
- 你有没有确定每个相关方的信息需求将如何得到满足？
- 你有没有识别和审查项目基础设施中可用的沟通技术媒介？
- 你有没有定义用以满足相关方要求的正式报告？
- 你有没有定义项目结构中编制报告的级别和项目组织单位？
- 你有没有定义由不同级别和各项目组织单位制作的报告类型？
- 你有没有定义将会出现的项目会议？
- 你有没有定义用于项目团队成员之间共享信息的信息检索和发布策略？
- 你有没有指派负责编制和传递各类沟通的责任？
- 你有没有识别启动沟通的关键事件、里程碑和交付日期？
- 你有没有定义一个处理项目可能遇到的特别要求的过程？
- 你有没有开发项目信息库并指派维护责任？
- 你有没有创建内外部的反馈回路以帮助评估沟通的有效性？
- 你有没有把沟通工作及相关触发程序安排到项目进度中以确保它们是整体计划的一部分？
- 你有没有定义一个过程来更新或更改沟通管理计划？
- 你有没有记录下任何沟通所需的批准过程？
- 你是与你的项目团队一起审查计划后再定案计划的吗？

在项目的这个阶段，你没有这些问题的答案。随着项目的进展，你需要再次审查这些问题以确保你已考虑到它们并包含在沟通计划中。有人说，项目经理 90%的工作是沟通。现在你知道为什么了吗？

亲手实践 2.12：知识测试——沟通

回答下列问题：

1. 各相关方的信息需求应仔细分析，以确定将要提供的资料和信息来源。你能做些什么来获得这种信息呢？
2. 哪些因素可能影响通信技术的选择？
3. 你会安排哪些指标来测量沟通的有效性？

任务 2.7：制订采购计划

采购管理过程包括 6 个独立过程和涉及采购来自外部来源的项目所需的货物和服务的相关活动。

场景

现在，你知道了交付成果是什么及完成苹果和梨子项目所需的资源，你准备将重点放在那些需要外包的资源上。发起人已决定项目的大部分工作将外包。Cimarron 有一个首选的供应商名单，但允许你在项目需要时跳到名单之外找供应商，例如，某一唯一来源供应商不在名单之中。

任务范围

持续时间

这个任务可能需要数小时或数天，取决于任务的规模和复杂性。

设置

无。

注意事项

无。

步骤

这个过程有几个步骤：

1）决定是否制造产品或购买产品。

2）进行采购招标。

3）获得供应商和分包商。

4）制定合同的工作说明书。

5）确定合同类型。

6）分配责任。

细节

收购是一个耗时的过程。在项目计划中要容许足够的准备时间以适当地开展工作，描述需要的产品/服务，获得合格供应商投标，选择正确的供应商，授予合同，在采购过程中获得参与者的反馈和批准，开始订约，在履约期间管理供应商，进行总结。由于我们仍处于规划阶段，我们将获得投标，进行供应商的选择，授予合同，开始订约，管理供应商是在第 3 阶段的“执行项目”。

1．自制或外购

制造或购买问题可能是艰巨的，这取决于你生产什么，而要找到答案的话，你必须知道你的内部能力：所需产品的数量有多少？制造产品的固定成本有多少？直接单位成本有多少？你从根本上探究每单位购买与制作成本，然后根据各种投入和考虑选择最好的选项。因此先让我们进入事实调查之旅。

内部“制造”产品的原因必须是由事实和数字证实的。可以证实的事实：

- 成本问题　包括了所有支出事项吗？
- 知识产权　你将如何保护它呢？
- 专有和保密过程有吗？必须要得到保密协议吗？
- 对产品的完全控制真的有吗？或者真的需要吗？
- 供应商不可靠或不称职——你怎么知道？你有检查过以前使用该供应商的参考和反馈资料吗？
- 数量太少难以吸引供应商——你检查过哪家供应商？
- 质量控制——可以按照现有的质量标准衡量还是需要创建一个新的质量控制测量标准？
- 你要保持一个后备来源吗？
- 政治或环境会影响你的决定吗？

每当外包时，你就已经决定了购买。下列代表了组织为什么会选择购买的一些原因：

- 缺乏必要的技术经验。
- 供应商是各自领域的领导者。
- 供应商可打折。
- 战略伙伴关系是可能的。
- 买比做的成本更低。
- 你更喜欢另一个品牌。

2．采购询价

询价规划需要编写各种支持询价发布的采购文件和制定将用于选择最佳价值供

应商的评价标准。

了解估算的采购美元价将帮助你确定选择什么样的采购询价过程。美元价由你的组织内部确定。让我们来看看几种类型的建议书之间的差异。

首选供应商或常规市场 合理和充分的竞争存在着，所以没有必要发出建议书，可用首选供应商名单或在一般市场询价。该类建议书的美元价值是 0～5 000 美元。

询价单 这些类似于征求建议书，但一般用于货物或者材料，而不是服务、解决方案或将运行你的部分项目或整个项目的采购。如果你需要购买 200 把锤子，你真正需要知道的是产品的规格、各种数量和品种下的价格。得到 3 个或多个响应能提高得到你寻求的物料或产品的公平市场价格的概率。

征求信息书 征求信息书通常用于当买家可能不知道什么选项在市场上可以获得或当买家对各种解决方案持开放态度，而非坚持一个特定的结果时。征求信息书询问供应商他们能够为解决一个特定的问题和机遇提供什么，通常在那个阶段不要求任何价格信息。征求信息书还可用于更好地理解选项，缩小你喜欢的那些建议的领域，然后向缩小的竞争者群体发出征求建议书。

征求建议书 征求建议书一般用于解决方案和报价两方面都要考虑的情形。通过最初的筛查后，征求建议书可辅以口头报告或产品演示。

最终的采购文件应当有一个法律审核。只有当审核完成并可以接受后，文件才能分发。

请求卖方响应在《PMBOK®指南》（第 4 版）中被认为是实施采购流程的部分。我们将在第三阶段任务 3.5 随着来源选择讨论这个过程。合同管理将会在第四阶段任务 4.5 讨论。收尾合同过程中将在第五阶段“收尾过程”任务 5.3 中讨论。

3．供应商和分包商

供应商是按合同为客户或项目执行小组提供产品或服务的一个外部组织或个人。供应商也被称为外部承包商和分包商。

分包商是为项目提供产品或服务的一个团体或个人。通常，分包商都被当成供应商（参见下面的部分）。然而，人们日益认识到任何提供产品或服务的内部组织（例如，一个内部技术写作部门）是项目经理的一个分包商。当然，这种更广泛的使用中，当事人的约定，不是一个有法律约束力的合同，但它仍然是一个合同。

分包商可能由承包商在项目的外部聘请。那么这个合同就是供应商和分包商之间的，而不是组织和供应商之间的。不要管理分包商。在你跟供应商的合同中约定好监管他们的条款。

4．合同工作说明书

一旦确定外包工作项，就该准备工作说明书，开始采购流程。根据项目的规模，由你或其他被指派者将执行这项工作。如果不实际编写工作说明书，那你必须是这个过程的一个活跃的部分。

当你制定一份合同工作说明时，基本上你是准备文档，为潜在的供应商提供详细的需求，以便他们能确定是否适合你的需要，如果是，提供足够的信息以便可以为你的合同工作准备合适的投标。合同工作说明越完整、越精确，你以后遇到的心烦、悲伤和返工就越少。供应商和你对同样的事情有兴趣。他们想要赚钱，生产出高质量的工作产品。要做到这一点，你需要推动你的供应商成功。一个好的合同工作说明能帮你做到这一点。合同工作说明的元素，包括但不限于以下：

- 明确的角色和职责。
- 工作的位置。
- 安全问题，如访问专有信息、关键的代码、建筑物进入密码。
- 带有验收准则的里程碑和可交付成果。
- 数量、技术规范和质量要求的清晰描述。
- 进展报告。
- 付款。
- 变更控制。

5. 合同类型

有几种类型的合同可以使用。

（1）固定总价（Firm Fixed Price，FFP）

固定总价合同是最常使用的。该合同的另一个名字是总额合同。在这种类型的合同，承包商同意在特定价格提供物资和服务，不得因绩效成本而调整。这种类型的合同最适合生产规范相当明确和成本相对肯定的项目。在本合同类型中，卖方承担最大程度的风险并可能因此虚报价格，以应对项目中可能发生的意外。在这种情况下，激发卖方通过高效生产降低成本，因为不管成本如何，卖方只会收到商定的数额。因此，卖方应该在控制成本方面加强。

（2）总价激励费（Fixed-Price Incentive，FPI）

总价激励费合同是由目标成本、目标利润、目标价格、最高限价的价格和分享比例组成的。本合同类型可能是最复杂的。

这里是一个例子：基于最高限价为 120 000 美元，目标成本 100 000 美元，目标利润 10 000 美元，目标价为 110 000 美元，分享比例 70/30，卖方在 100 000 美元成本以下每降低一美元，节省的部分将由买方和卖方根据商定的分享方式共享，它反映了各方所面临的不确定程度。假设卖方试图最大化利润，它能提供一种激励，使卖方通过有效生产降低成本。

当最高限价是预先同意的，卖方承担所有高于限价的超支，但如果成本超过了 100 000 美元的目标成本，不管卖方所发生的成本有多少，买卖双方共同承担最高价格到最高限价的风险。这种激励类型的合同通常在合同总额很大、生产时间很长时使用。这使得卖方在合同的履行期间可以提高生产效率。

（3）成本加激励费（Cost Plus Incentive Fee，CPIF）

成本加激励费合同是一个成本报销合同。CPIF 是指付给卖方许可的绩效成本及预先确定的收费和激励奖金。如果最后成本低于预期成本，买卖双方都基于一个预先协商的分享方式受益于成本节省。这种分享方式是一个商定的百分比，反映各方承担不确定性的程度。

这里有个例子：预期的成本是 100 000 美元，给卖方付费是 10 000 美元，分享比例 85/15。根据这项合同，买方承担 85%的不确定性，卖方承担 15%的风险。如果最终价格是 80 000 美元，带来 20 000 美元的成本节省，卖方的报酬包括最终的成本和收费，再加上激励费 3 000 美元（20 000 美元的 15%），报销总额达 93 000 美元。

（4）成本加固定费（Cost Plus Fixed Fee，CPFF）

成本加固定费用合同规定，为卖方报销履行合同产生的许可的绩效成本。另外，卖方作为利润收到一笔费用支付，通常基于估算成本的百分比。这笔固定费用不随实际成本改变，除非工作范围变更。

这里有一个例子：如果估算绩效成本是 100 000 美元，利润服务费商定 10 000 美元，即使绩效成本上升到 110 000 美元，服务费仍是 10 000 美元。

（5）成本加奖励费（Cost Plus Award Fee，CPAF）

成本加奖励费合同包括估算的成本和基于对承包商表现的定期主观评价基础而支付的潜在的奖励。

下面是一个例子：项目成本估算是 500 000 美元，可在 6 个月内完成。该项目用了 5 个星期提早完成并比预算少 10%。买方决定，由于项目是提早完成并在预算之内，奖励费计算公式如下：

基数奖=原始预算的 2%或 10 000 美元。

成本奖=低于预算每 5%奖励 10 000 美元。在这种情况下，成本奖是 20 000 美元。

进度奖=比初始估算时间每提早一周，奖金 5 000 美元。

在这种情况下，进度奖是 25 000 美元，获得了总值为 55 000 美元的奖励费用。

（6）工时和材料（Time and Materials，T&M）

工时和材料合同有固定单位的约定但是不限数量。《PMBOK®指南》（第 4 版）描述工时和材料合同为“兼具成本补偿合同和总价合同的某些特点的混合型合同”。

T&M 合同类似于没有数量限制的成本类型合同，因为约定的全部数量在签约时没有定义。因此，T&M 合同的价值可以增长，就好像成本报销类的约定。

相反，T&M 约定也可以像固定单位的约定，如单位费率由买方和卖方预先设定时，就像双方都同意特种资源的费率（例如，高级工程师）。本合同类型通常用于人员扩充协议而不是项目完成的合同。

（7）成本加成本百分比（Cost Plus Percentage of Cost，CPPC）

成本加成本百分比规定为报销承包商履行合同花费的许可的成本。此外，承包商得到商定的估算成本的百分比作为利润。

下面是一个例子：如果估算成本为 100 000 美元，商定的百分比是 10%，估算总价是 110 000 美元。如果卖方增加了成本 110 000 美元，总价格是 121 000 美元，这将带来 11 000 美元利润增加。

（8）合同管理

合同管理是一个过程，确保公司和项目自供应商处获得合同约定的产品和服务。项目经理与合同经理工作，监视承包商业绩并确保所有的变更都按照项目计划中指明的变更控制过程的要求进行了处理，其中的要素已添加到合同中。偏离合同要求的合同绩效得到解决，对不履行合同的行为给予适当的补救措施——行政的和法律的，在必要时得以执行。

（9）合同收尾

收尾合同包括对项目和项目所完成协议的正式接受。

收尾阶段包括：

项目收尾　完成整个项目过程组的所有活动以正式结束项目或项目阶段。

合同收尾　完成和解决每一个合同，包括任何开放项目的决议，并结束用于项目或项目阶段的每个合同。

6. 责任

虽然项目经理已经全面负责采购和合同管理，但大型项目中通常会任命一位合同经理，履行本计划描述的许多职责。项目经理与合同经理密切合作，定义需求、编写工作说明书、推荐采购来源，等等。

例如，你的项目可能需要为服务中心购买符合人体工学的座位。采购联络人（经理、代理）会为你做跑腿工作，即去找到这些椅子，然后请你从选择清单中挑选椅子。这个人已经知道谁在首选供应商列表中并多次做过这类工作。联络人甚至可能不会给你椅子的选择。只要椅子满足产品的验收标准，联络人的选择应该就没问题。

大多数组织有明确的采购方面的政策和程序（或收购、购买，等等）。要确保你了解它们。咨询你的购买或采购部门。评估那些标准流程，看看它们是否服务于你项目要求的目的。

7. 采购计划模板

下列展示了可用于创建你的项目采购计划的模板。

第 1 部分：规范

- 设计规范
- 性能规范

- 功能规范

第 2 部分：来源选择方案

- 投标文件（通常是标准化的）
- 合格供应商名单（预期投标）
- 建议书评价标准
- 投标人会议和时间表
- 变更请求如何管理
- 供应商付款计划

第 3 部分：采购行为

- 项目团队被授权自行执行什么采购行动而不用参考采购部门
- 项目团队需要从采购部门获得外包事项的什么状态报告
- 多重供应商如何管理
- 采购将会如何与项目的其他方面进行协调
- 采购决策（包括承诺的授权）
- 附有支持数据的自制外购决策

第 4 部分：采购文件

- 询价单
- 征求信息书
- 征求建议书

第 5 部分：合同类型

- 固定总价
- 总价激励费
- 成本加固定费
- 成本加激励费
- 成本加成本百分比
- 成本加奖励费
- 工时和材料

第 6 部分：合同管理

- 变更管理
- 规范解释
- 遵守质量
- 保修
- 分包商管理
- 生产监督
- 豁免
- 违约

亲手实践 2.13：知识测试——合同类型

1. 管理 CPIF 合同时，项目经理应该监视什么？
2. CPFF 合同下，项目经理承担什么样的风险？
3. 管理 CPFF 合同时，项目经理应该监视什么？
4. 从买方的角度来看，CPPC 是最不受欢迎的合同类型，为什么呢？
5. 管理 CPPC 合同时，项目经理应该监视什么？
6. 管理 FFP 合同时，项目经理应该监视什么？

亲手实践 2.14：知识测试——合同计算

Cimarron 刚完成扩张一栋两层楼的儿童商店，位于 Minnesota 州 Bloomington 市的美国购物中心。与 Cimarron 大多数项目一样，Olivia Ross 急于看到所得经验。

Ross 女士最初想要收到 FFP 报价，但和她的采购总监 Harry Edwards 交谈后，双方同意，其他类型的合同也要考虑。

几个承包商提交 FFP 报价：

- 承包商 A 出价 825 000 美元。
- 承包商 B 出价 795 000 美元。
- 承包商 C 出价 850 000 美元。
- 承包商 D 出价 790 000 美元。
- 承包商 E 出价 800 000 美元。

合同细节如下：

- 承包商 A 提交了一个 CPPC 合约，以 4%的比例。
- 承包商 B 只提交了一个 FFP 出价。
- 承包商 C 提交了一份 CPIF 合同，目标成本为 725 000 美元，分享比例 80/20。
- 承包商 D 也提交了一份 CPIF 出价，激励费 25 000 美元，条件是每个月提早完成。
- 承包商 E 提供了一份 FPIF 替代方案，显示每月提早完成项目就收取 10%的总成本和低于固定总价每 10 000 美元收取 10%。

Edwards 最初选择承包商 D 是因为它的 FFP 出价。作为合同的一部分，由 A-Z Audits Plus——一家独立审计公司执行审计，承包商 D 愿意透露与项目相关的成本，是 720 000 美元，项目提早一个月完成。

（1）如果承包商 A 的成本是 720 000 美元，承包商 A 的 CPPC 出价的成本将会是多少？

（2）如果 Ross 女士选择承包商 D 的 CPIF 出价，合同成本将会是多少？

（3）如果成本是 700 000 美元，成本分配比例为客户 80%、卖方 20%，承包商 C 的 CPIF 成本是多少？

（4）如果目标成本是 720 000 美元，目标利润是 10 000 美元，目标价是 730 000 美元，最高限价是 750 000 美元，实际成本是 700 000 美元，承包商 E 的合同利润是多少？

任务 2.8：制订质量管理计划

项目的质量是通过项目是否符合或超过客户期望来衡量的。期望是顾客将在整个项目中收到的产品（可交付成果）、服务或结果。

项目质量计划只是在项目开始定义的一组操作，将在项目执行时产出质量结果。你如何创建？你与客户、所有者和他人一起工作，为你生产的每个可交付成果建立验收标准。你可以完成一个可交付成果，但直到客户接受这个可交付成果之前，任务都是没有完成的。

场景

你已被安排编制一份质量计划。你知道你不能独自完成，所以你请求质量经理 Charlotte Tebow 来帮助你。既然已经有了项目的可交付成果的验收标准，那些验收标准应可以根据设定的指标来衡量，以及它们如何与企业战略匹配，就是必不可少的。

任务范围

持续时间

这个任务可能需要数小时或数天，这取决于任务的规模和复杂性。

设置

无。

注意事项

无。

步骤

这项任务将探讨：

- 标准。
- 指标。
- 质量策划。
- 收集正确的数据。
- 建立有效的需求。
- 质量管理计划。

细节

标准，世界英语词典的定义是“被权威或普遍共识认定为比较的基础”。标准可以在内部创建或为特定事项遵循国家和国际标准集。内部指标根据长期策略监控绩效，外部指标通常由市场驱动。

项目质量计划识别用于项目标准。它包括执行质量行动，如通过使用你的组织内可用的各种质量资源（模板、标准、清单）进行同行评审。

1. 你测量的就是你得到的

你能想象一个项目没有标准吗？尤其是没有对应到战略目标的标准？如果一个业务单位决定实施行动却没有看看这种行动对大局的影响，这可能造成混乱。例如，在一家大型的电信公司，一个业务单位决定设立一个新职位，单纯是为了修复错误。为什么他们不检查看看错误来自哪里并在流程的前端把它们修复呢？因为他们没有看全局或者没有考虑成本降低和过程改进可以来自能够完全消除那些错误的根本原因分析。

指标，像可交付成果，当慢慢变成可以衡量的标准更加细化时，将全面对齐战略目标。例如，可能有一个关于一个组织的使命和价值观的核心思想。接下来，是公司的愿景，这通常太宽泛而难以发生作用。继之是目标，可能没有充分定义来确保责任，但对高级领导层来说是有用的。接下来是战略，更明确支持目标。最后是策略，对执行团队有用，但对于高级领导来说就过于详细了。

你衡量你想达到的。例如，你为电视演播室订购 36 英寸×36 英寸的吸音砖。供应商购买安装了相同材料的 12 英寸×12 英寸的砖。客户不接受地板。客户想要更大瓷砖的原因是降低摄像机在地板上滚动时的颤动。颤动在大瓷砖上察觉不出来，但在小瓷砖上会很明显。

如果完整的验收标准（可衡量）首先识别出来，这可能不会发生（尽管你可以阐明验收标准而供应商可能为了省钱仍然决定订购较小的瓷砖），但它发生了。

2. 质量规划

规划质量和质量计划之间是有区别的。规划质量是质量计划的前提。

在质量规划过程有 9 个基本步骤：

1）审查文件找质量语言。

2）识别质量团队和领导。

3）识别计划的组成部分和所有者。

4）洽谈具体质量保证（Quality Assurance，QA）需求。

5）计划项目的 QA 和质量控制（Quality Control，QC）步骤。

6）教育项目团队 QA/QC 指南。

7）将 QA/QC 任务合并进项目计划。

8）得到客户签字。

9）收集并报告 QA/QC 数据和必要时重新规划。

3. 收集正确的数据

质量计划文件的制定开始于收集项目需要的所有信息。要收集的数据将取决于产品、服务或要交付的结果，可包括如下：

- 客户质量特征或产品描述。
- 属性描述。
- 含公差范围的技术规格。
- 蓝图图纸。
- 配置图。
- 法律或法规的指导性文件。
- 标准文件。
- 日历。
- 测量设备。
- 从范围说明书或其他项目文件开始的任何其他相关信息。

这些信息，以及立刻要讨论的质量计划模板所描述的其他信息，是用于质量计划的要素。

4. 建立有效的需求

你怎么知道你是否满足客户的需要？指示器帮助你确定你的流程是否满足顾客的需要。一个指标被定义为一个有效需求的措施会议。指示器用于监视部分工作过程的有效性及状态（过程指标）和过程的输出或结果的质量（质量指标）。

不管是哪种类型，所有的指标都应该具有以下特点：

- **可衡量的**　它们可以量化表示（时间、金钱、客户要求的规格等）。
- **可验证的**　该过程的多个独立的观察者应该能够一致同意经测量过程获得的结果。应保持精确的记录，因此可随着时间的推移跟踪测量。
- **经济有效**　选择指标必须考虑时间和成本的经济性。理想情况下，从现有的来源和/或管理信息系统可以获得指标的数据。在任何情况下，常识告诉我们，使用指标获得的好处超过跟踪指标的相关费用。

5. 质量管理计划

质量管理计划描述了项目管理团队将如何遵守政策、标准或法律的规定来执行项目。以下展示一个你可能觉得有用的质量计划模板。

第 1 部分：质量控制活动　描述了规划好的、用来核实要求的质量已经达到的方式。

第 2 部分：项目管理质量活动　描述如合规审查、模板和清单等活动。

第 3 部分：质量保证检查点　描述项目中用来核实质量控制活动和项目程序已经有效执行的检查点。

第 4 部分：质量角色和职责　定义所有项目参与者的质量角色，例如，职能部门经理按照关于哪项工作产品的验收标准中描述的哪样交付工作成果。

第 5 部分：工作产品和质量特征　说明每个交付的工作产品和分配给他们的属性集。

第 6 部分：质量验收标准　描述工作产品必须实现的可衡量的属性，以确保质量水平的特定质量特性会满足。

第 7 部分：质量因素　包括如技能、标准、工具、方法和程序等项目元素，当应用时将有助于实现指定的质量标准和客户满意度。

第 8 部分：质量标准体系　在适当的时候，包括把质量因素和项目过程对应到要求的质量标准体系，比如国际标准化组织或美国国家标准研究所。

第 9 部分：技术规范　这些可能是单独的文档，但是将它们包含在质量计划中。

第 10 部分：项目进度表　附加一份甘特图，显示实施质量任务必需的活动和时间尺度。

第 11 部分：假设　定义质量计划所依据的重要假设。

第 12 部分：依赖关系　描述计划所依据的任何外部依赖关系。

第 13 部分：风险　描述将会影响质量的风险。

第 14 部分：成本　定义与实施这一项目质量计划相关的成本，不包括计算在项目管理主计划中其他地方的成本。

第 15 部分：纠正措施　描述为项目执行过程中遇到的问题而采取纠正行动的程序。

在第三阶段，我们将探索质量保证以及在你执行项目时可用的工具和技术。

亲手实践 2.15：知识测试——质量规划

1. 用你的常识，描述团队成员为项目做出最大贡献的必须满足的条件。
2. 产品成果和项目结果之间的差异是什么？
3. 在第一阶段，你识别了 Cimarron 的苹果和梨子项目中与衣服质量相关的许多质量属性。你想看到的与商店建设工程相关的质量属性是什么？

任务 2.9：制订变更管理计划

变更是不可避免的。就当你认为项目计划像刻在石头上一样牢固时，变更就会跳出来。你希望能够做到以下几点：

- 管理每个变更请求，以确保任何新的项目范围、成本和/或进度计划仍在控制之中且有完整的可追溯性。
- 确保每个变更请求由所有受影响的功能区域做出评估。

- 确保每个评估的变更请求由合适的权威人士做出决定（接受、拒绝或推迟）。

项目经理推动决策制定流程，并确保所有可能受到变更影响的相关方是充分参与的。

变更管理过程包括子过程：

- 简要评估每项提议的变更。
- 分析所提议变更对项目作为一个整体的潜在影响。
- 分析变更请求影响后，决定如何继续进行。
- 监视核准的变更的进展，直到完成。

此外，如果变更对项目的范围、原定的进度表和/或成本的影响超越授予项目经理的权限级别，变更审查委员会或变更控制委员会就要参与。变更审查委员会就变更请求是否继续进行到拨款委员会审查并请求批准，提供建议和指导。

场景

计划编制过程中发生了许多变化。你已决定必须有一个强大的变更管理计划来跟踪这些，尤其是你很快就会进入执行阶段。

任务范围

设置

无。

注意事项

无。

步骤

这个任务可以用五个步骤通过记录变更请求过程完成：

1）提交、接收并查看变更请求。

2）分析影响。

3）就变更请求做出决定。

4）如果必要，升级给变更审查委员会或拨款委员会。

5）管理变更通知。

细节

变更请求是一种请求，在它被批准和付诸实施后会更改项目的某些方面。

- 要完成的工作或进展中的工作、关于进度计划、解决方案定义、可交付成果，等等。
- 商业计划或程序，包括项目成本或可接受的风险水平。

- 工作说明书中的义务或其他正式的与客户或供应商的协议。

变更请求过程

在特定的可交付成果批准后，以及退出规划阶段后的任何时间中，如果变更影响到项目的时间安排、范围或成本，就会启动变更请求程序。

过程的最终结果是下列之一：

- 变更是可以接受的并将被执行。
- 变更被拒绝。
- 变更被延迟。

（1）步骤 1　提交、接收并查看变更请求

在这一步，提交变更请求，并指定一个编号。变更请求用文件记录了提议变更的需要和理由。表 2.14 是一个变更请求表的样本。

为了避免混淆，表 2.15 提供了填写变更请求单的指导。当你收到的变更请求单，记录到表 2.16 中的变更请求日志。图 2.18 代表了步骤 1 的流程图。

表 2.14　变更通知请求单

变更请求标识	
项目名称：	提交到项目团队的日期：
变更请求编号：	状态：
提交者：	变更类型： 1．添加、更改或删除需求 2．技术假设变更 3．资源不可用 4．其他（简要描述）
优先级及支持性理由：	
变更请求描述	
详细介绍：	
接受评估日期：	任命的分析人：
较小变更：是/否	任命日期：
变更请求影响分析	
□进度影响 □范围影响 □成本影响 □其他	
考虑的解决方案：	
工作量估算：	成本估算：
影响程度：	资源：
估算验证日期：	估算验证人：
分析人：	分析完成日期：

续表

变更请求实施	
变更请求决定：	
决定日期：	决策制定人：
批准的工作量：	批准的成本：
批准的开始日期：	目标完成日期：
对计划的影响	
合并入计划日期：	合并计划者：
变更的计划：	
完成的标准：	
变更通知 ID（s）：	
结束日期：	执行完成日期：

表 2.15　变更通知请求单指南

表单条目	定　义
	变更请求标识
项目名称：	计划和发布的名字——在规划阶段出口它叫什么
变更请求编号：	分配给变更请求的序号
优先级：	变更请求可以选择的一个优先级：高/中/低
提交者：	输入提交变更请求的人的名字
向客户提交的日期：	变更请求首次提交给团队的日期
状态	输入状态，包括进展、接受、拒绝或推迟
优先级及支持性理由：	变更请求可以选择的一个优先级：高/中/低，以及从提交者分配优先级的观点所提供的理由
变更类型：	根据以下输入变更类型： **1．添加、更改或删除需求** 当变更请求基于对记录在案的需求进行添加、更改或删除时，该部分将被选中。如果最初需求没有记录在案，项目经理可能在得到范围变更所需的变更审查委员会的批准时面临困难 **2．技术假设变更** 当变更请求基于对记录在案的技术假设进行变更时，该部分将被选中。这些假设通常会发现于分析或设计文件、工作说明书，或项目定义报告。如果最初假设没有记录在案，项目经理可能在得到范围变更所需的变更审查委员会的批准时面临困难 **3．资源不可用** 当变更请求基于关键资源集（人员、环境、系统等）在需要时不可用，虽已按照批准的文件记录的项目计划安排进度时，该部分将被选中。它也可能引发后续一堆的变更请求来反映相关的范围、进度或成本变更作为权变措施或计划重置 **4．其他（简要描述）** 当变更请求基于任何以上未涉及的事项时，该部分将被选中。例如，变更请求基于变更承诺的进度或项目人员水平。这可能发生在发起人或客户要求更快搞定项目或延迟完成日期，或者其中或涉及增加或抽调项目资源

续表

变更请求描述	
详细介绍：	描述提议和评估的变更。改变或影响的基线化的需求应该显示出来
接受评估日期：	这是项目团队的日期经过投票确定变更请求需要额外的影响分析并批准它的评估的日期
是否较小变更	如果确定项目团队可以不用进行变更影响分析而对变更请求做出决定，这应为“是”
任命日期：	变更请求指派给进行变更请求分析的个人或团队的日期
任命的分析人：	进行变更请求分析的个人或团队领导的名字
变更请求影响分析	
影响分析：进度/范围/成本/其他	输入变更请求分析结果的细节，显示作为变更请求执行的结果有哪类影响将会发生
考虑的解决方案：	描述变更请求的预计解决方案，而且在适用时，可一起说明考虑的任何替代方案以及他们没有被选中的原因。如果变更请求被拒绝或推迟，这个信息是非常有用的，将来必须参考或重新审视
工作量估算：	执行变更请求方案所需的工作量估算，一般用小时计
成本估算：	执行方案所需的任意以人民币或其他货币计的成本估算
影响程度：	若变更请求被批准或推荐批准，应该分配高/中/低的影响程度并在此记录
资源：	执行变更请求方案所需的资源的数量及其相关的智能区
估算验证日期：	执行变更请求方案的估算被验证的日期
估算验证人：	验证执行变更请求的估算的人的名字
分析人：	引导变更请求分析的人的名字
分析完成日期：	分析完成日期
变更请求实施	
变更请求决定：	可能的条目：①批准：着手实施的解决方案。②拒绝：不启动或继续工作。③延迟变更请求和延期理由：如果适用，识别出应考虑包括在变更请求的任何未来发布目标日期
决定日期：	最终批准权威做出决定的日期。如果不是客户批准，那日期要显示审阅顺序，分别是客户建议日期、变更审查委员会、拨款委员会的建议日期
决策制定人：	显示最终权威的级别，是否项目团队、变更审查委员会、拨款委员会的决定
批准的工作量：	批准的实施变更请求方案的工作，一般以小时计
批准的成本：	任何批准的实施方案成本在这儿输入，以人民币计或合适货币
批准的开始日期：	在这儿输入批准的开始实施变更请求解决方案的日期
目标完成日期：	如果有不确定，是否实施可以再批准的日期开始，在这儿输入目标日期
对计划的影响	
合并计划的日期：	变更请求及其影响被合并进计划的日期
合并计划者：	把变更请求及其影响被合并进计划的人的名字，一般是项目经理
变更的计划：	描述作为变更请求实施的结果，各计划任何变更。还有，包括对其他工作产品的任何变更
完成的标准：	描述方案已经成功完成的信号的标准
变更通知 ID（s）：	序号，按顺序编码变更通知单：指导项目经理/项目团队实施变更请求的文件
结束日期：	变更请求结束的日期
执行完成日期：	变更请求成功实施的日期

表 2.16　变更请求日志

变更请求编号	变更类型	变更描述	范围	提交日期	批准调查		批准实施		状态	状态日期	新日期是否有进度影响
					开始日期	完成日期	批准日期	批准工作量			

（2）步骤 2　进行影响分析

制定一个评估请求的变更所需的工作量的估算。这个子过程的目的是为审批机构提供用来决定是否执行提议的变更的详细信息，影响分析涉及确定还需要做什么来实现更改，然后估算它如何影响项目的基准，包括进度、成本和利益。

图 2.19 代表了步骤 2 的流程图。

（3）步骤 3　就变更请求做出决定

这一步的目的是描述已经完成影响分析后如何处理变更请求。对于一个小的变更请求，一旦介绍给项目团队就可立即做出决定；对于较大的变更请求，要先完成一个更详细的影响分析。基于预测的变更影响，请求也可能需要由变更审查委员会审阅，然后经拨款委员会做最终批准。在所有情况下，项目经理有责任保证决策及时做出。

图 2.20 代表了步骤 3 的流程图。

（4）步骤 4　遵循升级程序

这个子过程的目的是描述当变更请求为项目团队接受但超出团队和项目经理授权级别时，需要采取哪些步骤。通常，这意味着变更请求涉及变更项目的范围，进度影响超过大约两周，或影响成本超过规划阶段的 10%。也许项目经理有必要请求一个特殊的变更审查委员会会议，及时达成一个变更请求决定。

图 2.21 代表了步骤 4 的流程图。

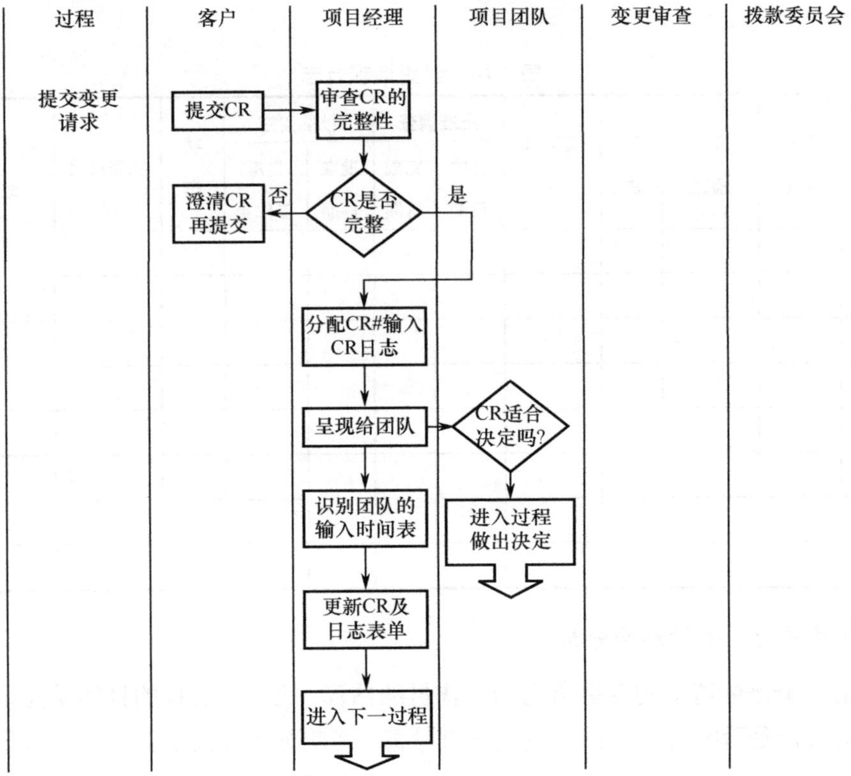

图 2.18 提交、接收和审查变更请求的流程图

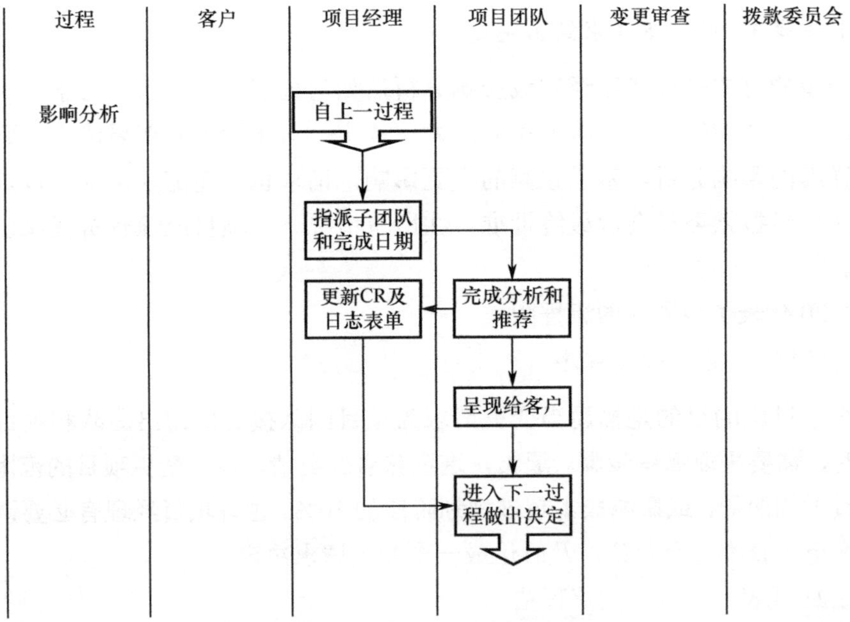

图 2.19 影响分析的流程图

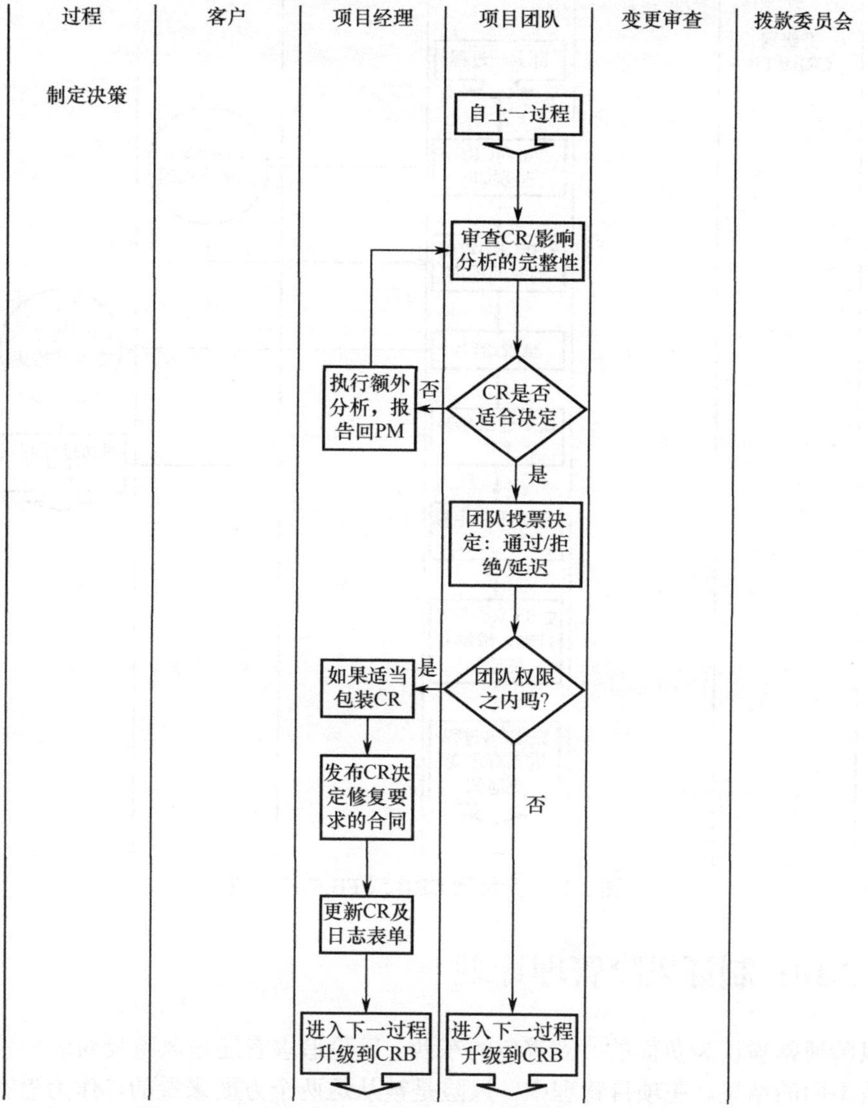

图 2.20　制定决策的流程图

（5）步骤 5　管理变更通知

这一步的目的是通过修订项目管理计划和程序以反映批准的变更和定期查看相关变更请求的状态，管理变更请求的实施。

变更管理计划持续到规划阶段的结束。现在，你和你的团队应该能够想象项目的所有部分，并开始执行阶段。

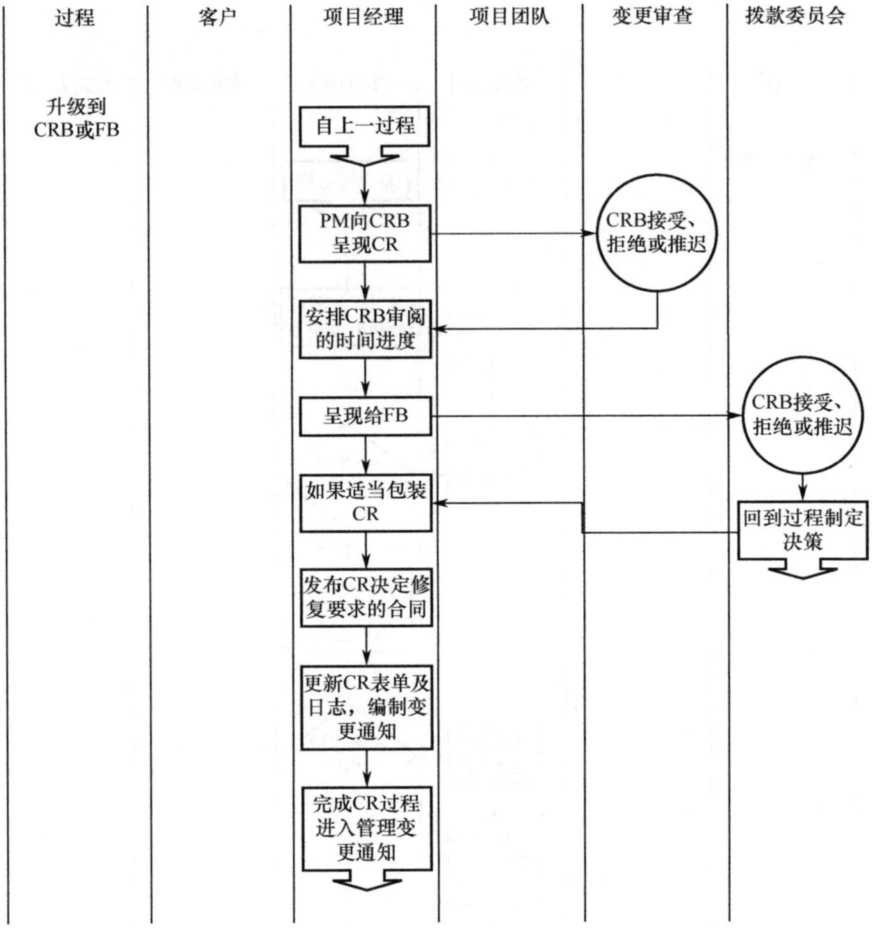

图 2.21　升级到 CRB 或 FB 的流程图

任务 2.10：制订风险管理计划

风险通常被认为负面的、应避免的东西。风险追求者还是风险反对者的意见往往会导致不同的结果。在项目管理中，风险是被从这两个方面来看的，作为潜在的问题和潜在的机会。无论如何，风险总是涉及某些将在未来发生的事情。它会涉及一些变更，同时也有个人选择的元素。

在制订实际的风险管理计划之前，你必须了解风险因素，以及它们可能如何影响项目。当你开始规划风险，必须识别风险因素、通过评估发生概率来量化风险、分析财务和非财务因素，建立各种措施以实现如何减轻风险及其潜在负面影响或增强可能出现的机会，以及一旦发生就控制风险。在任何情况下，理解风险：

- 增加对项目的理解。
- 识别交付和方法的备选方案。

- 确保不确定性和风险以结构化和系统化的方式充分考虑，使他们能够被纳入规划和项目制定过程中。
- 建立该项目所有其他方面的影响。

场景

在过去的一段时间你已不堪重负，你考虑过不堪重负的原因并意识到，你过去一直在做的是应对风险和执行“暴力协调”。似乎你在不断灭火。虽然你能解决大部分问题，但你决定在这个项目上要更加积极主动地面对风险。

任务范围

持续时间

这个任务可能需要几小时或几天，这取决于项目的复杂性。

设置

无。

注意事项

无。

步骤

在这个任务中，你会做到以下几点：

- 了解确定性、不确定性和选择之间的差异。
- 了解概率的规则。
- 了解利益相关者的风险承受能力。
- 学习风险识别过程。
- 了解如何分类风险。
- 学习定性风险评估过程。
- 了解使用风险登记册的好处。
- 学习定量风险分析的过程。
- 确定风险事件的预期值。
- 学习风险应对计划的要素。
- 了解应急储备和管理储备之间的区别。
- 了解风险管理计划的要素。

细节

在现实中，人类在危机时倾向于互相支持而不管个人情况。通过观察在自然灾难中发生的行为显示，这是真的。但问题被提出来：代价是什么？如提前制定风险降低措施，会大幅节省费用。风险规划能增强客户对潜在项目成果的信心。当不确定性阻碍决策制定时，风险管理就应始终使用。

1. 不确定性、选择和确定性

不确定性存在于信息完全缺失时。谁也不知道可能的结果，也不能制定概率分布（基于经验）。项目经理通常不能处理完全不确定性的领域。

选择，也意味着否认存在的风险。如果没有选择，就没有风险，即使有损失。如果做决定的人可以采取行动来增加或减少损失或收益的机会或大小，那么风险就存在。

确定性意味着所有对某一情况做出决定的信息已经事先知道，也就是说，这将是必然发生的。遇到风险的方法有三种：

- 自己置于风险。
- 被他人放到风险处境。
- 天灾。

你也可能被置于风险而没有认识到它的存在，察觉风险和真实风险一样重要。没有选择也被认为一种选择。

有些人还认为问题跟风险是相同的，但是，问题和风险是有区别的。所有问题都需要确认、进行文件记录、安排所有者以及持续监视解决过程。

风险事件可能发生或可能不发生。一些风险比其他的有较高的优先级。项目经理应确保风险应对已经针对每个风险而制定。风险应对策略的一部分是为影响高和发生概率高的风险建立应急基金。

2. 理解概率理论

风险分析的根本是概率的使用。在缺乏已知事实的情况下，概率用来帮助找到看待未来事件的方法。在我们可以真正定性或定量分析风险之前，我们必须理解概率理论和随机性的概念。

随机性的数学研究，被称为概率论，用来指定事件的各可能结果的相对频率。当个体结果是不确定的，随机性就存在，但当大量的重复发生时，有一个常规频率分布。例如，在掷一对标准六面骰子时，我们知道 36 种组合，掷出 10 个点的可能性是 3/36 或 8.33%。

理解概率理论将帮助项目团队创建一个概率/影响风险排序矩阵，可以基于风险事件值进行评分。有三种简单的概率规则：

- 一个事件发生的概率加上该事件不会发生的概率总等于 1。事件要么发生，要么不发生，这可以在连续统一体上无限分裂，如一个 50-50、70-30 或 60-40。
- 两个事件同时发生的概率是概率的乘积。如果你有 60%的机会使用一个流程和 40%的机会连同另一个流程一起使用，那么共同使用的概率是 24%。
- 两个独立和互斥事件的概率是事件的所有可能结果的概率之和而且等于 1。例如，假设一个高中有 25%的低年级生和 15%的高年级生，剩下的 60%是其他年级的学生。某人是高年级生或低年级生的相对频率是 40%。我们可以把低年级生和高年级生的相对频率加在一起，因为没有学生可以既是低年级生又是高年级生。

3. 了解相关方的风险容忍度

基于给定的个人角度来看，风险是无法客观转移的；有时有赢家，有时只有输的机会。决定风险是否可以接受的因素完全依赖风险承担者个体的风险容忍度。该个体可能是下列之一：

- **风险厌恶**　喜欢那种不会有最大的下降货币值的结果，这通常也同时理解为更低的潜在的上升值。
- **风险中性**　对风险事件的结果漠不关心。
- **风险追求者**　更愿意冒险。

相比于真正的自己，大多数人认为自己更愿意承担风险，决定随情形而变。很少有人是完全的风险厌恶。相关方可能对风险厌恶，也可能对风险事件的结果漠不关心（风险中性）或风险追求（更愿意承担一个机会）。

接受一个确定的损失就是承认失败，并不是一件容易的事，但有时你可能不得不选择减少损失继续行动——输了战斗，赢了战争。除了成功，通过奖赏良好向你的风险承担者致敬。

4. 风险识别

识别风险事件是前期规划过程的主要部分。它应该在实施发生之前被纳入规划过程。你也必须明白，风险管理过程是高度迭代的和每当初始计划出现变更就可能发生。

最初的风险探索包含历史数据，也会访谈那些专家或那些先前接触或必须应对特定风险事件的伙伴。换句话说，你需要对计划“鸡蛋里挑骨头”来考虑还有什么可能出错。在项目期间，风险识别必须越早越好，但往往是在整个项目计划最后敲定之前才编制的子计划。对于项目你想知道的尽可能多，因此你的初期步骤都会涉及最佳状况、逻辑参数。一旦你相信计划是有意义的，该是时候建立显示计划可能出错或被进一步增强的分类。

下列工具可以用于风险识别。

- 文档审查。
- 信息收集技术：
  —头脑风暴。
  —德尔菲技术。
  —访谈。
  —根本原因分析。
- 查检表分析。

- 假设分析。
- 图解技术，如因果图或流程图。
- SWOT 分析（优势、劣势、机会和威胁）。

风险对项目可能有更好也可能有更坏的影响，如果组织承认风险类别，就可以更有效地进行管理。《PMBOK®指南》（第 4 版）确定了四大类风险，但其他对项目团队有意义的也可以用。它们应该反映行业的常见来源或项目的应用区域。

风险类别

你擅长识别技术风险。风险可能包括依赖未经验证的技术、不切实际的性能目标或者改变了先进的或行业的标准等事项。它们可能是有复杂的需求、艰难的运营环境、集成或接口问题，也可能有严重的可靠性问题。

在现实中，你不可能总是考虑项目管理风险。如果不能得到解决，它们可能引起严重的问题，包括糟糕的时间和资源分配、项目计划的质量不足或糟糕的项目管理原理的使用。项目经理或团队成员可能在一个学习曲线上，可能有不切实际的时间进度和成本估算、沟通不良、规划时间过短、没有改变控制程序和没有管理的项目假设。

组织的风险，包括相互矛盾的成本时间和范围的目标、缺乏项目优先级、没有保证的资金供应，以及和资源竞争。现场经验不足和变更或不合时宜的决策也会导致风险。

外部风险，可能包括变化的法律和法规环境、劳动问题、国家风险、天气、不可用的原材料、难以获得批准，以及其他假定的事件，如破坏公共财物、恐怖主义、破坏或社会和环境问题。此外，你可能需要考虑汇率波动、政治动荡、其他人导致的支持基础设施缺陷，或者设计/执行/供应商破产导致的缺陷。这个清单可能永远持续下去。

其他风险，包括：

- 人员。
- 人力资源管理。
- 财务。
- 运营。
- 自然和人为灾害。
- 政治。
- 经济周期/市场营销。
- 合同/法律。
- 需求变更。
- 设计变更。
- 工作疏漏。

- 估计和排程错误。
- 技术错误。
- 员工流失、患病或死亡，无计划的休假和请假。
- 外部的可交付成果逾期。
- 导致资源流失的优先级变更，包括支持工作的变更。
- 批准和接受太迟。
- 过长的学习曲线。
- 不可用或不可靠的工具和方法。
- 原定假设的结果是不真实的。

风险事件及其对项目的影响，在项目的整个生命期中是变化的。

对于风险，有三个要素：

- 风险事件。
- 风险发生的概率。
- 风险发生的影响。

潜在风险事件的类别可以帮助你识别特定风险。一些项目经理宁愿对风险进行头脑风暴，然后再将他们分类。请记住，使用的方法并不重要。

5. 进行定性风险评估

识别风险后，风险管理的下一个过程是定性分析。在这个过程中，你想确定风险发生的可能性和如果风险真的发生时的影响。

（1）评估风险概率的程度

项目利益相关者必须在严重度的描述词和与它们相关的百分比之间的分界点达成一致意见，以便在有关评估风险发生的可能性方面坚持一致。

- 非常低，可能表明 5%发生的可能性或风险事件在过去的五年并没有发生。
- 低，可能表明 20%发生的可能性或风险事件在过去的五年曾发生。
- 中，可能表明 40%发生的可能性或风险事件在过去 24 个月发生一次或两次。
- 高，可能表明 60%发生的可能性或风险事件在过去的 12 个月里曾发生。
- 非常高，可能表明发生的可能性为 80%，或者风险事件在过去 24 个月定期发生。

（2）评估风险事件影响或风险额的规模

影响或与风险相关的后果，是通过评估给项目目标带来的后果来进行检查的。项目相关方说明严重度的描述词并取得共同意见，以便在风险事件可能造成的影响或涉及金额的评估方面坚持一致。

下面为使用严重度描述词的例子：

- 非常低，意味着对项目目标有微不足道的影响（例如，5%～10%的进度和/或预算下滑）。
- 低，可能意味着有轻微的结果，不太可能对项目目标有永久的或显著影响（例如，20%的机会，材料不会按计划到达）。

- 中，可能意味着对项目目标有潜在的严重影响，但该风险可以管理而不会对目标产生重大影响（例如，40%的机会，训练将被延后一个月）。
- 高，可能意味着对项目目标有潜在的显著影响，将需要花大力气来解决（例如，60%的机会，制造不会按时完成）。
- 非常高，可能意味着有显著的风险，可以完全破坏项目目标（例如，80%的机会，你的劳动力将在你需要他们时罢工）。

（3）概率和影响矩阵

许多人想要事情是确定的和明确的。但就像著名哲学家 Mick Jagger 说的："你不能总是得到你想要的。"给他们想要的——真实的风险和不确定性的估。

表 2.17 显示了一个带不同灰度的概率和影响矩阵。深灰色代表风险厌恶，浅些的代表风险追求，最浅的代表风险中性。你的组织可能用不同的态度看待风险，尽管这个表显示了一个稍微风险厌恶的文化，你的组织可能更倾向风险追求。把概率乘以影响，你可以获得一个数据精确故而可控的评级。

表 2.17　概率和影响矩阵

风险=概率×影响

概率					
0.90	0.09	0.27	0.45	0.63	0.81
0.70	0.07	0.21	0.35	0.49	0.63
0.50	0.05	0.15	0.25	0.35	0.45
0.30	0.03	0.09	0.15	0.21	0.27
0.10	0.01	0.03	0.05	0.07	0.09
影响	0.10	0.30	0.50	0.70	0.90

你可以用下面的步骤识别和定性分析风险。

给每个你相信能够识别项目风险事件的人，发送一份空白的风险事件工作表（见表 2.18）。请他们考虑他们的支持领域中所有可能影响项目目标的风险。例如，如果你的团队成员来自 IT 部门，他们应该识别那些在 IT 领域的风险。

要求他们完整填写工作表，每个风险一份，并在任何需要的时间交回给你，时间不要超过一周。

收集填好的工作表（通过团队同意的任何工具，如电子邮件）并排序（根据概率、影响、类别和风险应对来排序）。可能会有重复。这将消除许多个小时的头脑风暴或者试图一口气收集所有的风险。

与你的团队举行会议，向他们展示识别的风险事件、概率和影响及它们的类别。这可以通过电话会议、会议软件或面对面来完成。

表 2.18　风险事件工作表

风险事件单				
风险				
概率	影响	类别	风险应对	征兆
很低 □	很低 □	技术 □	回避 □	
低 □	低 □	项目管理 □	转移 □	
中 □	中 □	组织 □	减轻（缓解）□	
高 □	高 □	外部 □	接受 □	
很高 □	很高 □	其他 □		
说明你的风险应对措施				

作为团队，一致同意风险的概率、对项目目标的影响、类别和风险的应对。作为项目经理，你将促成讨论并添加完整的信息到风险登记册。

（4）征兆

征兆是风险事件可能发生的症状和预警信号。例如，听到消息说合同谈判已经破裂，是一个你的员工可能举行罢工的征兆。

你已经识别和定性分析你的风险事件，将它们放在风险登记册中，如表 2.19 所示。

表 2.19　风险登记册举例

风险序号	风险事件说明	概率			项目影响说明	影响			减轻措施	所有者	状态
		低	中	高		低	中	高			
1	技术陈旧				工作站未来使用时可能需要外部设备和复杂调试				吸收风险：使用工作站的权变措施已经存在	Jeff	未开始
2	审查失败				可能需要对部门的测试职能进行未经规划的修订				控制：准备运营差异的总结	Terri	未开始
3	资金不足				可能导致范围和技术能力的减少				回避：争取足够的资金 转移：为资金获取准备应急资金	Lin	未开始
4	进度不足				可能导致测试能力不足，使用测试方法的备选方案				回避：编制进度应急准备	Lin	未开始
5	微观管理				可能消耗过度数量的资源、进度和预算				回避：跟发起人和管理层提前谈判保护办法	Diane	未开始

续表

风险序号	风险事件说明	概率			项目影响说明	影响			减轻措施	所有者	状态
		低	中	高		低	中	高			
6	内部客户信心				持续扩散的测试方法及设备的备选方案				控制：沟通和请求内部顾客的参与	Julie	未开始
7	外部客户信心				生产测试设备的外部技术规范和测试工作分包				控制：沟通及解决外部顾客的关注	Julie	未开始

亲手实践 2.16：知识测试——识别和定性分析风险事件 《

1. 在下面的每类中，找出在苹果和梨子项目中可能发生的两种风险事件：

- 组织的。
- 项目管理的。
- 外部的。

2. 确定在第一个问题中识别的风险事件发生的概率、发生的影响和你的风险应对措施，并把你的答案填入风险登记册模板（见表 2.20）。

表 2.20 风险登记册模板

风险序号	风险事件说明	概率			项目影响说明	影响			减轻措施	所有者	状态
		低	中	高		低	中	高			

6. 规划风险应对

风险应对计划是对前面的识别和分析风险制定应对措施的过程。对任何风险可能采取的应对措施包括回避、转移、减轻（减少概率和/或影响）和接受。应对措施制定以后，应被记录在风险登记册中。

项目风险会随着项目生命期的展开和项目完工而自然降低。风险管理的目的是在损失量变得过高之前，把风险变得尽可能低。你可以看到，项目总风险会随着项目走向完成而减少，但损失量在增加。

请记住，创建风险应对计划，以便适当和及时的战略可以建立。例如，如果你知道一个重要资源可能在需要时不能得到，那么就应采取措施以便在情况发生时应对。如果你一直等到项目后期才找替代人员，遵循学习曲线培训他的成本可能更高，或者内部找不到人，昂贵的外包也可能成为必须要做的。

风险应对计划的要素

风险应对计划必须被文件记录到包含将采取的行动的详细程度。《PMBOK®指南》（第 4 版）建议包含以下部分或全部：

- 已识别的风险及其描述、所影响的项目领域或如 WBS 要素、风险起因，以及如何潜在影响项目目标。
- 风险责任人及其职责。
- 定性分析和定量分析过程的输出。
- 为风险应对计划中的每一风险商定的应对策略，包括回避、转移、减轻、接受、开发、分享、强化。
- 在采取预定应对策略之后仍然存在的残余风险的程度。
- 实施风险应对策略导致的次生风险。
- 实施上述应对策略所需的具体行动。
- 实施上述应对策略所需的预算和进度活动。
- 应急计划以及弹回计划。

在规划风险减轻措施时，应问以下问题：

- 风险如何回避？
- 风险能否减轻？
- 风险能否分享或转移？
- 应该面对风险吗（如果是这样，应该安排进度和财务储备吗）？
- 能抑制危险吗？
- 这种风险应对会得到资金支持吗？

注意：要小心地将你的风险应对只限制在那些影响你的项目事项上。人们在探究风险事件时会很容易地检查整个公司的弊病。你希望去降低一个具体的项目的风险，不是试图去解决整个世界的“饥饿”。

为了回答这些问题，你必须判定哪些风险可能影响该项目并用文件记录它们的特点。这是最容易做到的，先根据它们的原因分类，再根据你作为一个团队有效管理应对措施的能力把它们排序。最终，管理风险事件的责任取决于项目所有者。风险应对计划变成整个风险管理计划的一部分。

7. 应急计划

应急计划是提前编制的，在项目期间风险事件出现时会用上。应急计划降低了活动的成本。例如，当某一里程碑错过时，在你的应急计划识别和估算的额外资源中添加一个特定任务把项目带回正轨。

如果某些征兆或以前同意的指标出现，应急计划就被执行。这些征兆可能包括错过里程碑、检查失败或无法获得合用人员或无法及时供应。

8．应急储备和管理储备

成本与风险应对计划识别出的每个风险应对策略相关联，这些成本在项目预算时成为项目的明细条目。这些是已知风险与已知的恢复成本。在《PMBOK®指南》（第 4 版）中，应急储备是指为未规划但可能发生的变更提供的补贴，这些变更由风险登记册中所列的已知风险引起。

管理储备包括为那些可能会导致项目的范围和成本变更的“未知的未知”拨出的预算。这些成本也放在项目预算中，通常是预算总数的百分比。使用这些资金可能需要管理层批准。顺便说一句，它们不包括在挣值计算中，后面会更详细地谈到。

9．采取纠正措施

最周密的计划仍然需要估算，没有人能够完全准确地预测未来。变更经常发生，资源并非总能根据估算完成他们的工作，因此需要进行纠正措施。项目经理应该与项目执行人设定这样的期望：如果执行人不能完成对项目的承诺，补救计划就必须定义和实施，好让项目回到正轨。可能会有需要面对的绩效问题和各种各样的挑战。纠正措施必须立即采取并监测其效力。

10．选择备选策略

为项目或它的任何部分使用备选策略，假定备选方案的启用是深思熟虑的：什么时候才可应用、什么要求、在什么条件下。

备选策略对项目来说总是花费，因为你放弃了最初的战略（或部分），然后必须“换挡”，可以这么说，可能需要额外的计划。

11．更新风险应对计划

风险控制的实施可能降低识别出的风险的概率或影响。风险排序必须重新评估，以便新的、重要的风险可能得到适当控制。不发生的风险应该在风险应对计划中记录。

每当一个权变措施或变更请求实施，受影响的项目计划（包括风险管理计划和风险应对计划）可能需要按照项目整体变更控制过程更新。

12．编制风险管理计划

1）描述你使用的风险方法论。包括风险假设、角色和职责、时间表、排序和评分技术、风险沟通、风险追踪过程，也要包括如何识别和分类风险、确定风险影响和概率的手段以及如何设定它们的优先级。

2）包含风险应对计划。

3）说明如何跟踪和监控风险。

如果你是第一次编制风险管理计划，我们准备了一份可供使用的简单模板。

（1）第 1 部分：管理策略

描述为以下工作使用的风险方法论：

- 风险识别。
- 风险类型。
- 风险可能性和影响。
- 风险优先级。
- 风险假设。

（2）第 2 部分：风险应对计划

描述每个风险的应对策略（缓解、分享、转移等）。

- 记录每个风险的详细应对，无论成本/进度是否有效。
- 说明如果风险事件发生时，会发生什么。
- 描述征兆，包括时限。
- 分配给每个风险应对负责人。

（3）第 3 部分：风险监控

描述缓解风险的时间和行动。

- 文件记录这些缓解策略是否成功。（有没有一份应急计划以及是否像规划得那么充分？）
- 说明需要克服或减少风险的连续行动。
- 建立审查进度表。
- 验证假设。
- 风险审计（见图 2.22）。

（4）第 4 部分：风险控制

- 确认风险策略仍然有效。
- 风险事件发生时，按照风险应对计划采取纠正措施。
- 用时间、成本和质量等评估实际影响。
- 确保主项目管理和风险计划是被遵循的。
- 确保变更控制计划是被遵循的。
- 需要时进行修订。

图 2.22 所示的流程图显示了如何审计风险事件。

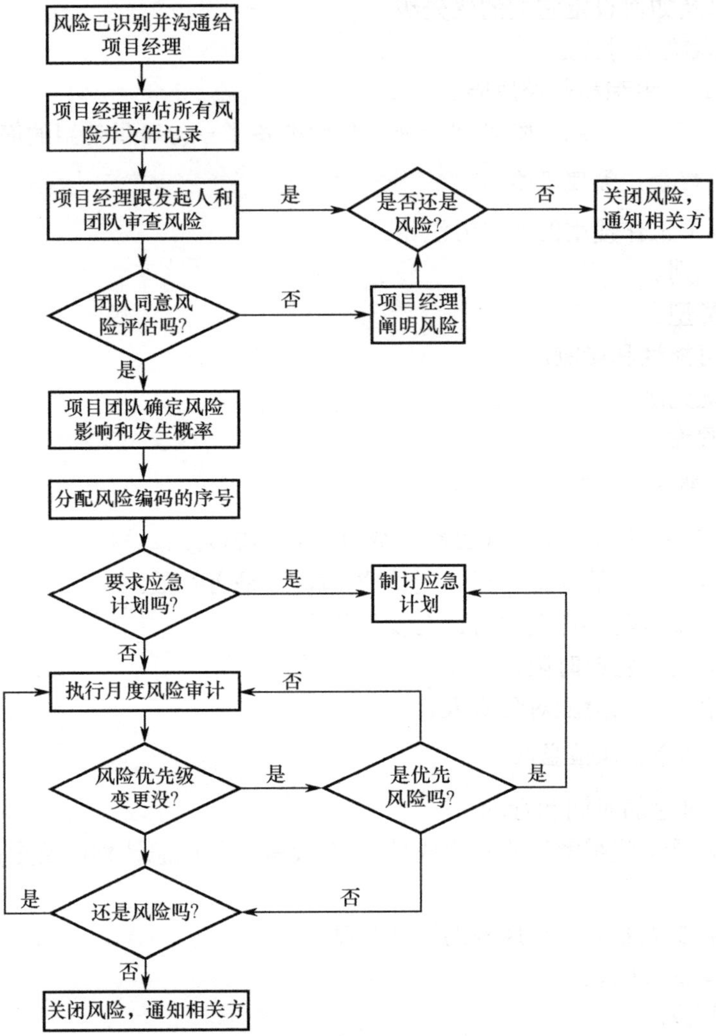

图 2.22　风险审计流程

任务 2.11：记录并展示项目管理主计划

项目管理主计划就像一个模型或模板，没有模型你就可能不会制作一套婚纱，或者如果你是家具制作新手，没有模板你就可能不会制作躺椅。如果你有一个有良好指南的模型或模板，就能做出来。

你的项目管理计划变成了你的项目控制书。正如我们前面所说的，为工作做计划，为计划做工作。然而，一个众所周知的事实是，你的第一个计划是你最差的计划。在你“起步走”之后，将会有很多对项目计划的变更，所以项目计划将会定期完善。

➤ 场景

你花了很多天与你的团队编制文档，这些文档为你和你的团队提供了对苹果和梨子项目的更好理解。你已经做了一些额外的研究，而你的团队创造了完美的模板来把这些放在一起。

➤ 任务范围

持续时间

这应该花费数小时到数天，取决于项目的规模和复杂性。

设置

无。

注意事项

无。

➤ 步骤

在这个任务中，你将创建项目管理主计划，其中包括：

- 迄今所有的计划。
- 里程碑清单。
- 项目基准。
- 资源日历。
- 风险登记册。
- 配置管理。
- 管理评审过程。
- 管理层的批准。
- 客户的批准。

细节

项目管理主计划有很多方面。你已经确定，其实，你将包含所有必须事项以确保你很清楚将要在项目中做的事情。

1. 编制里程碑清单

里程碑被认为一系列任务的结束、工作包甚至阶段的完成。它还可以参考关键决策点或标记审查结束。在关键决策点，里程碑可以表明你已经走了多远或你希望下一个走到哪里。

你通常在你的进度计划中使用里程碑，在某一给定的时间确定你是否在想要去的地方。尽管里程碑通常是用来衡量进展的。你可能把资源从一些任务抽来，并把它们放在关键活动，但是你会留下被忽略的任务。真正的进展测量办法是通过挣值计算来显示的，你将在第四阶段学习。

管理层对沿着计划找细节并不感兴趣，尤其是特别冗长的。他们宁愿看到项目正在发生事情的仪表板视图。你可以在你的进度计划编制任务里程碑清单，风险计划编制风险里程碑清单。可能也有财务里程碑清单。

当你完成子计划，就可以建立项目基准。

2. 项目基准

使用基准作为一个起点，从这儿你可以开始通过比较实际的结果和规划的结果来衡量进展。

项目基准包括，但不限于以下：

- 范围基准。
- 进度基准。
- 成本基准。
- 质量基准。

如你所知，所有这些基准是规划过程的结果。我们刚才说，你的第一个计划是你最坏的计划。迄今为止，所有的计划都是迭代的。但是，当你开始该项目的执行阶段，你就不得不开始测量结果。基准通常不会变更，除非批准的变更通知修改了项目的范围、进度、成本及质量。如果范围、进度、成本和质量变更未经批准，作为项目经理，你没有履行你的工作。

然而，如果估算结果都是高水平的，而你有一个没有经验的团队，或者你没有经验，你可能就不能停留在原来的估算。忙于不能达成的工作目标，是让人沮丧的。在这一点上你应该告诉发起人和变更审查委员会，要求变更基准让你的项目更现实。

3. 资源日历

你很早以前就看了资源日历。当你到达规划的这个阶段，你已经编制了进度计划。如果你使用项目管理软件和加载资源数据到你的计划中，软件将自动为你编制日历。

4. 风险登记册

你在表 2.20 看到一份风险登记册的例子。你要把它插入这里。

5. 配置管理

我们早些时候简短谈过配置管理，作为项目变更控制的一部分。这是项目管理非常重要的一个部分。配置管理是由美国国防部作为一个技术管理系统开发的。它对产品、硬件、软件等采取一种整体观念，所以如果产品、硬件、软件有任何变更，你可以发觉这些变更可能的影响。例如，在一个软件配置管理的过程，你将会看到这些内容：

- 文档。
- 逻辑访问控制。
- 变更控制。
- 系统测试。
- 输入/输出控制。
- 记录管理。
- 报告。

这种思考方式应用到项目管理计划是通过简单地采用全局视图和评估变更可能给项目其他部分带来什么进行的。例如，一个范围变更已获批准。现在你需要查看你所有的子计划，看看变更是否影响计划，是否影响进度、资源、预算、质量、采购等。如果影响，你需要变更计划。通常配置管理依赖变更控制委员会，CCB 会批准或不批准变更。

6. 管理评审过程

制订项目管理计划花了一点时间。现在是时候评审你的计划了。评审通常发生在各种级别上。项目发起人会评审它，职能经理和工人也一样。这些人通常被邀请参加会议，而项目经理进行演讲强调所有的计划元素。在这儿你还可以在工作开始之前进行变更。

7. 管理层的批准

你已经完成了规划项目的任务。你想要计划得到批准，这样你就可以举行相关方开工会和真正开始执行这一项目。

你以前管理过项目，但是他们总是“暴力”协调活动。你现在可以看到其实很多时间和悲伤都是可以避免的，如果你在管理项目时曾经是积极主动的而不是被动的。积极主动的项目管理主计划现在应该得到批准，由发起人、其他可能对项目非常感兴趣的高级管理人员及客户。

在这一点上，获得批准应该很容易，只要你保持相关方在沟通信息圈内并且制定了一份计划，能够提供管理层和客户，以及你的团队某种程度的信心：如果遵照计划，项目就会成功。批准后，开工会将召开，更多会议将开始。

如果管理层曾参与了你开展的管理评审，而且所有他们的问题和关注点已经得到了回答，他们通常会批准该计划。你需要知道内部审批流程。可能有你从未听说的人需要批准和签署计划。你的发起人应该能正确地告诉你到底谁需要批准并签署计划。

8. 客户的批准

你还需要你的客户批准这项计划。你已经识别了项目真正的范围并给了客户批准该计划所需的所有资料。这些客户可能是内部的或者外部的，但都应同等对待。某人需要某些你将交付的东西。通过与客户分享计划，你就能消除意外并知道你被预期的结果是什么。

任务 2.12：进行开工会

你的项目计划已得到批准!像任何类型的会议一样，你要仔细准备开工会，邀请所有合适的相关方，这样每个人对目标都有一个共同的理解。

场景

你很高兴，你和你的团队的规划工作如此彻底。你将能够用目前为止所有已知的事实展示你的项目。你曾经参加一些产生相反效果的会议，你要确定这不会发生在你的开工会上。每个团队成员都参加了规划工作，有一份批准的计划。这也是回答可能出现的任何问题的时刻。

任务范围

持续时间

这通常需要大约 90 分钟，取决于项目的规模和复杂性。

设置

无。

注意事项

确保会议的地方将舒服地接待被邀请者。不妨带些点心，即使自掏腰包。

步骤

在这个任务中你规划和召开项目的开工会，包括：

- 会前准备工作。
- 展示项目。
- 设置期望。
- 获得反馈。

细节

现在，你的计划被批准，你需要召开一个开工会。你花了很多时间准备计划，你想要这次会议来展示这些计划的努力。你希望你的团队带着以下成果离开会议：

- 统一的团队合作精神。
- 相互理解项目将如何管理。
- 完全理解个人的角色和职责。
- 项目的目的和目标。
- 项目假设。

- 成功的关键因素。
- 状态会议如何以及何时召集。
- 信息应该如何发布和接收。
- 项目经理和团队之间的期望的协定，反之亦然。

1. 会前准备工作

要有效，你就要规划好这个会议。表 2.21 提供了一个模板来帮助你准备你的会议。

表 2.21　会议特性和准备模板

	开工会	状态会	督导会	新闻会	问题会	决策会
意图						
目的						
主题						
与会者						
会议规模						
角色						
频率						
议程						
准备步骤						

议程是至关重要的，它应包括：

- 会议的宗旨和目标。
- 项目计划。
- 与会者名单。
- 角色和职责。
- 项目假设。
- 成功的关键因素。
- 主要可交付成果和里程碑。
- 项目沟通。
- 本次会议的长度。
- 问答。
- 会议反馈。

你应该跟每个参与者有一个单独讨论，解释你会发给他们一份项目计划。在这个时候，他们也许并没有一个整体的视野，但参与者看到在哪里融入活动是重要的。要求他们带着关于项目的问题或关注来（而不是他们在项目中的个人的部分）。

2. 展示项目

任何项目最主要的目标之一是开发一台运转正常的机器——团队。他们所参与得越多，他们就有可能做得越好。他们想看到你在战斗中的领导力，所以这是一个好地方，来展示你可以领导这个团队和管理该项目。他们需要授权，所以重要的是，他们知道你不会管得过细，你信任他们的能力。

在开工会上项目经理不应该是唯一谈话的人。开始时，项目经理应该欢迎所有的参与者。经过议程，解释计划，尽管计划已经获得批准，它将随着时间改变，因为会有更多信息可用。

然后介绍关键的利益相关者，他们可能想解释他们对项目的见解。这不是详谈的时间。让发起人或他人分享他们的愿景，为什么该项目对组织是重要的。

接下来介绍每个参与者，并说明他们对项目的角色和责任。如果有误解，就会在这里出现。

讨论沟通计划。

务必留下提问及解答的时间。

不超过议程列明的规定时间。如果另一个会议是必要的，可以安排在稍后的日期和时间。

3. 设置期望

许多人认为他们知道对他们的期望是什么。但不足为奇的是，通常他们的期望和你的有很大的不同。这里有一些你可能考虑与你的团队共享的期望和承诺。

（1）作为项目团队成员的我对你的期望

- 出席面对面或视频会议和电话会议，并准时。如果你不能出席，请派可以在你缺席的情况下做出决定的人。
- 满足定量和定性的承诺。
- 提供及时的状态报告和危险情况（好或坏消息）。
- 以高能量和良好的态度参与项目。
- 支持和尊重其他团队成员。
- 愿意接受的职责和责任。
- 没有疏离地解决冲突和愉快地接受挑战。
- 必要时应用技术判断。
- 做一个诚实的时间和成本的管家。
- 坚持你的创造力与灵活性。

（2）作为项目领导人的我对你的承诺

- 我将让你参与合适的规划工作。
- 我将珍惜和善用你的投入。
- 我将及时通知你会议、电话会议等。
- 变更一旦发生我会通知你。
- 我会在 24 小时内答复你电话和其他的要求，除非你另外指定。
- 我将尽可能地灵活处理可能发生在我们计划中的变更。
- 我不会参与你的工作努力，除非你问我。

- 绩效的标准将会提供给每个人。
- 我的会议将永远是“没有级别”的会话。
- 我将以解决问题的态度尽快处理冲突，对事不对人。

这不是一个单向的过程。你应该问你的团队成员，他们对你的期望，他们对你的承诺。这个练习的目的是要达到作为一个团队的一个共同点。

4．获得反馈

在会议进行后，你也想要有一个反馈机制来评估你的会议，如表 2.22 所示。你将会进行多次会议，从现在直到项目结束。这种反馈循环将给你提供信息，包括关于你的会议什么是好的以及改进的建议。

表 2.22　会议评估表

日期：		主题：
说明：在数值范围内（1 低，7 高）指出你对会议的评估。		
1．会议目的 完全不清楚会议的目的或目标	1 2 3 4 5 6 7	会议的目的或目标清楚定义
2．决定了我们需要达到的 到会议结束，我们不知道要达到什么	1 2 3 4 5 6 7	到会议结束，我们决定了我们想要达到的
3．会议准备 我们完全没有准备会议	1 2 3 4 5 6 7	我们充分准备了会议
4．会议效率 不完整的和离题的讨论	1 2 3 4 5 6 7	鲜明的专注的展示和讨论，好的信息流
5．团队参与 讨论中很少团队参与	1 2 3 4 5 6 7	团队积极参与会议
6．基本规则 在会议中我们违反了许多规则	1 2 3 4 5 6 7	很明显我们以规则为生
7．会议进展 会议开始/结束很晚	1 2 3 4 5 6 7	会议准时开始/结束，有一致的出勤率
8．时间分配 议程事项持续地超过规定时间	1 2 3 4 5 6 7	议程事项按照规定时间解决
9．会议有用性 完全浪费时间	1 2 3 4 5 6 7	会议有效地利用时间
10．团队建设 会议很烦	1 2 3 4 5 6 7	很好玩
请在下面提供附加评语 1．如果你给上述任何问题打了 1 分或 2 分，请指明为什么给这个问题这么低的评价，并提供你的改善建议。 2．如果你给上述任何问题打了 7 分，请指明为什么给这个问题这么高的评价。		

亲手实践 2.17：规划阶段的专业责任

1. 在一位高级经理召开的规划评审会议期间，你被该高级经理建议添加部件到这个项目，这并不包括在原有范围内而且你被通知过额外的部分不能得到资金。他告诉你："尽管加入最初的预算里，毕竟，你有一个小的回旋空间，不是吗？"你应该做什么？

2. 你的团队成员参与你的规划会议时对某人非常生气，提到了她的民族。你应该做什么？

3. 在有关采购的规划中，你的团队成员建议项目使用他的一位表兄，说他比其他任何人更能做好这项工作。你应该做什么？

4. 分配给你的一个团队成员没有完成工作。她的上司告诉你，她应该会使工作看起来很轻松。你应该做什么？

那么你如何知道是否有一个好的计划？

你可能认为你有一个好的计划，但证据非常明显！如果以下是真实的，你就会知道计划做得好：

- 管理层是承诺的和支持的。
- 关键人员已审阅并同意。
- 团队领导人已承诺资源。
- 资源已审阅并承诺任务。
- 项目经理已被充分肯定。
- 项目资金足够完成工作。
- 未知被发现并记录在案。
- 有书面的应急计划。

有一个正式的、批准、公布的计划。

阶段 3

执 行 过 程

现在你有了一个有效的项目计划。你的规划努力应该得到回报，执行阶段将你的计划付诸行动。作为项目经理，你现在要做到以下几点：

- 获取和管理项目资源。
- 指导与管理项目的执行。
- 实施质量计划。
- 遵循风险计划，最小化风险事件的影响。
- 开发和管理团队表现。

任务 3.1：获取项目资源

项目资源是你项目中最宝贵的商品。一些是你以前曾经合作过的人员；一些是预先分配给你团队的。你可能要不得不为其他的人员谈判，还要留意，你的团队的一部分可能是一个虚拟团队，即那些要么是地理上分散要么远离你办公室工作。如果你没有内部专家来做项目的某些部分，你可能需要获得外部资源，例如顾问、临时员工，等等。

➤ 场景

你与内部资源经理有过几次讨论。你在规划阶段和他们一起工作，他们熟悉项目。你现在想请资源经理释放在他们工作单位的个人到你的项目工作。

你已经给承包商发出你的工作说明书，他们已经准备得到命令马上开始。

➤ 任务范围

持续时间

这个时间可以是数小时或数天，这取决于项目的复杂性。

设置

无。

注意事项

无。

步骤

在这个任务中，你会做到以下几点：

- 获得资源。
- 启用资源。
- 定向和同化你的团队。

细节

这个过程的目的是从可用的候选人池选用合格的人员填补项目的空缺职位。如果员工选择不是项目经理的角色，那么项目经理应该提供选择候选人需要的信息给采购组织。

1．获得资源

这个过程有 9 个步骤：

1）查看公司的招聘和人员配备程序指南，特别是关于平等就业机会指导方针。

2）审查候选人简历并比较人员配备计划以判断是否应该进行面试。

3）进行面试。

4）完成面试评估。

5）审查评估和确定候选人是否符合你的要求。

6）联系采购组织和提供反馈。

7）新员工培训计划，如果需要的话。

8）更新的资源和人员配备计划。

9）更新的组织结构图。

2．启用资源

随着项目的进展，员工配备将继续，以扩展现有资源承诺或获得替代工作人员，这依赖于交付组织的招募和程序。这个过程有 6 个步骤：

1）审查现有的资源和未来的员工需求。

2）审查约束（如预算、唯一的特定员工提供者、国籍要求、能够出差等）。

3）如果需要外部资源，检查当前的劳动力池。

4）制定符合企业标准的员工申请文件，包括特殊技能要求，如果需要的话。

5）评估可用的人员数量和急需的技能之间的权衡。

6）商定招聘过程完成的时间表。

3．定向和同化你的团队

这个过程的目的是为所有新的项目团队成员提供对项目的清晰理解、他们在项目内的角色、他们履行自己的项目职责将需要的设施。这个过程中完成 6 个步骤：

1）与新的团队成员回顾该项目的目的和目标，包括有关客户、项目管理系统、技术方法、可交付成果等的信息。

2）回顾他们作为一部分而参与的详细的项目计划。

3）确保提供了适当的设施或办公场所和必要工具（无论由职能经理还是项目办公室提供）。

4）与新成员分配和审查工作包。

5）确认工作假设，并获得新成员的承诺。

6）审查已经建立的团队规则。

亲手实践 3.1：知识测试——获得资源

1. 与获取资源相联系的挑战是什么？
2. 如果一个新的团队成员没有在项目定向，会发生什么？

任务 3.2：指导和管理项目执行

在这个任务中，你开始实施你的计划并收集各类相对于进度、预算、可交付成果状态的绩效信息，批准的变更通知的实施状态，以及如果需要的纠正措施和预防与风险相关的预防措施。

指导和管理项目是项目经理的责任。项目的高效执行依赖于项目经理的指导和领导力、高级管理层和资源经理的支持，以及团队成员的承诺，但主要依赖项目经理。

你还将执行采购程序，采购程序为用于市场邀标、选择卖家、授予合同的策略等提供指导。卖家可能通过广告和投标人会议获得。独立估算和建议书评价标准用来选择卖家，采购谈判带来合同授予。

场景

Olivia Ross 刚在计划上签字，非常兴奋，终于开始实施项目了。Ross 女士带你（Carrie MacIntyre，项目经理）共进午餐，坦诚地讨论了苹果和梨子项目。Ross 女士希望确保你了解最终完成日期的重要性，而你想要确保她意识到了你到此为止了解的现实。

你的团队很到位，你已经建立项目信息共享的指引。你已经为你的虚拟团队成员设立了免费电话号码，开设了电子邮件和语音邮件，提供项目专用的传真号码。你把大家安排进一个考虑了不同时区的会议日程。考虑到时区的不同，你还制定了你的视频会议日程。你设置了手动和电子的文件结构，并提供给团队一份团队名录，包括紧急号码。

任务范围

持续时间

这个任务需要运行跟项目一样的长度。

设置

无。

注意事项

无。

步骤

在这个任务中，你将：

- 使用专家判断。
- 使用项目管理信息系统。
- 执行沟通计划。

细节

根据第 4 版《项目管理知识体系指南》，“执行过程组包含完成项目管理计划中确定的工作以实现项目目标的一组过程”。正是在这里，你将协调该项目的所有活动和管理资源。

你还创建了一个沟通计划并已经在项目中用到现在，但是现在沟通是比任何时候都重要的成功关键。你知道你将使用什么工具，已经完成了相关方访谈，并知道何时和如何发送信息以及去哪里找到信息。还有更多！你会想知道与你的发起人以及与那些技术人员沟通的正确的办法。

1．使用专家判断

你被认命为一名项目经理，因为你证明了你有促进项目完成的领导力和管理经验。这一点，加上你的团队成员和他们提供的专业技术，是一个管理项目任务的开始。其他途径的专长也可以为你和你的团队所用，包括你的内部专家、外部顾问和你的相关方，以及专业技术协会。在需要的时候使用其他的专家，你的专长将指数级提升。

亲手实践 3.2：知识测试——你的专长

1. 作为一个项目经理，当你被分配到一个项目但觉得你没有专长做这个工作时，你应该做什么？

2. 很明显，指定的项目经理根本没有管理项目所需的技能（例如，项目进度落后时，会议已经成为指责场所，或者项目经理并不回复电话和整天大门紧闭坐在办公室里），团队成员应该怎么做？

2．使用项目管理信息系统

你可能记得“启动过程”中，“你的项目管理信息系统（Project Management Information System，PMIS）是部分事业环境因素。PMIS 为你提供了所有项目管理文件的信息收集和发布流程，访问内部网络或互联网站，进度软件、配置管理数据库，等等”。

不是所有的人都能够访问你的项目信息，所以你应该给那些需要特定信息的人权限。例如，你的发起人可能想要一份概要，而不是所有你通常提供给项目团队的细节。或者你可以提供承包商和供应商一个门户和一个密码，绕开你的 PMIS，这样机密和专有的信息对他们来说就无法获得。

缺乏一套有效的 PMIS 时，你将不得不创建自己的项目控制书来管理项目。这个控制书应该包括项目章程、项目管理计划、表单和检查表，等等。如果可能的话，建立一份数字的项目控制书。你的表单应该能够“可写”，这样你可以简单地通过在文档按 TAB 键轻松移动来填上答案。

让我们看一些工具，这些工具能帮助你创建项目控制书和管理该项目。

（1）工作授权书

你的大多数资源是内部的，但是对于那些项目外部的资源，你必须提供一个继续进行的通知。表 3.1 所示是一份工作授权书。

表 3.1　工作授权书

<table>
<tr><th colspan="8">工作授权书</th></tr>
<tr><td colspan="4">项目名称</td><td colspan="2">项目经理</td><td colspan="2">日期</td></tr>
<tr><td colspan="4"></td><td colspan="2"></td><td colspan="2"></td></tr>
<tr><td colspan="8">合同类型</td></tr>
<tr><td>□</td><td>固定总价</td><td colspan="4"></td><td>□</td><td>成本加成本百分比</td></tr>
<tr><td>□</td><td>成本分享</td><td>比例</td><td></td><td colspan="2"></td><td>□</td><td>成本加固定费</td></tr>
<tr><td>□</td><td colspan="5">总价加激励费</td><td>□</td><td>成本加激励费</td></tr>
<tr><td>□</td><td colspan="7">客户所接受承包商的出价是：</td></tr>
<tr><td colspan="2">开始日期</td><td colspan="3"></td><td colspan="2">完成日期</td><td></td></tr>
<tr><td colspan="8">特别说明：</td></tr>
</table>

续表

我已审阅并接受了这个项目：请把项目进展情况和工作进行中的任何范围变更通知我。							
签名					日期		
位置							
分发名单							
□	进度员			□	使用一份草案副本的估算人员		
□	合同总监			□	使用三份草案副本的合同检查员		
□	会计			□	使用一份草案副本的项目文件管理员		

（2）额外工作授权书

你想要确保供应商和销售商明白未批准的工作是不付款的工作。表 3.2 所示是一种额外工作授权书。

表 3.2　额外工作授权书

额外工作授权书								
合同				项目		日期		
WBS 编码								
履行工作说明								
这是否该工作通知单的最后的每日报告？ □是　　□否								
完成的实物百分比：								
劳动力								
姓名	职业	工作小时			费率	标准金额		补偿金额
		ST	OT	DT				
							小计劳动力	
设　备								
说明				工作时间	总时间	费率		金额
							小计设备	
材　料								
说明				单位	单价			金额
							小计材料	
提交人							日期	
批准人							日期	

注：ST 规定工时；OT 加班时间；DT 双倍时间。

（3）会议

会议是项目经理的议事日程，若你想要保证这段时间尽可能富有成效，不仅为你自己，也为你的团队成员。你永远不想听到你的会议是在浪费时间，但如果你不能正确地准备会议，它就真的是在浪费时间。

有许多规则可用来利用会议的这种力量。这些规则已经存在了超过 30 年，但今天还是像以前那样有效。以下是推荐的帮助你利用会议力量的规则列表：

- 自己可以而且应该自己决定的事情，不要开会决定。
- 几个电话能搞定的，就不要开会
- 永不邀请无关讨论的人，绝不错过任何有价值的人。
- 坚决守时。20 人的会议迟到 2 分钟，就浪费了 40 分钟。
- 牢记会议目的，确保可以实现。
- 起草一项议程，分解所有的主题为最简单的成分。
- 在发送之前，通读议程并检查可能误解的要点。在大多数会议上，发生分歧是因为人们谈论的不是同一件事。如果问题像水晶一样清澈，则很少有机会混淆。
- 看看议程是否有足够的时间传阅好让人们在来之前能读到。但不要早到在当会议时间到来的时候人们已经忘记它。
- 在讨论的每个阶段设定时限并确保每个人都可以看到时钟。正如那句老话所说："讨论就像工作，占完所有可用的时间。"
- 看看谁该担任主持人，阐明问题，保持议程，给每个人合理的议题机会，打断离题的人，当所有的参与者讲完后简明扼要地总结。
- 问开放式问题，发现必要的信息。
- 如果预算允许，提供茶点。

你的下一个业务事项是建立你的会议日程。你将亲自开好几次会，但你也会有与海外人员的电话会议和视频电话。如果你准备提前整个议程，你可以节省大量的时间。也要提前预订会议地点和电话会议及视频电话。表 3.3 展示了一份会议日程表，可发给适合会议的每个团队成员和其他人员。

表 3.3　会议议程

会议议程												
项目					项目经理							
与会者	电话会议				视频会议				面对面会议			
	日期	时间	地点	议题	日期	时间	地点	议题	日期	时间	地点	议题

但这还没完。一定要发出提醒，因为有些人会忘记他们收到了这份议程。或者为自己准备和发出一份提醒，至少提前两天通知你的与会者。

（4）信函日志

你想要跟踪任何你接受或编制的函电，这在捍卫你做的决定时可能是有价值的。你也会想保留与管理层或你的团队的备忘录，这在将来可能是至关重要的。表 3.4 是一个信函日志示例。

表 3.4　信函日志

信函日志										
项目				项目经理						
至						自				
类型*	来自谁	主题	收到日期	发给谁	地点	类型*	发给谁	主题	发送日期	地点

注：*代表电子邮件、信件、备忘录、传真。

（5）决定日志

当在一个项目工作时，你会做很多决定。有时候别人会做出决定。这些决定可能影响整个项目（例如，是否取消或移动到下一个阶段的决定），或者它们可能只影响整个项目的一部分。重要的是，你保存一份决定日志，这样你就可以在需要的时候参考它。表 3.5 是一个简单的决定日志。

表 3.5　决定日志

决定日志							
项目				项目经理			
#	业务领域	决定日期	参与人员	项目影响			同意决定
				高	中	低	

（6）供应商/顾问个人资料

在项目的过程中供应商和顾问会来来往往。有时有多位供应商，很难跟踪谁在做什么。你可以考虑编制供应商资料来跟踪他们和他们提供的可交付成果。在“评论”

字段中，你可以跟踪你们的谈话、交流、问题，等等。如果项目是复杂的，会很难通过整理笔记来查找信息。表 3.6 是一个供应商档案的样本。

表 3.6　供应商/顾问资料

供应商档案			
项目		项目经理	
供应商/顾问名字			
供应商/顾问项目			
工作说明			
经理		电话	
供应商/顾问经理		电话	
合同开始日期			
合同结束日期			
主要可交付成果摘要			
评论			

（7）主承包商的日常工作报告

你也需要从外部承包商和供应商处收集信息。如果你雇用了一个主承包商你就不用管理分包商。如果你因为是主承包商而管理分包商，你就需要一种不同类型的状态报告。

重要的是，你每天收集状态信息，这样你就可以使用该数据来评估绩效。如果不每日收集，你就很难跟踪它。

亲手实践 3.3：知识测试——PMIS

1. 电子 PMIS 的要素是什么？
2. 如果缺乏 PMIS，你该怎么办呢？
3. 在设立 PMIS 的电子访问权限时，你应考虑哪些事项？

3. 执行沟通计划

沟通是一个项目最重要的过程。根据纽约大学的项目沟通管理计划（2011）（www.scps.nyu.edu/course-detail/PROJI-CE8612/20112/project-communication-management），你大约花费 90%的时间用于沟通。你沟通得好坏决定了项目的命运。

（1）沟通模型

图 3.1 摘自《项目管理：计划、进度和控制的系统方法》（第 9 版，Harold Kerzner，

John Wiley & Sons 公司出版，2006）。它是一种沟通模型显示，当你在说话（作为源或编码），消息流经你的个性屏幕和通过接收者的感知屏幕到达接收者（解码者）。当接收者提供反馈时，消息流经接收者的个性屏幕，再通过发送者的感知屏幕回来。

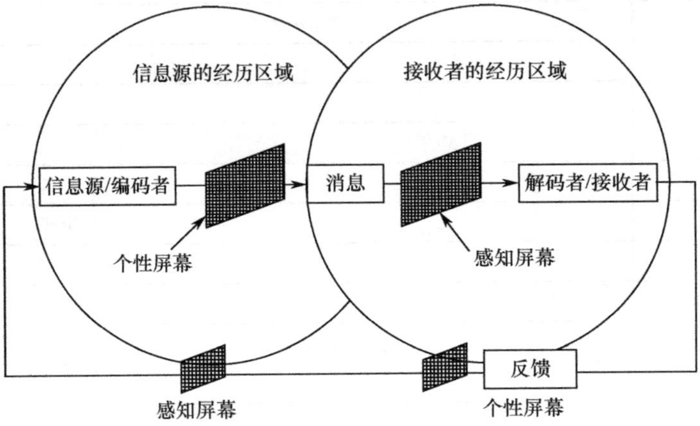

图 3.1　沟通模型

（2）信息发布

大量的信息必须在项目中发布。你将编制项目报告，说明项目状态、问题状态、批准的变更与报告时间期内的经验教训。当你提供经验教训，你应该记录问题产生的原因和纠正措施采取的理由。

你可能要向你的团队或执行管理层进行项目展示。这时最好使用演示软件，但是如果准备充分，你可以通过视频会议或面对面的会议呈现你的项目信息。在可行的情况下，一定要把一份你的呈现内容的副本提前提供给你的听众，让他们有时间去消化这些信息，准备任何可能有的问题。

你需要创建项目档案，包括会议纪要、正式的或非正式的信件和备忘录、电子邮件、做出的决定，等等。记住，发布的材料应该基于接收方的期望并适合他们。例如，你的发起人可能向你要执行摘要而不是你的团队需要的详情。顺便说一下，一份执行摘要应该包括成本信息。记住，食物链的顶端全为了钱！

所有这些信息都应该放在电子的项目历史记录中，如果可能的话，这样其他人可以查看你的记录，并从中学习。

（3）状态报告

一些项目经理花费大量时间去追逐他们的项目状态。我们之前讲过主动与被动的项目管理。如果你觉得你一天最好的部分花在从别人那里得到项目状态（就是被动的），你可能想要尝试不一样的做法（就是主动的）。

与你的团队沟通哪种状态报告适合你。你是想要一种粗略高阶的报告，如“我很好”，还是要一些材料能准确地告诉你，团队成员都在他们的任务的什么位置？

如果在状态会议上有 15 个人而你是最后做报告的，你有许多时间被浪费了。有些人喜欢在这些会议上晾他们的“脏衣服”。有时，这些会议变成相互指责事件或解决问题会议，二者都不好。你可能想要一个问题解决的会议，但并不是在一个状态会议上。

考虑把你的状态报告会议作为展示你的团队的方法。提前收集这些信息。让我们假设你有一个每周状态会议。提前告诉你的团队个人哪一天他们要向你报告状态。例如，团队成员 A 和 B 周一报告，C 和 D 周二报告，等等。你已经教导他们如何提供这些信息给你。也许你已经建立了一个状态电话热线或一个 Web 页面。你每天检查状态热线或 Web 页面，而不必每天花一整天的时间寻找状态。

如果报告有挑战，和涉及的团队成员一起工作并制定它。如果只有三个人涉及，解决这个问题而不要涉及其他所有人。如果一个团队成员星期三报告状态，但第二天有某种紧急情况，告诉那个人立刻联系你，不要等到下星期三。

假设你在周一有状态会议。你报告你的团队上周有什么进展。你可能要创建一个展示，显示项目是否在正轨，在进度和预算的前面还是后面。表 3.7 是一个内部状态报告表，你可能考虑用来从内部来源中提取信息。

表 3.7　内部状态报告

<table>
<tr><th colspan="7">内部状态报告</th></tr>
<tr><td>项目</td><td colspan="2"></td><td colspan="2">项目经理</td><td colspan="2"></td></tr>
<tr><td>团队成员</td><td colspan="2"></td><td colspan="2">日期</td><td colspan="2"></td></tr>
<tr><th colspan="7">状态摘要</th></tr>
<tr><td>项目健康</td><td>红</td><td>□</td><td>黄</td><td>□</td><td>绿</td><td>□</td></tr>
<tr><td>里程碑</td><td colspan="2">完成百分比</td><td colspan="2">计划完成</td><td colspan="2">预测完成</td></tr>
<tr><td></td><td colspan="2"></td><td colspan="2"></td><td colspan="2"></td></tr>
<tr><th colspan="7">资源（周）</th></tr>
<tr><td>事项</td><td colspan="2">预算</td><td colspan="2">实际/预测</td><td colspan="2">差异</td></tr>
<tr><td>至今</td><td colspan="2"></td><td colspan="2"></td><td colspan="2"></td></tr>
<tr><td>余下</td><td colspan="2"></td><td colspan="2"></td><td colspan="2"></td></tr>
<tr><td>合计</td><td colspan="2"></td><td colspan="2"></td><td colspan="2"></td></tr>
<tr><td>评论</td><td colspan="6"></td></tr>
<tr><th colspan="7">成本（¥）</th></tr>
<tr><td>事项</td><td colspan="2">预算</td><td colspan="2">实际/预测</td><td colspan="2">差异</td></tr>
<tr><td>至今</td><td colspan="2"></td><td colspan="2"></td><td colspan="2"></td></tr>
<tr><td>余下</td><td colspan="2"></td><td colspan="2"></td><td colspan="2"></td></tr>
<tr><td>合计</td><td colspan="2"></td><td colspan="2"></td><td colspan="2"></td></tr>
<tr><td>评论</td><td colspan="6"></td></tr>
</table>

续表

本期成就			
实现的里程碑			
规划但未实现的里程碑			
完成的可交付成果			
规划但未实现的工作产品			
问题及所得经验			
问题			
所得经验			

（4）管理相关方期望

你已经编制了一个沟通矩阵并就相关方的关注和利益进行了相关方分析。这些工具给了你相关方期望的大图。但预期只是等式的一半。你应该使用一个期望/承诺过程，会在管理相关方期望的领域有所帮助。以下代表了项目经理和项目团队之间的预期和承诺的例子。在这些分享给你的项目团队后，询问团队成员他们对你的期望和他们对你的承诺是什么。你可能必须添加或改变你的初始想法。

项目经理对项目团队的期望：

- 出席面对面或视频会议和电话会议，并准时。如果你不能出席，请派可以在你缺席的情况下做出决定的人参加。
- 满足定量和定性的承诺。
- 提供及时的状态报告和危险情况（好或坏消息）。
- 以高能量和良好的态度参与项目。
- 支持和尊重其他团队成员。
- 愿意接受的职责和责任。
- 没有疏离地解决冲突和愉快地接受挑战。
- 必要时应用技术判断。
- 做一个诚实的时间和成本的管家。
- 坚持你的创造力与灵活性。

项目经理对团队的承诺：

- 我将让你参与合适的规划工作。
- 我将珍惜和善用你的投入。
- 我将及时通知你会议、电话会议等。
- 变更一旦发生我会通知你。

- 我会在 24 小时内答复你电话和其他的要求，除非你另外指定。
- 我将尽可能地灵活处理可能发生在我们计划中的变更。
- 我不会参与你的工作努力，除非你问我。
- 绩效的标准将会提供给每个人。
- 我的会议将永远是“没有级别”的会话。
- 我将以解决问题的态度尽快处理冲突，对事不对人。

亲手实践 3.4：知识测试——期望和承诺

列出项目发起人可能对你（项目经理）的至少五个期望和项目发起人给你（项目经理）的五个承诺。

（5）倾听技能

我们作为人类最困难的沟通技巧之一是倾听。电视记者 Diane Sawyer 说得最好：“我认为我学到的一个教训是留心倾听无可替代。”

倾听是一种可以习得的技能。它不是自发的而需要有意识的努力和目的。所以我们如何改善我们倾听的方式？我们要改善如何倾听，首先要开始意识到那些倾听所需的技能，然后练习这些技能。

积极倾听涉及什么特别技能？以下是至关重要的。

- 要注意语言和非语言信号：
  —看看演讲者。
  —向前倾斜。
  —使用“倾听声音”（哦？是的，嗯嗯）。
- 使用反馈和澄清进行验证：
  —这显示你正在听而且你明白对方在说什么。
  —这可以帮助你确定你是否正确地理解消息。
  —这有助于接收者或解码者从另一个角度看问题。
- 考虑发送者不得不说的：
  —不仅倾听想法而且倾听事实。如果有必要，确保你能理解到底说了什么，那就要确保你会向说话者提问。问自己这样的问题：“这对我有意义吗？”“我如何处理这些信息？”
  —倾听那些没有被沟通的。说话者是为我准备好消息还是坏消息呢？
  —倾听说话者的激情和态度。
  —用你的思维过程内化你听到的，使你可以质疑、评估在说的。
- 回应讲话者曾说过的：
  —真诚不倨傲。
  —回应说话者的关注或要点。

亲手实践 3.5：知识测试——倾听习惯

1. 表 3.8 的倾听能力评估工具已经存在多年。遗憾的是，倾听能力自我评估工具的作者是未知的，但这是一个有效的工具。

表 3.8 倾听问题

YN	■	对我来说，倾听很难，因为我有那么多其他要花费时间和精力的要求
YN	■	我可以在做其他事情的同时有效地倾听，比如我签名信件或登录我的电脑
YN	●	当有人解释了一个概念，我问一些尖锐的问题，帮助阐明或理解概念
YN	▲	我经常离开会议，不知道所做出的决定是什么或谁对什么活动负责人
YN	▲	会议期间，人们很少问问题去探讨提出的问题和提出的论点
YN	●	当某人讲话，我让我的思维找到方法来记住关键事实
YN	■	如果我累了，或者心不在焉，我试着感觉我在听，但实际上我已精神“收工”了
YN	●	当有人说话我把最重要的主意写在一条消息里
YN	▲	在会议上，似乎不听（甚至不愿意倾听）其他方的小团体已经形成了
YN	■	当人们来找我谈论个人问题，我试图想办法帮助他们解决问题
YN	▲	演讲、讨论或会议的主要部分之后，很少有人总结或引出清晰具体的要点，然后反馈给团体。
YN	■	我打断别人来节省时间，他们解释的那些我已经理解了
YN	▲	在会议上，我认为自己是“魔鬼代言人”，我总是试图帮助团体看到另一面
YN	●	在我们的谈话结束之前，我向讲话者重申或阅读关键细节，所以我确信我们的理解是清楚的
YN	●	我习惯倾听别人说话的要点，然后把那些要点反映给讲话者
YN	■	当我被某人的穿戴分神或他们做的某些事情“让我烦”时，我不愿倾听
YN	●	当我试图倾听，我避免分心，或者建议我们搬到一个安静的地方
YN	▲	在会议期间，一些会议已经谈到的问题被问起
YN	●	当我倾听别人时，我经常用这样的句子“让我确定我理解……”
YN	▲	在会议上，当有人获得公认，我已经在思考如何回应我的“是的，但是……”
YN	●	当有人跟我说话，我会停下我在做的任何事，给他们我完全、绝对、真诚的关注
YN	■	当人们开始和我谈论个人问题（就像离婚），我就很不舒服，而且不想听
YN	▲	我觉得如果我听别人的，我就会失去一些重要的东西（比如我的工作、我们的独特性、我们的力量，等等）
YN	■	不符合我的世界观的情感词或想法使我不想倾听讲话者

2. 现在计算你的评估得分。分数是只计算所有三个主要类别中回答“是”的。在调查表上，你可能已经注意到在每个问题编号的左边有一个符号。计算每类符号的得分，每个“是”打 5 分（“否”得 0 分）。把每类的总分放在表 3.9 中。

表 3.9 倾听能力得分

倾听能力调查得分		
组 1	●	得分
组 2	■	得分
组 3	▲	得分

这些值将在附录部分的“第三阶段解决方案”解读。

任务 3.3：实施质量计划

实施质量计划始于质量保证，这是一个主动的过程，帮助执行项目并让客户高兴。（我们将在第四阶段介绍质量控制）在缺少质量经理的情况下，项目经理负责监督项目质量管理计划。但这并不排斥其他人保持他们自己的质量活动。

当你着手这个项目质量保证就开始了。你要确信你的可交付成果“适合使用”并达到客户指定的质量特征。如果你的质量保证过程不能使你满足质量目标，那就该改变或提升你的过程来实现这一目标。

质量保证计划应该跨职能（这样计划可以在组织中其他地方重复使用）和预防导向。你需要收集数据，并使用这些数据建立性能测量指标，有时需要执行质量审计。

➤ 场景

质量就是这个项目的一切。你不希望等到一个可交付成果完成后，却又发现它不符合质量标准，所以你将使用特定的质量保证工具，以确保项目实现其目标。

➤ 任务范围

持续时间

这将跟项目持续同样的时间。

设置

无。

注意事项

无。

➤ 步骤

在这个任务中，你将了解以下内容：

- 数据质量定义。
- 质量成本。
- 质量审计。
- 过程分析。

细节

质量保证是预先规划的。它是你的项目质量管理计划不可分割的一部分，使用具有你已经在项目中设置的预定义的检查的步骤，确保项目实现其目标。质量控制（将要在第四阶段讨论）包括在预先确定的检查点应用质量工具的过程。

1. 数据质量定义

每当你收集任何事情的数据，确保它们符合：

- 准确性是涉及数据的最重要的元素。使用准确的数据，你才可以验证你的需求。
- 可靠性是确保数据每次是一致的。你已经使用相同的过程测试了数据，而且每次得到相同的结果。Thomas D. Cook 和 Donald T. Campbell 在他们的书《准实验：字段设置的设计和分析问题》（Houghton Mifflin，1979）中，将其定义为“对给定的推理、命题或结论的实情或错误，现有的最好的接近”。
- 完整性被定义为对结果满意，并知道没有什么需要再做的。

当数据最新及当信息可以准时获得时，数据被认为是及时的。可能影响及时性的有：事项更新的速度、变更的速度以及何时信息会实际使用或需要。

精确度和准确度是不同的。准确度是测量值跟实际值或真实值有多接近。精确度是测量值之间多么接近。例如，如果你把飞镖投在同一个地方，但不是靶心，你精度高，但准度低。如果你每次都在靶心周围，你准度高，但精度低。如果你把所有的飞镖都投在靶心，你是高度精确和高度准确的。

2. 质量成本

质量成本是指达到产品或服务质量的所有努力的总成本，如返工。

（1）一致性的成本

预防和评估活动被认为一种质量一致性成本。设计评审、培训和质量规划与预防活动的成本有关。预生产和生产检查，实验室测试中，过程中测试的是与评估活动有关的成本。

（2）非一致性成本

Joseph Juran，著名的质量专家，常常谈到质量的非一致成本，指的是内部缺陷和外部缺陷的影响。内部缺陷是那些在离开组织之前发生的，包括取消、返工、修复、评估废品。这些导致成本上升和员工不满他们的努力被浪费。质量设计的目标是，在检查阶段抓不出问题。外部缺陷是由客户发现的，包括退货、投诉、纠正措施和现场维修。没有办法知道外部失败的真正成本。不满意的顾客可能会把缺陷抱怨给他们的朋友和熟人，你可能永远都不知道它的商业损失成本。

3. 质量审计

质量保证的一个工具是项目的审计。项目审计可以随机进行或在项目每个阶段的指定时间进行。审计的预期结果确认如下：

- 规划的项目质量需求得到了满足。

- 产品是安全的，适合客户使用。
- 一切法律法规得到遵循。
- 跟踪、度量、报告质量属性和质量特征的数据系统是准确的和适当的。
- 在质量检查时识别的任何偏差由适当的纠正措施解决。
- 持续改善机会都为未来的行动记录清楚。

4．过程分析

过程分析使你能够确定你使用的过程能否实现目标和目的。你可能使用了一个程序长达多年，但它可能没有满足你的期望，你不会知道，除非你收集了过程的一些数据。

例如，假设你拥有一个比萨饼业务和承诺 30 分钟内提供比萨饼。最近你发现客户投诉，因为他们不能在 30 分钟内收到他们的比萨饼。所以你检查你的内部过程，发现订单都没及时送到厨师那里。接听订单的人还要服务饮料，还要经常在柜台坐几分钟。你改正你的过程使用一个订单机。订单现在直接通过屏幕流向在厨房的厨师和同时打印出到客户家的方向指引。

质量改进并不像刚刚描述得那么简单。这只是一个例子。就算你解决了这个问题，但又发现司机开车很慢和使用手机聊天或发短信从而浪费了时间，怎么办？从所有过程抓到准确的数据是很重要的。你可能发现，有些过程甚至是设立来吸收前一个过程的不足的。

亲手实践 3.6：知识测试——质量保证

1. 描述被认为质量成本的事项和被认为非一致性成本的事项。
2. 质量审计的目的是什么？

任务 3.4：进行定量风险评估

风险管理计划是在项目整个生命周期一个活跃变化的文档。随着项目的推进，你了解得越多，越知道在项目中什么是真正在发生的，越知道识别的风险是跟所规划的一样危险或更危险。有些风险不会发生；其他的你没有规划过的风险反倒可能发生。用你的风险登记册记录新的风险以及对你已经识别的风险你将要采取的措施。

你的老板审阅过你的风险管理计划，并希望你深究那些定性分析认定的高风险和发生概率很高的风险。你已经同意与她在本月晚些时候对这些风险进行定量分析。

已识别的高概率和高影响风险包括：

- 卡车司机可能罢工，因为这是当前合同的最后一年。
- 建筑劳动力储备可能不是高技能的。
- 没有足够的时间修正服饰错误。

任务范围

持续时间

这是一个迭代的任务，会持续跟项目一样长的时间。

设置

无。

注意事项

无。

步骤

在这个任务中，你将学习如何执行定量风险分析，其中包括：

- 执行定量风险分析。
- 访谈。
- 概率分布。
- 敏感性分析。
- 预期货币价值。
- 决策树。
- 模拟。

细节

定量风险分析的价值取决于执行该任务使用的数据的准确性。当把潜在损失乘以发生损失的概率后，你可以使用这些结果来排序风险和基于这些结果做出决策。这是定量风险分析的一部分。定量风险分析不像定性风险分析那么主观（在第二阶段“规划过程”探讨了该方法）。定量风险分析使用数据，并在决策制定中应用货币值协助。

1．执行定量风险分析

你的定性分析的结果决定了确定在这一过程中你将使用哪些风险。通常你在那些定性分析的高影响和高发生概率的风险上面下功夫。或者如果你的组织是风险厌恶型的，你可以选择量化那些中/高幅度的风险。在任何情况下，有些你在这个过程可以使用的工具。

任何高概率和高影响的风险都要带着紧迫感来处理。例如，如果你是在一个有飓风的地区，建设一栋内有大量玻璃的建筑，就是节约金钱方面不够谨慎。你或者可以安装那类可以抵御飓风袭击的玻璃和配套的支柱。或者你可以忽略风险，试试你的机会。又或者，如果这是你的服装订单处理中心，你甚至可以考虑将它移到另一个地方。

2．访谈

按照以下步骤进行成功的数据收集访谈：

1）访谈项目相关方和主题专家以量化概率和风险对项目目标的影响后果。所需的信息取决于将被使用概率分布的类型。

2）然后项目经理必须定义项目的收益和边界，用文档记录风险定性分析过程发现的风险幅度的基本理由。

3）项目经理准备风险访谈时，必须对关键的风险元素进行分类以便建立风险排序。

4）与主题专家、那些规划工作的人、那些将要管理工作的人安排一次会议。

5）引导访谈。每个人的观点都很有价值，但可能有动机性的偏见或缺乏了解，导致低估风险。

6）如果风险和概率之间的关系是不确定的，那么作为项目经理你可能选择执行三点估算，就像你在阶段 2 为项目任务做的计划评审技术一样。

3．概率分布

根据 Juran 的理论，连续的概率分布用于考察指标可以在一个连续范围内取值的典型情况。数据获取，放入模型，如直方图。该模型的准确性取决于所收集的数据的准确性。如果模型基于观察（物理）数据，模型将是同样准确的。错误导致了分布的倾斜。

β 分布是连续分布模型，经常用于定量风险分析。然而，他们限于可能的结果的有限间隔，例如，最大最小值。β 分布广泛用于计划评审技术应用。

三角形分布有三种可能的结果，所有的这些都是同等可能的。中值是用跟 β 分布相同的方式计算出来的，就是你在计划评审技术计算用的。

4．敏感性分析

敏感性分析是一个简单的工具，研究估算的绩效如何随着基于项目目标预先识别的关键假设的变化而变化。通过分析项目中一个独立变量的变更对项目计划的影响，它力求为该影响赋值。这个过程可以帮助项目团队发现哪种风险事件对项目目标影响最严重。

灵敏度分析使用访谈过程收集的数据，“把所有其他不确定因素都固定在基准值，再来考察每个因素的变化会对目标产生多大程度的影响”。[《PMBOK®指南》（第 4 版）] 如果一个参数小变更导致产出结果的相对大的变化，那产出结果可以说对参数是敏感的。

一般来说，敏感性分析包含五个步骤：

1）设计实验。

2）指定输入因素的变化范围。

3）通过设计生成输入向量。

4）创建相应的输出分布。

5）评估输入的相对重要性。

5. 预期货币价值

预期货币价值（Expected Monetary Value，EMV）是一种可以用来决定结果的工具。EMV 用概率来确定预期的结果将会是什么，比如回报或风险。预期货币值把每个案例或潜在事件的概率乘以那个案例或事件的用数字表示的影响。

EMV 非常容易使用。例如，当投资 100 000 美元时，想象我们的调查给了我们三种可能结果的场景：我们可能会有大的利润、小的利润，或者小的损失。

单位：美元

利润结果		×	该结果的概率	=	未加权的价值
调查 1	+80 000	×	0.20	=	16 000
调查 2	+30 000	×	0.60	=	18 000
调查 3	−20 000	×	0.20	=	−4 000
			预期价值	=	30 000

以下是使用 EMV 的优势：

- 它提供了一个指示，说明哪种方法能提供最好的或最坏的情况。
- 它为高层管理人员提供了比猜测更多的东西。

也有劣势：

- 结果要受概率的偏见的影响。
- 它往往被用来作为绝对。

6. 决策树

决策树也使用预期货币价值这个概念。他们提供了一个高效的视觉结构，在其中项目团队可以显示选项，并进一步探索选择那些选项的可能结果。决策树帮助形成一个与活动的每一个可能的进程相关联的风险和回报的平衡的画面。让我们一步一步地编制一个决策树。这一过程有三个步骤：

1）确定你希望做出什么决定。

2）基于所收集的数据应用概率。

3）运用货币价值和分析数据。

图 3.2 的决策树显示了步骤 1，这是确定哪些机器结合将会是最高的成本效益：机器 A 与机器 C，机器 A 与机器 D，机器 B 与机器 BC 或机器 B 与机器 D。

接下来你确定概率，假设有数据可用。你的数据表明，机器 A 或 B 有 50%使用的机会或可能性。机器 A 有 70%的可能性与机器 C（AC）结合，有 30%的机会与机器 D 结合（AD）。

机器 B 也有 50%的机会与机器 C 或 D 一起使用。机器 B 有 60%的机会被用来结合 C，40%的机会将与机器 D 一起使用。为了找到使用的可能性，你只需把百分比相乘。我们现在可以看到，AC 有 35%的机会使用，AD 有 15%的机会使用，BC 有 30%的机会使用，BD 有 20%的机会使用。图 3.3 展示了使用概率。

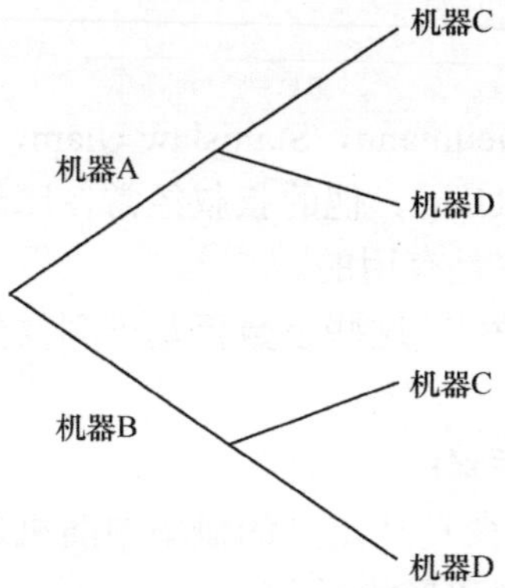

图 3.2　步骤 1：哪种是最便宜的机器组合

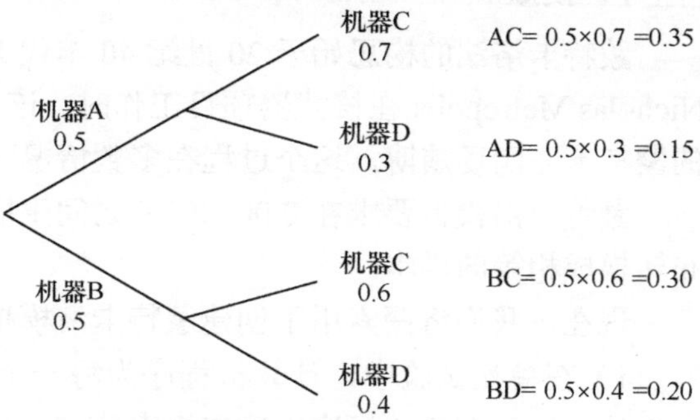

图 3.3　步骤 2：概率是多少

你现在已经决定每种机器组合的成本。图 3.4 显示在 AC 和 AD 分支，AD 通过是因为成本低于 AC。在 BC 和 BD 分支，BD 通过是因为在两种通过的选择中，BD 是最便宜的选择。

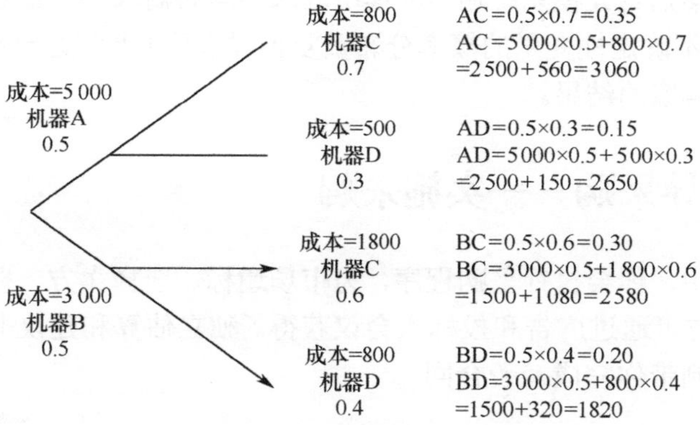

图 3.4　步骤 4：应用货币价值（单位：美元）

亲手实践 3.7：知识测试——预期价值和 NPV

提议的项目最初将有 1 500 美元的费用。在最后的一年，有 30%的可能损失 100 美元，有 70%的可能性收入 2 000 美元。在第二年年末，有 40%的可能损失 200 美元，有 60%的可能性收入 5 000 美元。

假设年化复利率为 10%，下面哪个是项目的预期净现值？这是一个要继续进行的项目吗？

A. 3 254
B. 2 158
C. 450
D. −200
E. −2 042
F. 以上没有

7．模拟

蒙特卡洛法的构思始于 20 世纪 40 年代 John von Neumann，Stanislaw Ulam，and Nicholas Metropolis 在核武器项目工作时。该方法来自 Ulam，他的叔叔经常在摩纳哥的蒙特卡洛赌场赌博。这个过程在多数情况下使用概率是有用的。

蒙特卡洛模拟要求在 0.00 和 1.0 之间生成随机的数字。这些小数再基于利益的分布转换成相等的样本。

现在，我们将探索用于创建蒙特卡洛模拟的过程步骤：

1）在单次试验中，计算机程序为每一个不确定的变量从定义的概率中随机选择一个值并评估变量的幅度以确定概率分布（分布的幅度和形状）。

2）模拟程序然后随机选择变量的值（如乐观、最大可能和悲观），模拟一个模型，这个模型会把在某一详细的级别上具体说明的不确定性转化为它们对项目目标的潜在影响。

3）模拟程序然后给建模系统输出的模型放入不同的输入，对结果进行确定性分析。

4）然后按照不确定性变量的概率分布重复抽样取值（通常是至少 2 500 次迭代），计算模型的多种情境的结果。

任务 3.5：引导采购——实施采购

在这个任务中，你会执行采购程序，为市场邀标、选择卖方、授予合同等采购策略提供指导。卖方可通过广告和投标人会议获得。独立估算和建议书评估技术用于选择卖方，采购谈判带你完成授予合同。

➤ 场景

这个项目是你第一次参与采购流程。你与采购总监 Bergstrom 密切合作，他让你参加投标人会议以及合同谈判。你正在学习的关于合同的知识，比你以前想象的更多，你能看出来项目经理在采购流程的角色是多么重要。你的主项目计划和工作说明书推动着合同中的大部分工作，你已经把这个信息传达给了你的团队。

➤ 任务范围

持续时间

持续时间在执行阶段开始并持续到采购不再被需要为止。

设置

无。

⊳注意事项⊲

无。

➤步骤

在这个任务中，你将了解以下内容：

- 获取卖方响应。
- 选择卖方。
- 授予合同。
- 与范围有关的合同要素。
- 与成本有关的合同要素。
- 与进度有关的合同要素。
- 合同批准。

⊳细节⊲

采购程序应该为市场询价策略提供指导。采购程序会影响给定的采购事件中将会找到多少供应商，机构用怎样的方式进到市场和打算使用的合同类型。这些因素必须在你选择供应商和承包商之前考虑。此外，没有偏见的卖方选择系统需要到位，这样合同可以公正地授予。

1. 获得卖方响应

在阶段 2 中，你了解了使用征求建议书、询价单等来进行采购询价。在这个阶段，获得卖方响应的过程将涉及对答复买方要求的机会进行宣布（广告、互联网，等等），举办投标人会议，在会上很多问题会被问到并被回答给所有潜在投标者。

（1）投标人会议

投标人会议在潜在卖方提交他们的建议之前举行。采购办公室通常举办会议，邀请所有潜在卖方。项目经理通常没有经过正规的选择卖家的训练，但会出席投标人会议，为采购官提供需要的支持。

投标人会议的目的是确保各方在同样的时间听到同样的事情，确保所有的问题和相应的回答都被所有人听到。这也给卖方一个机会来看看他们跟谁竞标，如果他们知道他们不能与特定的某方竞争，他们甚至可能退出竞标。

当规划投标人会议时，使用带有下列事项的议程：

- 介绍应该介绍关键参与者，而且包括本次会议的目的，一些有关公司的信息，以及相关的背景信息。
- 需求应该列在征求建议书或其他询价文件中。
- 业务事项应该包括对于你的业务和业绩预期，以及其他一些事项，项目为何重要。

- 过程应该包括谈判程序、时间表和一个授予合同的标准大纲。
- 问答环节应谨小慎微和精确管理。投标人会议主持人应记录收到的问题并在问题中包括提问者、他们提到的询价部分以及合同的特定段落和行。
- 所有的答案必须提供给所有活跃的竞标者，以便每个人都有相同的信息。此外，这些答案必须成为投标人提交最终报价所参考的询价文件的一部分，并进而成为授予的合同的一部分。

（2）广告

在行业杂志、报纸或其他行业出版物刊登广告或发布征求信息书会扩大对潜在投标人的宣传。在你的广告中包括一个项目简介和一份简短的工作说明书来征求潜在卖家的信息以满足你的需求。在大多数政府机构，买方需公开广告宣传待处理的政府合同。

（3）互联网搜索

许多商品都可以通过互联网以固定总价获得。然而，如果商品是高度复杂的或者与高风险相关联，由于所涉及的成本，你不就应该用互联网。如果事项不是你所想要得到的会怎么样？你失去了所有花在获得产品上面的时间，而且必须再做一次。只要订购产品不涉及任何项目的风险，互联网是一个订购物品的好地方。

亲手实践 3.8：知识测试——获得卖方

1. 为什么是投标人会议重要？
2. 什么时候举行投标人会议？
3. 谁应该引导投标人会议，为什么？

2．选择卖方

卖方选择的过程涉及通过考虑价格、进度、技术问题和其他因素，确定性价比最高的承包商。项目经理与采购官（买方）紧密合作来评估建议书，审查独立估算，并根据评估标准为建议书打分。

（1）独立估算

为验证建议书的合理性，你的组织可以选择内部或外部专家来对项目制定他们自己的独立估算。如果在独立估算和承包商的建议书之间有重大区别，这可能表明了工作说明书不明确或者没有考虑到完成建议书的所有必需事项。

（2）建议书评估技术

有几种方法来评估一个建议书。权重系统是量化定性数据来减少个人偏见对来源选择的影响的方法。早些时候你选择一个项目用了加权评分流程。你可以做同样的事情来评估提案。

这一过程有四个步骤：

1）为每一个评价标准分配一个数值权重。

2）每个评价标准用原始分数来评估潜在卖家。

3）把评估分数乘以建议书要素给定的权重。

4）对以上结果求和，比较全部得分。

表 3.10 查看供应商预订的选择标准的加权得分。

表 3.10　通过评分模型选择供应商

评估标准	原始得分			供应商	加权得分		
	A	B	C	权重	A	B	C
交付技术的能力				5			
财务能力				5			
理解我们的需求				4			
管理方式				3			
生命期成本				4			
总计							

筛选系统为一个或多个的评价标准建立了最低性能要求。例如，买方可能希望个人都有特定认证或公司有如 ISO 9 000 的专业认证。

在筛选中，当你预见会有以前用过的供应商，提问下列问题：

- 经验是好是坏？
- 最终的产品是可接受的吗？
- 交货准时吗？
- 有索赔引致诉讼吗？
- 供应商合作友好吗？
- 供应商愿意与项目团队共事吗？

另一个评价技术是使用一个合规矩阵，通过合规矩阵竞标者表明他们满足具体性能标准或功能的能力。

美国政府通常使用合规矩阵审查他们的合同 （这些矩阵也被用来选择供应商）。表 3.11 是一个改版的政府合同合规矩阵。

表 3.11　合同合规矩阵样本

合同条款	合同细目	描　述	是/否
节 A：标准			
无	询价、出价和授予	指出合同使用的标准表单	是□ 否□
节 B：供应或服务和成本/价格			
B.1	获得的服务	指出被执行工作的性质	是□ 否□
B.2	估算的成本和费用	指出估算的合同成本是______美元和潜在的合同费用是______美元	是□ 否□

续表

合同条款	合同细目	描　述	是/否
B.3	资金可用性	指出在买方声明资金可用之前没有可用的资金，以及资金可用之前承包商的任何行动都不会报销	是□ 否□
节 C：描述/规范/工作说明书			
C.1	基本资料	阐述了在本合同项下的基本要求	
C.2	工作说明书	提出具体要求。参见项目集/项目经理的项目集/项目计划中的详细信息	
C.3	可交付成果	指定客户期望看到的可交付成果和每个可交付成果的到期日。参见项目计划	是□ 否□
节 D：包装和标志			
D.1	基本资料	需要在包装和标志发货时使用标准的商业惯例	是□ 否□
节 E：对服务进行检查			
E.1	检查和成本报销	确立买家权利，能够在所有地方和时间检查合同要求的所有服务	是□ 否□
E.2	验收	所有工作的验收都由合同管理人员或正式授权的代表负责	是□ 否□
节 F：交付或性能			
F.1	合同条款	确立了合同条款	是□ 否□
F.2	延长合同期限的选项	只要意向在期满前至少三个月，允许买方以 30 天通知延长合同期限	是□ 否□
F.3	停止工作通知单	确立了买方的权利，发布书面通知给承包商停止合同下所有的或任何部分的工作。合同管理人员应该酌情做出合理的调整（例如，交付进度、估计成本、费用等）	是□ 否□

（3）红色信号

Joseph T. Wells 在他的书《职业欺诈和滥用》（*Obsidian Publishing Company*，1997 年）中，制定了以下的“红色信号”清单，指出了询价中的不当活动：

- 投标时间有限使得只有那些预先获得信息者有足够的时间准备投标或建议书
- 透漏信息给一家承包商而不是给所有的。
- 举办的投标人会议上允许竞标者间不当沟通，致使他们处于操纵竞标的位置。
- 未能确保足够数量的潜在竞争对手都知道招标，比如使用了难以理解的出版物来发布招标询价或在节假日期间发布招标询价。
- 招标询价在时间、地点或者其他提交可接受标书的要求方面含混不清。
- 对发送给有兴趣的投标者的投标材料的数量和目的地缺乏内部控制。
- 购买者与承包商在贸易或专业会议上的不当沟通或与承包商代表不恰当的社会接触。
- 采购代理在承包商的业务有财务利益。

- 购买者与承包商讨论聘用就业的可能性。
- 购买者帮助承包商准备他的投标的援助行为。
- 介绍承包商给一个特定的分包商、专家或供应来源。
- 未能修改询价以纳入投标后必要的变更或说明，比如把投标后可能做出的变更告诉一个承包商。
- 伪造文件或收据使得迟到的投标被接受。
- 低价投标人撤出成为同样合同的分包商。
- 投标人之间串标的任何迹象。
- 伪造的承包商的资格、工作履历、设施、设备或人员。

亲手实践 3.9：知识测试——选择供应商

1. 当选择一个卖家时，权重系统、筛选系统和合规矩阵的区别是什么？
2. 你将怎样做以消除前面列出的红色信号？

3. 授予合同

买家和卖家开始通常会有不同的目标。买方要以最小成本获得最大价值。卖方想提供最小价值得到可能的最高金额。采购谈判，如果做得好的话，使买卖双方达成一个想法上的会议，这样双方都对结果满意。它始于采购谈判。

（1）采购谈判

亨利·福特说得很好："如果有任何的成功秘诀，就是除了用你自己的，还要用别人的观点，从他的角度看事情。"

采购谈判是在签订合同之前，用来澄清和获得对合同要素和要求的共同一致。最终合同语言应该包括所有的条款和协议，正在协商中。规划谈判需要几个步骤：

- **制定目标**。如果你是买方，你愿意支付的最大值是什么？如果你是卖方，你愿意接受的最小值是什么？
- **评估你的对手，判断什么可以激励他们**。你的对手感兴趣的是利润、人员雇用、开发新技术，或想用你的名字以备将来"沾光"。
- **描述你的战略和战术**。在你开始之前要弄清楚你会使用什么技术赢得你的对手接受你的观点。
- **收集你的客观资料**。做你的财务和其他的家庭作业！你的对手在做他们的关于你和你的业务的家庭作业，并将会从有利于他们的角度使用这些事实。
- **进行全面的价格/成本分析**。这样，你在承诺费用或合同类型之前就知道合同事项将会花费多少。
- **安排谈判的细节**。指定谈判会在哪儿举办、使用的桌子类型（圆的或方的）、谁将要面窗户，等等。

项目谈判目标是获得一个公平、合理的价格，同时使得合同在特定的时间和功能限制执行以及跟供方发展良好的关系。

在《PMBOK®指南》（第 4 版），谈判是指“在合同签署之前，对合同的结构、要求以及其他条款加以澄清，以取得一致意见”。最终的合同措辞应该反映双方达成的全部一致意见，如《PMBOK®指南》（第 4 版）所介绍的：

- 责任。
- 进行变更的权限。
- 适用的条款和法律。
- 技术和商务管理方法。
- 所有权。
- 合同融资。
- 技术解决方案。
- 总体进度计划。
- 付款。
- 价格。

项目管理谈判通常有五个阶段：

- **定向**　做出介绍。
- **探讨**　搜索和识别问题。
- **讨价还价和决策制定**　在这一步进行讨价还价和做出让步。
- **解决**　两种姿态被汇总在一起，做出最终让步和记录。
- **关闭**　终极目标；这确保双方都有相同的协议，标志着谈判的结果。

提前规划谈判的时间能最大限度地减少谈判的消极方面。记住，你是买方，卖方想要你的业务，你在控制。

（2）与范围有关的合同要素

与范围有关的合同要素包括以下几项。

1）工作说明书。工作说明书是一份书面文件，其中包括将由外部承包商提供的劳动力、材料、设备和服务。工作说明书可以内部编写或招标期间完成。例如，供应商可以提供一个合同的工作说明书。

2）图纸。图纸或合同的图片部分显示设计的图形描述或工作的维度。

（3）与成本有关的合同要素

与成本有关的合同要素包括以下几项。

1）合同金额。合同金额在合同中说明，是业主为合同中定义的工作绩效向承包人支付的总金额。

2）保有额。这是业主从每个付款过程合同性地扣留的金额，使业主避免受到不完整或不充足工作的影响。与保有额有关的问题包括数量、持续时间和资金的释放。

3）最终付款。这是业主在承包商完成工作后，给承包商的最后付款，包括积累的任何保有额。与最终付款相关的问题是最终付款的时间、最后的检查，以及处理最终付款纠纷。

4）违约金。如果项目没有完成业主会减少给承包商的付费。这通常是按日计算的数额，在执行前必须在合同中已制定。违约金不是罚款。当有奖励酬金和激励酬金来平衡时，罚款通常强制执行。

（4）与进度有关的合同要素

与进度有关的合同要素包括以下几项。

1）开工日期。工作的日期在合同中确定，这可能需要工作授权进行。

2）开工通知。何时承包商可以开始工作，何时计费开始计时。

3）实质完工。工作进展中，工作依照合同文件充分完成的阶段。这样业主可以按照准备的用途占用或利用工作。

4）加速。加速是业主加快工作节奏。加速的原因可能包括增加范围而没有时间的延长，业主导致的延误而没有时间延长，或减少进度。

5）延迟。延迟可以是可以原谅的、不可原谅的或应予以补偿的。

6）可原谅的。因项目中超出任何控制因素而发生的延误（例如，恶劣天气）。承包商可提供额外的时间，不会罚款但也没有额外的钱。

7）不可原谅的。当承包商未能履行合同义务而发生延误。例如，如果材料不及时获得或如果没有足够的劳动力，承包商将既得不到额外的时间也得不到钱。

8）补偿。由业主未能履行合同义务而导致的延迟。例如，业主未能提供一个建筑通行权。承包商将正当获得额外的时间和金钱。

（5）合同形式

科兹纳在《项目管理：计划、进度和控制的系统方法》中说，两种最常见的合同形式是完成合同和定期合同。

1）完成合同。承包商必须提供一个明确的最终产品。根据交付和客户的正式接受，合同被认为是完全的，最终付款将执行。

2）定期合同。承包人被要求提交一个“特定的工作水平”，没有一个最终产品。工作量表达为使用特定人员技术水平和设施，在特定时间段的人日（月或年）。当合同工作执行时，承包商没有任何进一步的义务。最终付款应执行，无论技术上完成了什么。

（6）合同批准

大多数企业和组织有书面的政策和程序，说明谁有权签订合同。合同还应审查合同语言，以满足识别出的对最终的产品或服务的需要。有各种各样的审批机关和水平：总理事会、采购主管、风险管理员、质量经理等可能需要签署合同。

总之，执行项目像发射火箭一样——你或许在启动时会有一些艰难的时刻，但是它一旦进入轨道，你就可以松一口气了，你已经落实了使它进入规划的航向需要的所有工作。

现在，执行阶段已经开始，监控工作（你在项目早期已经在做）扮演了把项目保持航向的重要角色。

亲手实践 3.10：知识测试——授予合同

1. 可谅解延迟和可补偿延迟之间的区别是什么？
2. 为什么得到独立估算很重要？
3. 合同谈判开始之前需要做出什么研究和准备？为什么？
4. 描述一个定期合同适合的情况。
5. Cimarron 正在跟某一获得 ISO 9 000 认证的服装生产商进行一项合同谈判。他们已经同意为苹果和梨子项目重新设计服装生产线，Cimarron 的前外部制造商因不能避免太多错误而无法完成。介绍已经进行，但是，在问题的细节讨论之前，潜在制造商已经开始在会议上提供解决方案。他们为得到业务感到激动，但没有意识到，除非签署合同，他们将得不到业务。

a. 如果你是一个项目经理，你会做什么？

b. Cimarron 的采购主管应该做什么？

c. 介绍环节和问题识别环节后接下来的步骤是什么？

任务 3.6：开发和管理项目团队

在阶段 1，我们除了讨论管理的任务，还讨论了领导的属性。理解这两者之间的差异，智慧地应用领导力和管理，这是很重要的。你需要通过提高个人能力和强化团队文化等团队互动来提高团队绩效。

然而，在可以开发你的团队能力之前，你必须开发你自己和团队之间的信任。有些人相信，信任必须赢得。其他人认为你应该首先信任，直到有一个令人信服的不信任的理由出现。在任何情况下，你自己和团队成员间的信任都使你的项目成功。在这个任务中，你将会学习管理工具和领导技能来开发你的团队。

一旦你组建和开发了你的团队，管理团队就成了例行工作。你应该确保你的团队明白，尽管你看起来像在掌舵，你的工作不比他们的高或者好；你只是在执行跟他们不同的工作。

➤ 场景

你已经认识团队中的一些个人，但也有一些新人，而且你确定他们中的一些人互相不认识。他们谁也没有为你工作过，你渴望团队除了认识你之外还能互相认识。

你的团队还没有同步地像一个团队，事实上，当那些新人犯了错误时，有经验的人还倾向于模仿他们。你去找项目发起人 James Stevens，要求资助来的六个月中的三个团队建设活动。

然而，他告诉你，预算中没有为此准备资金，你要靠你自己去开发你的团队。你做了一些进行团队建设活动的研究。

同样，你发现，团队某些成员寻求帮助时似乎很犹豫，直到很迟才敢提出。你知道你必须处理这个冲突，但冲突管理对你来说并不容易。你参加过一个冲突管理课程，正急于尝试一些你所学到的新概念。

任务范围

持续时间

你将在整个项目中执行该任务。

设置

无。

注意事项

无。

步骤

在这个任务中，你将使用各种各样的工具，帮助你开发和管理团队，例如：

- 基本规则。
- 团队建设。
- 培训。
- 教练。
- 马斯洛需求层次理论。
- 赫兹伯格的保健理论。
- X 理论和 Y 理论。
- 期望理论。
- 成就理论。
- 权力类型。
- 绩效问题。
- 奖励和表彰。
- 冲突解决。

细节

与一个像运行良好的机器一样的团队一起工作，是一件美妙的事；与一个功能失调的团队一起工作，是完全相反的。这里是一个功能强大的团队的特点：

- 满足相关方的期望。
- 减少公开、坦诚沟通的障碍。
- 通过在项目中应用经验所得而不是在项目结束时讨论它们，在运行中改善流程。
- 接受和控制变更。
- 制定和使用基本规则。
- 拥有相互的责任心。
- 使用集体创造力。
- 做出集体决定。
- 采取适当的行动。

了解功能失调团队的特性将帮助项目经理意识到除自己外，团队需要改进的领域。以下是功能失调团队一些特性：

- 低绩效。
- 混乱、冲突、效率低下。
- 对项目目标承诺很低。
- 狡猾的破坏、恐惧、不感兴趣，或者拖后腿。
- 不清楚来自上级管理层的承诺。
- 派系、合谋和孤立的成员。
- 非生产性的小动作和操纵他人。
- 隐藏的议程。
- 死气沉沉和反应迟钝。

如果你是跟一个功能失调的团队相处，你如何激励他们？它真的不是钱的问题，难道不是吗？激励理论如马斯洛需求层次理论、赫兹伯格的保健理论以及期望理论概念对激励和金钱的使用采取不同的看法。

理解权力的概念及其对你和他人的影响是很重要的，因为滥用权力可能使你疏远你的团队。

管好团队对于你和你的团队的成功，以及作为结果的你的项目的成功，是至关重要的。有时在知道问题是什么之前，你可能就需要立即解决问题。你可能夸大问题的关键性或因为你对冲突不舒服而睁只眼闭只眼。在任何情况下，除管理技能外，你必须用你的领导力来解决绩效问题。

在硬币的另一面是表彰和奖励。每个付出努力的人都想被表扬，奖励不需要代价很高。

所以你怎么开始？从基本规则开始，进行团队建设活动，接着是需要的培训，然后用永远欢迎随时都在的政策辅导你的团队。

1. 基本规则

当团队第一次聚在一起时，规则应该由团队建立好。基本规则决定了团队是如何发挥作用的。项目经理应该促成这一活动，但不要接管这个过程。如果团队帮助制定规则，他们最有可能遵守规则。这里有一个简单规则，你可能考虑使用：

- 一成不变的计划不如反映出现实的计划有用。
- 诚信是不可或缺的。没有它，质量是不可能的。
- 如果诚信丧失，你的首要任务将是重新获得它。
- 考虑你以前如何处理问题，并不总是需要重新发明"轮子"。
- 不要被诱惑给出初步结果——你想要的是全貌，不论好坏。
- 如果事情出错不要指责——修复问题。
- 享受工作做好的乐趣。换句话说，第一次就做好。
- 会议是必不可少的。你的个人和集体参与是必需的，所以如果你不能参加，安排在你缺席时可以替你做决定的人参加。
- 状态报告结构（进度计划、成本信息，等等）将在所有项目保持一致。
- 通过监测可交付成果的生产来衡量进展。这可以是一个有形的文档或对具体工作的目测，以便判断绩效规范得以满足。
- 信不信由你，你应该快乐工作！

2．团队建设

让一个团队开始像团队一样工作往往需要一段时间，即使就个人来说，每个团队成员都是高手。在项目生命期的开始存在高水平的冲突。这是正常的，所有的团队要经过这个，但是团队建设活动在团队中建立使用冲突解决技术的文化，推动团队尽早在项目中消除冲突。大多数项目经理忽视分配时间和预算给团队建设活动。考虑一下团队实现高绩效多么重要，团队建设是那些至关重要预算项目中的一个。

1965 年，心理学家 Bruce Tuckman 建立理论，描述团队在真正成为团队之前必须经历的五个阶段：形成、震荡、规范、成熟和解散。

让我们仔细看看这些阶段：

- **形成**　人们通常是谨慎的、礼貌的、保留的、冷漠的。
- **震荡**　人类表现出内讧、混乱、冲突、选择退出、地盘争斗、派系和权力博弈。
- **规范**　人们是有组织的、发展技能、解决问题和解决冲突。
- **成熟**　人们合作、多产、足智多谋、能够胜任。
- **解散**　人们对不得不分手表现出一种失落和焦虑。

作为项目经理，你必须留出这些阶段发生的时间。形成和震荡并不需要像你可能想的那么长时间，很快你就会看到规范和成熟。

表 3.12 显示一个团队建设计划。在一个有压力的项目，在项目开始前安排团队建设活动并获得资助是明智的。只要你的团队需要并适合你的项目的持续时间，尽可能多地使用团队建设活动。团队建设在所有人都高压力水平时特别有用。也许你可以规划休息一天或半天，做一些有趣的事情。这真的让一整个团队恢复精神。

表 3.12　团队建设计划示例

团队建设计划		
团队建设#1	活动：	
	规划日期：	
	负责人：	
	成本预算：	
	批准人：	
团队建设#2	活动：	
	规划日期：	
	负责人：	
	成本预算：	
	批准人：	
团队建设#3	活动：	
	规划日期：	
	负责人：	
	成本预算：	
	批准人：	

3．培训

有些人可以马上到位并做好自己的岗位工作，其他人可能需要一些培训。你可能已经建立了一些链接到一个自动化团队空间，或一个状态输入文件，甚至一个检索发送信息的数据存储库。不要假定你的团队会知道如何访问这些事项。可能有密码保护，你的团队可能需要特殊的访问权限。如果训练有必要，一定要为它留出时间和预算。

4．教练

作为项目领导，你可能需要"教练"某个可能有一种或另一种困难的人。基于你的开门办公随时欢迎政策，这是你可能经常或不太经常去做的一些事情，这取决于成员的成熟度。我们大多数人都有一个教练风格，我们往往倾向于按自己的风格教练。这并不总是一件好事。

Kenneth Blanchard 和 Spencer Johnson 在《组织行为管理》（*Prentice Hall*，2007 年）中创造了一个今天仍被广泛使用的情境领导模型。这个模型如图 3.5 所示。

在看图时，请注意，S1、S2、S3 和 S4 指你的直接上级的监管风格。M1～M4 表示个体与他们主管相联系的成熟度。

作为主管，当你开始一个新的关系时，通常你以单向谈话方式参与，也就是说，你是那个在教育并告诉你的新人要做什么的人。

在这一点上新人甚至不知道该问什么。你是在"告诉"模式。新人"不愿"做，因为他们还"不能"完成工作。经理和工作人员之间的信任是低的。

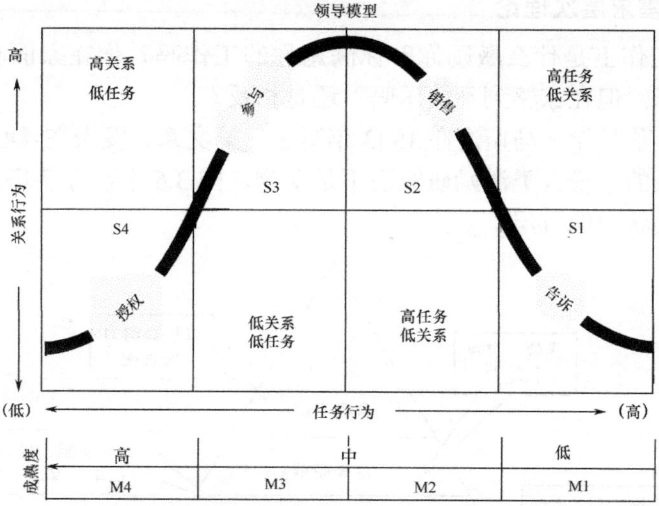

图 3.5 Blanchard 和 Johnson 情境领导模型

很快，关系发生变化。新人懂得了工作但是仍然必须带着问题找你。双向沟通建立了，而你现在是“销售”模式。新人是“愿意”来做这个工作的，但只是“不能”单独完成。信任在建立。

现在人们了解了工作，不再需要你了。你和你的团队是在“参与”模式。没有你的指导，员工愿意也能够做这项工作。然而，这个人可能变得“不愿”来做这项工作，如果他们变得无聊或失去动力。这个模式，每个人之间的信任更高。

最后，你完全信任你的团队的每个人，现在可以将你自己的工作授权给全面执行功能的团队。他们非常愿意并且能够执行他们的任务，信任在这时最高。你现在处于授权模式。顺便说一下，除了小的和无关紧要的任务，你还应该授权重要的任务。

你会发现，你的个人管理风格需要根据你团队中人员的成熟度来改变。让我们说，例如，你在授权模式更舒适。但如果你有一个新人，你必须调整你的个人风格。如果你在这个例子中授权了工作，新人会感到有挫败感，可能认为他们注定要失败。如果你是在“告诉”模式，他们会感觉更舒服。同样，如果你更喜欢在“告诉”模式，那么，执行功能的团队要做什么将是灾难性的。

亲手实践 3.11：知识测试——开发你的团队

1. 根据任务开始的场景，描述三件事，你能用来开发你的团队，不会花钱但将花额外时间。

2. 描述五个额外的基本规则，你认为会帮助你的团队表现更好。

5．马斯洛需求层次理论

在家里或工作上是什么激励你？你满意你的工作吗？你在家面临挑战吗？你在工作中感到快乐，但在家感到不快乐吗？还是相反？

心理学家亚伯拉罕·马斯洛在 1943 年写了一篇文章，发表在《心理学评论》上。这是第一次出版的一份人类激励研究而不是动物。图 3.6 中在金字塔里你可以看到马斯洛定义的人类状况的五层。

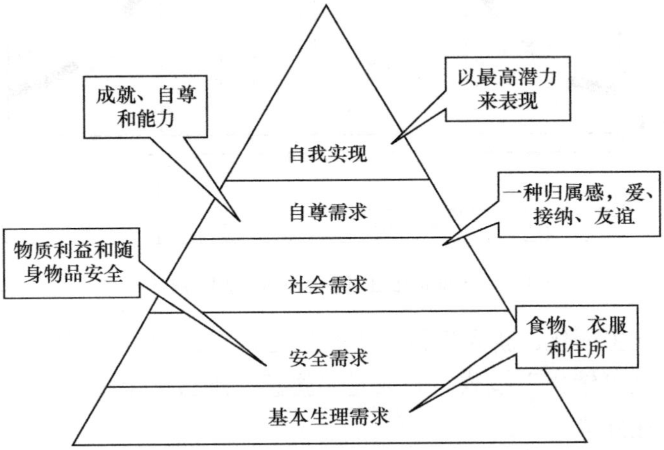

图 3.6　马斯洛需求层次

假设你有一个员工的绩效优异。那个人可能是自我实现层。然后你得知你的部门将关闭，所有员工都将被解雇。突然，这个人和其余的员工下降到基本生理需求层。雇员可能无法关注任何事情，除了找到一份新工作来保住他们的家。一个人不能到达一个更高的水平，除非他们的较低层次的需求得到满足。

对你来说理解马斯洛的理论是重要的，因为它可以解释行为、态度和绩效的改变。

6．赫兹伯格的保健理论

心理学家弗雷德里克·赫兹伯格在 *The Motivation to Work*（John Wiley & Sons，1959）中公布了他关于激励的发现。他观察到人类有两类需求：第一类是为了避免疼痛（保健需求），第二类是精神成长（激励因素）。保健理论是工作场所确定满意或不满的方式之一。

- 激励因素或满意因素，包括学习机会、获得能力、成就和表扬的要素。
- 保健因素更关心工作场所导致不满的事项，如工作条件、工作安全、同事和主管的人际关系、薪资差距、技术问题、政策和程序，等等。

考虑一下保健理论，你也许得出这样的结论：绩效问题或许并非总是雇员的错。

7．X 理论和 Y 理论

道格拉斯·麦格雷戈在他的书 *The Human Side of Enterprise*（McGraw-Hill

Education，1960）中，假定经理关于人类激励拥有两种不同的假设。这些假设将影响经理的行为和管理风格。

X 理论假设：

- 人天生不喜欢工作，如果可能的话会避免它。
- 一般人要安全，避免了责任，没有野心，而更倾向于被指导。

如果这些假设是真的，X 理论的项目经理将做到以下几点：

- 迫使或控制人们达成工作目标或组织目标。
- 紧密地监督，惩罚糟糕的表现，给工人很少自主权和很少奖励，只提供负面的反馈“帮助他们改善”。

Y 理论假设：

- 一般人喜欢工作；它像游戏一样自然。
- 如果一个人承诺目标，这个人不用外部控制就会向着他们工作。
- 目标承诺来源于这个人对实现目标的愿望的满意度。
- 存在创造力、独创性和想象力以及其他广泛分散的人类特征。

如果这些假设是真的，Y 理论项目经理将做到以下几点：

- 给工人更多责任。
- 依靠员工自我激励。

8．其他激励理论

其他几个动机理论值得探索。其中一个是期望理论，由 Victor Vroom 提出，它表明如果期望很高，你会收到积极的结果。相反，如果有较低的期望，结果可能不这么积极。你不应该设定期望是无法实现的，因为这会使人们失去动力。如果他们知道他们的努力将会被表扬甚至奖励，人们通常执行对他们期望的。不要提供虚假的赞美，尽管这可能显得傲慢。

另一个是成就理论，这归功于 David McClelland。人们之所以被激励，基于他们获取成就、力量和交往的能力。人们想要与其他团队成员建立友情并想归属于一个团队。如果每个个体在你的团队都能达到目标，那么团队将会成功。

9．权力类型

有几种类型的权力：合法权力、参照权、专家权、奖励权、惩罚权和个人力量。理解权力的使用是对项目经理很重要的需求，包括他们自己拥有的以及别人的。让我们来看一看各种类型的权力。

（1）合法权力

项目经理有被项目章程认可的合法权力。合法权力也由组织内的正式职位确立。组织层级定义了权力的级别。项目经理可以用各种各样的方式使用权力。随着他们的头衔而来的合法性，在某种程度上，可能变成“权力炫耀”。这正是那种你不想被意识到的权力。

（2）参照权

参照权都基于一位备受尊敬的人的权威。你可能看到重要的体育明星或电影明星在电视上做广告，因为他们在媒体上受到追捧，他们对某种产品或者服务的支持，对其他人可能是有意义的。

如果你曾以一种积极的方式影响他人，参照权可能给到你——项目经理。他们喜欢和你一起工作，会对别人说你的好话。在这种情况下，参照权是通过你的行动和对你提供给团队的支持赚来的。团队成员愿意接受你说的，因为他们真心喜欢你。

（3）专家权

专家权发生在另一个人认为你有知识和特殊的技巧，让你成为专家。你的一个项目团队成员可能已经有专家权，而作为项目经理借助专家的影响力就是权宜之计。假装专业很快就会被发现，并将破坏任何已感知的权力。

（4）奖励权

奖励权是基于正面强化和因为人们的合作而授予他们有价值的东西的能力。使用这一权力的能力取决于项目经理对项目的控制和组织中的相对职位。例如，你可能在项目预算中有这笔钱用作奖金。决定何人何时得到它们的事实为你提供了奖励权。

（5）强迫权或惩罚权

惩罚权（也称为处罚或者强迫权）基于恐惧。如果预期不能达到，员工害怕报复。项目经理可能有能力提出惩罚，但使用这种力量的能力取决于项目经理对项目的控制和组织中的相对职位。用恐惧来激励永远不应该是与团队共事的一个选择，但很可惜，的确是会发生的。

（6）个人权力

个人权力在两个方面发生作用：①团队成员都被项目经理和他们的管理风格吸引，并想要为他工作；②有消极态度的某人把别人跟自己拖进消极范畴。他们可能甚至都不知道他们有这样的能量，直到有人向他们指出来。无论如何，个人权力可能是潜在领袖的标记，如果他们能够影响他人到一条好的路或坏的路，达成的结果基于他们选择的道路。

10. 绩效问题

这是真正需要高手的地方。项目经理必须愿意在采取行动之前识别和分析绩效问题。你可以使用几个步骤来分析绩效问题。

1）确定问题。

- 这是一个培训问题？
- 是什么让我觉得有问题？

2）确定它的重要性。

- 这个问题会花项目的钱吗？
- 纠正这个问题值得吗？

3）决定是否存在技能问题。

- 这个人在过去工作没做完就被允许离开了吗？
- 他们有完成工作的必备技能吗？

4）确定学习曲线。

- 这人对任务陌生吗？
- 团队成员从事工作多长时间了？

5）决定你是否能提供帮助。

- 你能展示如何做这个工作吗？
- 有检查表或其他能帮助的工作辅助工具吗？

6）确定是什么让那人无法做这项工作。

- 项目和直线经理确实存在对这个人来说矛盾的要求吗？
- 工作环境有利于实现任务吗？

7）确定解决方案。

- 解决方案的成本是什么？
- 就成本来说，值得做吗？
- 询问是否有何事你能帮忙。
- 问执行者相信的解决方案是什么。

在现实中，对这些问题的大多数，你会知道答案；其他的，在对问题采取行动之前，你必须仔细思考。

亲手实践 3.12：知识测试——管理项目团队

在你的团队中有一个新人，Lucy，采购问题专家。你可以指示她找出项目需要的最便宜的产品成本。很快你收到她的发票，发现她以最低价买了 1 000 单位的产品并储存在仓库。你看到了发票上她的签名。

你马上打电话请她到你办公室。你不想扼杀她的主动性，但是你主要关注的是，她签署了发票。有两种方法来处理这个问题——积极的或消极的。

1. 描述一种消极的方式来处理这种场景。
2. 描述一种积极的方式来处理这种场景

亲手实践 3.13：知识测试——激励理论

对于以下，指出所代表的理论以及负责制定理论的人。

1. 关于人类激励，经理持有两套假设。这些假设将影响经理的行为和管理风格。
2. 当一个需要被满足，它不再有激励作用，下一个更高级的激励将替代它。
3. 人有两类需求，其一是作为一个动物避免疼痛（保健需求），其二是作为人类的心理成长。

亲手实践 3.14：知识测试——权力类型

描述下列语句代表的权力类型：

1. 一位高级经理发送特定指令给他的员工，并希望立即行动。
2. 项目经理安排项目团队参加为期三天的休养庆祝成功。
3. 项目经理被请求做一个行业专题讨论会的经常演讲者。
4. 一个团队成员被要求与领导当前项目的项目经理从事另一个项目。

11．领导力和激励

我们早些时候讨论了领导力和激励，发现领导力是能够影响人们去做那些他们可能不会做的事。下面的内容显示了典型的领导力和激励特征：

- 有愿景、勇气和承诺。
- 鼓励团队合作和参与。
- 采取积极的态度。
- 不对管理工作进行批评。
- 保持你的承诺。
- 给每个人他们渴望的关注。
- 提供建设性的建议。
- 提供和谐的工作环境。
- 提供诚实的评估。
- 提供清晰的业绩期望。
- 保护团队。
- 做出可靠的和及时的决策。
- 有效沟通。
- 授权的团队成员。
- 了解你自己和你的团队。
- 匹配资源与技能。
- 把每个人都作为一个独立个体。

- 有效倾听。
- 强调长期生产力。
- 给予积极的反馈。
- 建立方向。
- 寻求职责和接受责任。
- 激励和鼓舞。
- 组织每个人协力成功。

12．奖励和表彰

关于表彰与奖励系统有不同的思想流派。团队应该得到集体奖励吗？团队无论成功或失败，团队成员也应该分享成功与失败而不论他们的个人贡献？如果团队失败但个人达成了他们的绩效目标，要挑那些个人出来进行奖励吗？这些都是棘手的问题，遗憾的是没有完美的答案。这里有几条建议供考虑：

- 奖励必须足够灵活以使团队决定他们的团队成员将如何被奖励。
- 强调团队合作而继续奖励个人可能是令人泄气的。
- 定义可作为一个团队共同协作而达到的目标，而不是一群人作为不同个体以合作的方式达成的目标。
- 预期的团队行为必须明确沟通到所有那些受到影响的，并解释成功的定义和那些行为将如何表扬和奖励。
- 确保团队成员认识到表扬和奖励是公平的。
- 有些最好的业绩提高奖励在本质上是非财务的。
- 无论做了什么选择，表扬并奖励良好的表现。

13．冲突解决

在项目管理经验中冲突是一种自然发生的现象。对大多数人来说，冲突解决不是与生俱来的。这是一个典型的学习来的品质，如果做得好，可能成为一个很棒的学习经验。你将在你的项目中多次进行冲突解决，有几种方法可用于冲突：

- 强制或推行某一方的观点以牺牲其他方为代价；只提供赢—输方案。
- 当避免冲突时，你从实际或潜在的冲突局面中撤退或退出。它不能解决问题。
- 当适应冲突时，你试图缓和局势。你强调一致的领域而非差异领域，但这只提供了短期解决方案。
- 当妥协时，你在寻找能让全体当事人都在一定程度上满意的那种方案的好交易。这提供了一个明确的解决。
- 通过综合考虑多方观点和意见，你可以合作并达成共识。这导致引导各方达成一致意见并加以遵守，提供了长期的解决。
- 面对情况是通过审查备选方案，把冲突当作需要解决的问题来处理；需要以“取舍”的态度进行公开对话。面对提供最终的解决。

亲手实践 3.15：知识测试——管理冲突

你在 Portland 苹果和梨商店的现场。Todd Franks，工程施工负责人，在 Bellevue。你急于看到对商店的最后完善，当你到达时你惊讶地看到电工一边在高高的梯子上安装筒灯，一边抽着烟。梯子在新铺的地毯上，你不能相信他是在吸烟，尤其是因为在上次跟 Tod 的谈话中说过，他对所有的交易商详细说明过，地毯铺好后不能在店内吸烟。你告诉承包商，他不应该在店里吸烟。他告诉你去“处理它”。

1. 描述在这个场景处理冲突的强制方法将会是什么？使用这种方法的结果是什么？

2. 描述在这个场景处理冲突的撤退方法将会是什么？使用这种方法的结果是什么？

3. 描述在这个场景处理冲突的缓和方法将会是什么？使用这种方法的结果是什么？

4. 描述在这个场景处理冲突的合作方法将会是什么？使用这种方法的结果是什么？

5. 描述在这个场景处理面对的强制方法将会是什么？使用这种方法的结果是什么？

亲手实践 3.16：知识测试——执行阶段的专业责任

1. 你被指派了一位 IT 团队成员，他被认为对他的工作准确但非常缓慢。他的生产力指数自从他在公司的 2 年内根本没有提升过。他的上司指派他到你的项目是公平的吗？为什么或为什么不？

2. 一个潜在的供应商，出席一个投标人会议，被从项目内部提供信息，帮助他赢得投标。你刚刚发现，但合约已经签了。你应该做什么？

阶段 4

监 控 过 程

现在项目已经在进行了，是时候根据项目管理主计划监督项目绩效，确保变更遵循变更管理过程，以控制可能出现的变更。正是在这儿，你将监督之前识别的项目风险事件，并与合同管理员紧密合作。

简单地说，控制项目就是保持其在正轨上。这很可能是项目最重要的工作；如果偏差重大而没有被小心管理，就可能达不到项目目标。在此阶段你将学习了解：

- 测量项目绩效。
- 执行批准的变更。
- 确保项目可交付成果符合质量标准。
- 管理风险事件。
- 管理采购。
- 在问题登记册上评估纠正措施。
- 沟通项目状态。

任务 4.1：测量项目绩效

如你现在所见，你与我们在之前阶段讨论的其他项目过程组保持着互动。在项目开始后不久，控制阶段就开始了。虽然我们将它作为一个单独的阶段来讲述，但是所有阶段是迭代的，因而都要进行监控。

正是在监控工作中，通过对比项目计划和实际工作结果，你才能够看到项目的进展。项目结果的可见性为你根据需要采取纠正和预防措施提供时机。

➢ 场景

苹果和梨子项目现在已经进入执行阶段很久了，你作为项目经理已经实际监控项目工作一阵子了。现在你的发起人 James Stevens 问起财务方面绩效的情况。你知道准备成本和进度报告的最佳方法是运用挣值技术。在规划阶段你与团队讨论过挣值方法，并且告诉过他们你将在项目后期运用此方法，因为在开始阶段它不太有用。你向团队解释过，挣值方法能够显示在某一任务上已用的金额，并将之与原本应该花在每个任务上的金额相比较。这将帮助你保持正常的进度。你还列出了你将用到此方法的日期。

你决定向团队成员解释该过程以便他们了解落后于预算或超出预算的影响。

任务范围

持续时间

此任务将贯穿于整个项目持续期间。

设置

无。

注意事项

无。

步骤

在此任务中你将：

- 理解偏差管理。
- 核实项目范围。
- 监控范围。
- 监控进度。
- 监控成本。
- 监控质量。
- 沟通结果。

细节

为了核实项目是否在批准的范围、成本、进度、资源和质量（我们将稍后在此阶段讨论管理风险事件）之内，你要收集数据并报告项目绩效。报告须有一致的形式；数据需要定期测量，并包括项目状态、项目进展，以及对项目未来事件的预测。如果项目“超出计划”，你得采取预防或纠正措施使其回到正轨上。

此外，本阶段还将讲到范围的核实、成本和进度控制、挣值概念，以及质量控制。

1. 偏差管理

项目偏差可以定义为在时间、成本或绩效测量结果方面的规划值与实际值的差异。项目偏差是变更请求的一项功能，或者实际的工作结果与项目规划阶段所设计的工作结果的区别。偏差情况识别之后，将随即通过纠正措施或重新预测来管理偏差。偏差会在收到状态报告时发现。管理偏差的另一个方式是进行非正式审查，例如：

- 使用走动管理。
- 规划当地的同行评审或走查。

- 通过找出以下问题来教育团队。

—跟计划相比的偏差和误差是什么。

—标准差是什么。

—为什么一致性和规范是重要的。

—我们如何接受批评和避免责备。

—为何诚实很重要（无论好消息还是坏消息）。

偏差管理可能有价值的其他方面包括：使用质量核对表（包含产品质量标准），检查状态，连接产品、产品说明和交叉校验工作包的配置管理。

需留意的重要事情是识别偏差不仅有助于控制项目产出，而且有助于保证客户满意度。

2．核实范围

当核实范围时，你在对项目可交付成果的验收进行正式化处理。核实范围提供对项目中所做的变更的审计跟踪。例如，如果可交付成果跟规划的不一样，就应该有一份批准的变更请求，该变更请求引起了可交付成果的不同。核实措施还能帮助你基于关联到项目范围的可交付成果的产出，来制定未来决策。核实范围会测量成本以及项目变更的其他影响。

当可交付成果在客户看到之前就不被接受时，被认为内部失败，要求返工，或者放弃，甚至更重要的，项目计划的变更。返工可能导致进度延迟、成本超支，诸如此类。

3．监控范围

范围控制要求对成本、进度或其他项目目标的调整。范围变更是迭代的，而且要求经常对比原始计划。范围变更可能要求纠正措施，这必须归档，而且可能严重到足以引起基准变更。任何对范围的变更必须被整合进入经变更控制计划适当安排的变更控制系统。基准变更通常要求变更控制委员会的批准。那些影响范围且没有被批准的工作称为范围蔓延。范围蔓延对项目是致命的。范围蔓延管理不善将导致未经授权的进度延迟和预算超支。

亲手实践 4.1：知识测试——范围核实

到目前为止，按照计划进行生产的苹果和梨子项目的可交付成果已经得到验收。然而，在总部的电信设备机房出现了一个问题：一套散热系统装在里面以控制温度和湿度。安装时设定没有空气流通的管道。当你检查新的系统时，噪声大到你听不到自己说话。你随即发现散热系统装了管道。你询问供应商为什么安装管道，他说他发现这个所谓开式散热的计划有个错误，于是自己改正了问题。他认为 Cimarron（西马伦）公司应该会高兴。该任务在关键路径。

1. 你会采取什么措施来改正此问题？

2. 该服务的付款如何处理？

3. 若没有使用归档的变更通知书来做出变更，结果可能是什么？如何处理？谁来处理？

亲手实践 4.2：知识测试——控制项目范围

苹果和梨子项目一直进展良好，但在项目第三个月时，Todd Franks 致电询问能否在 Nellevue 雇用一位新的建造主管。Franks 不能同时在两个地点工作，在两地之间的穿梭花费很多时间和金钱。新的招聘所请求的预算是 50 000 美元，Franks 已经同意面试候选人。

请列出该变更请求进展所需的五步。

亲手实践 4.3：知识测试——控制项目进度

你被安排进行一项新的任务。任务成本已经批准，但进度日期被更高的管理层限制得很紧。新任务的名字是审查论文。你被告知工期是三天，因为还有很多高级经理需要审查它。你有表 4.1 所示的网络图。

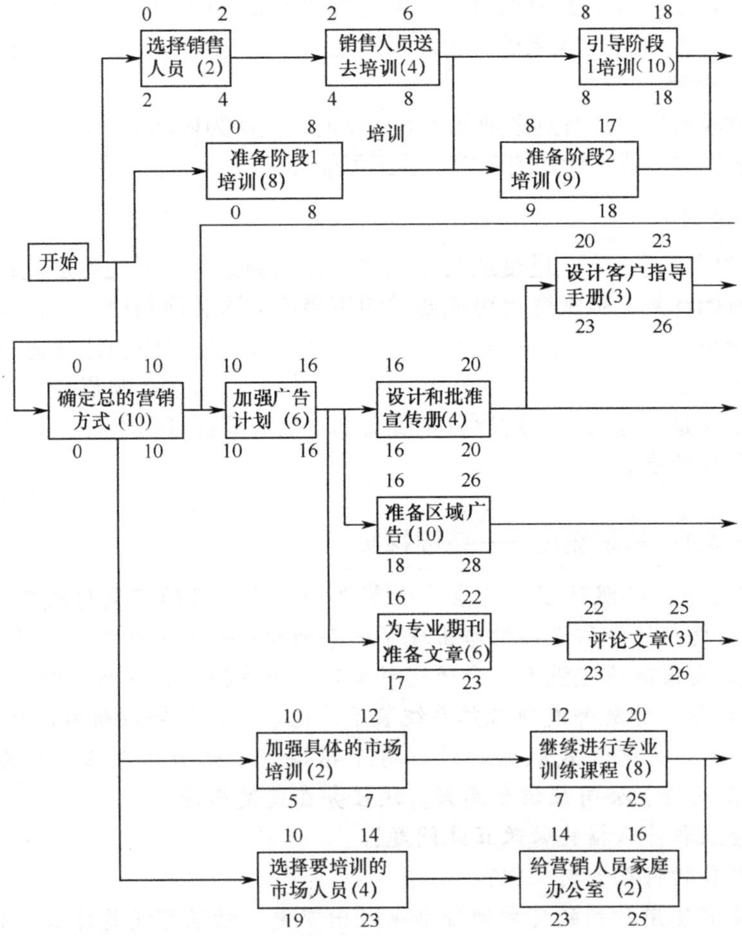

图 4.1　网络图

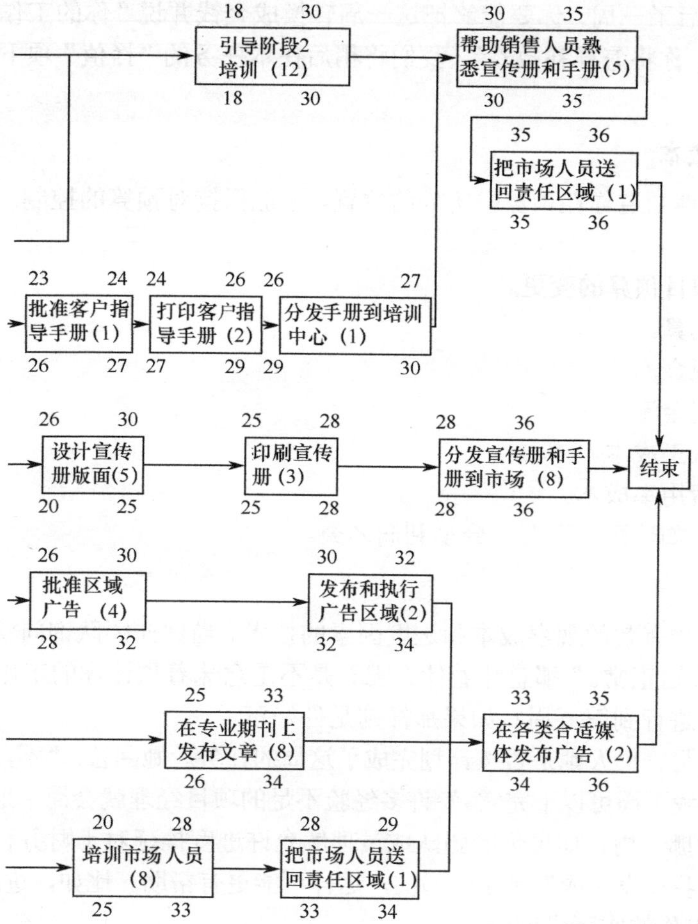

图 4.1　网络图（续）

你确定任务“审查文章”需要排在“为专业期刊准备文章”之后和“在专业期刊发表文章”之前。

1. 对项目有何影响？

2. 如果任务持续时间是 5 天的话，对项目有何影响？

3. 你能做什么来减少进度风险？

4. 客户回来找你，希望项目能比原计划的 36 天提早 5 天完成。你决定对项目进行赶工。你会怎样做？

4．监控进度

进度控制讲究的就是管理进度基准。在第二阶段“计划过程”中，你学过快速跟进和赶工以使项目保持在进度基准之内，但如果进度变更被批准了，进度基准也就改变了。在每次状态会议，你都得强调项目需要保持进度。比如，如果某人告诉你他们的任务进程落后了一周，你要能够把这一周转换成金钱并说“你的工作现在落后于进度 2 000 美元。你将怎样补救？”（我们将稍后在本任务的“挣值”项下教你怎样做到这点）

5. 监控成本

只有准确地知道你在预算中所处的位置，才能保持对预算的控制。影响成本的因素包括：

- 控制项目预算的变更。
- 成本估算。
- 项目现金流。
- 公司现金流。
- 直接人工成本。
- 管理费用率成本。
- 其他，如奖励、惩罚、分享利润之类。

（1）挣值

挣值是一种有效的观察成本和进度因素的技术。当你向团队询问状态时，有人可能对你说：“我这正常。”那意味着什么呢？是不是意味着预计你的工作进度为第五周而实际上你也进行到第五周？如果那样则是件好事。

你可能问另一个人她是否按计划完成了这周的任务。她回答：“不，我这周还没做到那儿，但是我下周可以干完它。”许多经验不足的项目经理就会简单地说“OK”，然后把日期往下挪一周。如果你的团队成员理解允许进度推延对于财务和进度的影响，以及仅仅说“我还没完成”是不恰当的，这样可能更有帮助。比如，进度有两个参数：

- 完成工作的实际进度时间。
- 已完成工作的成本或者未完成工作的成本。

挣值把项目进度和成本绩效结合起来回答“我们花了钱得到了什么”的问题。实际进展是以美元来衡量的，那么进度绩效和成本绩效也能以同样单位来分析。通常在分析一个项目集或项目的成本绩效时是不考虑实际进展的，而只是把至今为止的实际成本与计划成本对比，这样的结果经常是误导性的。

表 4.1 更详细地讲解了挣值的多个概念。

表 4.1　挣值概念

这是什么？	它是什么意思？	缩　　写	怎样计算
完工尚需周数	以我们目前的速度还需要多久才能完工？	无	确定目前已完成任务的百分比。目前已用周数除以已完工百分比得出预计总周数；然后再把预计总周数减去目前已用周数算出未完工周数

续表

这是什么？	它是什么意思？	缩　写	怎样计算
每周支出	这个任务每周花费多少？	无	用你正在用的无论什么工具收集成本信息；然后用目前总成本除以目前已用周数
计划价值（计划工作预算成本）	应该做多少工作？	PV（BCWS）	使用计划数字
已完工作预算成本	已经做了多少工作？（A 任务，本来预计花费 2 000 美元于上周完成。你只完成了75%。那么，你做了价值 1 500 美元的工作，这就是你的挣值。）	EV（BCWP）	确定哪些任务已完成并计算每周预算金额总和，对比你设想到达与实际到达的位置
已完工作实际成本	已完成的工作花了多少钱？	AC（ACWP）	用你正在用的无论什么工具收集实际成本信息
成本偏差	计划成本与实际成本之间的差别[你完成了价值 1 000 美元的工作（EV），但你花了 1 200 美元才完成了该任务（AC）。你比原计划多花了 200 美元来完成所做工作。]	CV	EV−AC=CV
成本偏差百分比	把成本偏差换算成预计成本的百分比	CVP	CV/EV=CVP
成本绩效指数	工作完成的效率如何？CPI 经常被用于预测可能的成本超支［你完成了价值 1 000 美元的工作（EV）。你花了 1 100 美元才完成了该任务（AC）。计划工作的每 1 美元产生了价值 90.9 美分的工作，这就是成本绩效指数。］	CPI	EV/AC=CPI
完工预算	预计全部工作要花多少钱？分配给项目的所有预算的总和	BAC	总预算
完工尚需成本绩效指数	TCPI 是指为了实现特定的最终结果，比如维持当前的预算，项目剩余工作必须达到的成本绩效的预测值	TCPI	（BAC−EV）/（BAC−AC）=TCPI 或当不再可能达到原预算时以（BAC−EV）/EAC−AC）计算
进度偏差	本应完成的进度与实际完成的进度之间的区别［截至今天，你本应完成价值 1 000 美元的工作（PV），但你只完成了价值 900 美元的工作（EV）。那么，你落后于进度价值 100 美元的工作。或者，如果你本应完成价值 1 000 美元的工作而你实际完成了价值 1 100 美元的工作，那么你完成了比原计划更多的工作。］	SV	EV−PV=SV

续表

这是什么？	它是什么意思？	缩　写	怎样计算
进度偏差百分比	进度偏差换算成百分比	SVP	SV/PV=SVP
进度绩效指数	用于衡量进度绩效。经常用来预测可能的进度拖延。[你做了价值 1 000 美元的工作（EV）。计划工作的价值（PV）是 750 美元。那么，计划工作的每 1 美元产生了价值 1.33 美元的工作，这就是你的进度绩效指数。]它测量工作完成的效率	SPI	EV/PV=SPI
完工估算	你现在预计所有工作将花费多少？目前为止，所有直接和间接成本的总和加上所有剩余工作的估计成本	EAC	AC+ETC=EAC
完工尚需估算	项目的一个或一组活动的预计剩余成本是多少？	ETC	EAC−AC=ETC
完工偏差	工作原来预计的成本与你现在预计的成本之间的差异	VAC	BAC−EAC=VAC

项目一开始就把挣值作为绩效工具是不太有用的，它直到项目开始几周甚至几个月后才有用，时间长短取决于项目的计划持续时间。在项目刚开始时你不知道那么多，偏差可能很大。当偏差在计划的 5%～10%时，挣值就可以被用来管理偏差了。

注意：如果你打算参加项目管理专业人士考试，你需要知道挣值公式。提示：考试一坐下，就把你记得的方程式写在一张草稿纸上。那样你就不会糊涂了。

（2）管理费用

在第二阶段计划项目时，你学了管理费用成本或“负荷”人工费率。这里提醒一下，公司会有一个具体的百分比，其中包括所有人工加上津贴、养老金之类的平均值。如果没有这个资料，可以用 100%计算管理费用。比如，如果总的无负担的人工预算是 250 000 美元，你可以在自己的预算中加一行相等的数字作为管理费用。

（3）偏差分析和预测

图 4.2 称为 *S* 曲线，可以很容易地在图中看出成本和进度的偏差。通过分析与基准计划有关的结果，能够预测完工偏差。CPI、SPI、ETC、EAC 和 VAC 是我们之前在此任务中讨论的部分挣值概念，它们是监督、分析和预测工作绩效的很有价值的工具。*S* 曲线形象地展示项目绩效，因此它是你的项目工具武器库中重要的一部分。

等你完全熟练掌握挣值概念后，你就可以开始对数据进行有用的解读。话虽如此，也不要仅仅依据数字来做项目决定，这点很重要。你不能预作假设。比如，如果某个特定任务的实际成本是 5 000 美元，而该任务的计价值是 3 000 美元，你可能假定任务经理失去了控制，但你可能得到不同的答复。

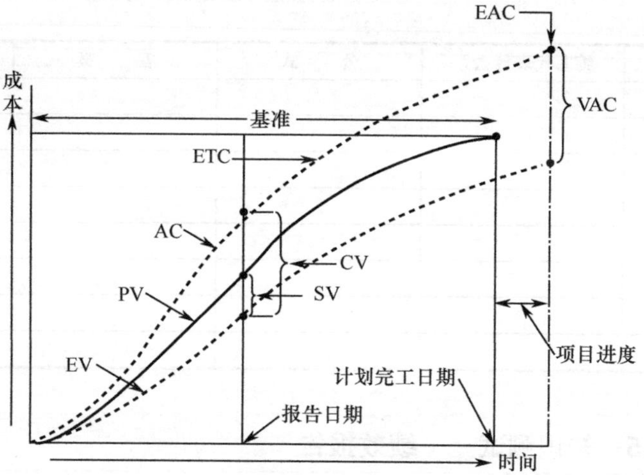

图 4.2　*S* 曲线

“我告诉你我人手不够，你武断地把日期和预算强加于我。我只好付加班费——我们能做完这些已经够好运的了。”也许，你应该从答复中寻找更现实的期望。

要点：做足功课。问对的问题，拿到相应的数据，那样你将能漂亮地既捍卫预算又保持进度。

亲手实践 4.4：知识测试——挣值

1. 请思考表 4.2 中展现的场景。如你所见，工作与时间有线性关系但并不与成本有线性关系。你的一个团队成员的任务计划需时五周。当你收集状态数据时，你的团队成员告诉你他只完成了 60%并在已完工的部分花了 10 000 美元。你本来预期收到这个任务完成 80%并花了 8 000 美元的报告(第 1～4 周)。这个任务的挣值是多少?

表 4.2　挣值场景

进度成本	第 1 周（20%）	第 2 周（20%）	第 3 周（20%）	第 4 周（20%）	第 5 周（20%）
	2 000 美元	1 000 美元	3 000 美元	2 000 美元	1 000 美元

2. 此任务的状态怎样?

3. 运用挣值知识，记录你将要用来计算表 4.3 中的挣值因素的方程式以及你选择的理由。

表 4.3　挣值计算表

挣值要素	缩写代表什么?	公　式	答　案	理　由
PV		无		
AC		无		
EV		无		

续表

挣值要素	缩写代表什么？	公　式	答　案	理　由
CV				
SV				
CPI				
SPI				
BAC				
ETC				
EAC				
VAC				

亲手实践 4.5：知识测试——绩效报告

Top Notch 工程公司从 Cimarron 公司获得了建设位于波特兰的新商店的合同订单。该项目几个月前启动。表 4.4 是 5 月的月度成本总结。表中一些输入被有意省略了，但提供了下列额外信息以帮助你回答下列问题：

- 假设 100%的管理费用在绩效期间是固定的。
- 给你的报告是月底的（5 月）。
- 80/20 分享比例是指客户（Cimarron 公司）将支付超过目标成本 80%的钱直至最高限价，而 Top Notch 将负责超支部分的 20%。如果成本低于目标，则 Cimarron 将保留 80%的节省部分，而 Top Notch 将收到节省部分的 20%。
- 最高限价是基于成本的（也就是说，没有利润）。

通过摘取表 4.4 中 Top Notch 的月度总结报告的数据回答以下问题：

1. 合同的总议定价值是多少？
2. 此合同授权的所有工作的预算价值是多少？
3. Cimarron 最初分配/发放给 Top Notch 的总预算金额是多少？
4. Cimarron 发放给 Top Notch 的新的/修改的总预算金额是多少？
5. 根据最初发布的（负担的）预算，Cimarron 拨了多少钱作为管理储备，如果有的话？
6. 管理储备有没有被修改，如果有，修改了多少钱（负担的）？
7. 哪个二级 WBS 因素弥补了修改后的管理储备？
8. 根据修改后的计划价值完工成本，Top Notch 可望从 Cimarron 项目中得到多少利润？（提示：不要忘记分享比例）
9. 已被识别用于完成工作的预算中，有多少已分配的预算是仅仅与此合同间接相关的（也就是说，管理费用）？

仅仅就直接人工回答下列问题：

10. 此合同预算的总的直接人力投入中，有多少工作是 Top Notch 预订要在这个月完成的？

表 4.4　绩效报告资料

月度成本总结：5 月														
合同：	Top Notch 工程		议定成本：		2 500 000美元		分享比例：		80/20		报告期：		5 月 1~31 日	
项目经理：	Eldred Moore		目标费用：		12%		最高限价：		3 000 000美元		合同期：		1 月 1 日~10 月 31 日	
二级	本月（美元）					截至今日累计（美元）					完工（美元）			
WBS 项	PV	EV	AC	SV	CV	PV	EV	AC	SV	CV	合同 PV	原发放 PV	修改后 PV	偏差
项目管理	19 300	19 300	19 300	0	0	108 000	108 000	108 000	0	0	200 000	200 000	200 000	
工程 A	23 000	16 600	24 200	<6 400>	<7 600>	158 000	181 700	234 700	23 700	<53 000>	250 000	200 000	225 000	<25 000>
工程 B	14 000	15 200	16 800	1 200	<1 600>	96 000	94 200	93 000	<1 800>	1 200	200 000	200 000	200 000	
工程 C	0	0	0	0	0	0	0	0	0	0	300 000	275 000	275 000	
工程支持	11 600	10 400	12 000	<1 200>	<1 600>	73 000	74 300	75 600	1 300	<1 300>	200 000	190 000	190 000	
质量控制	5 900	6 000	6 000	100	0	5 900	6 000	6 000	100	0	100 000	100 000	100 000	
总的直接管理费用	73 800	67 500	78 300	备注：							1 250 000	1 165 000	1 190 000	
×100%	73 800	67 500	78 300								1 250 000	1 165 000	1 190 000	
总计	147 600	135 000	156 600								2 500 000	2 330 000	2 380 000	

11. 预计这个月完成的工作中有多少是实际挣得的（也就是说，挣值）？

12. Top Notch 这个月比计划多做还是少做了工作？进度偏差百分比（SVP）是多少？

13. Top Notch 这个月做的工作实际上花了多少钱？

14. Top Notch 给这个月做的工作的预算金额与实际成本之间的差距是（CV）多少？

15. 哪个 WBS 二级因素是造成这个月的成本和进度偏差的主要原因？

16. 至今为止，Top Notch 遇到了多少成本偏差？

17. 至今为止，Top Notch 遇到了多少进度偏差？

18. 成本偏差是在改善还是在恶化？

19. 进度偏差是在改善还是在恶化？

20. 预计完成日期看起来能达到吗？

21. 新的完工估算负担成本是多少？

22. 从新的完工估算成本来看，Top Notch 可以期望得到多少利润/损失（完工偏差）？

23. 如果 Top Notch 在该项目组的最终负担成本是 3 150 000 美元，那么他们将得到多少利润/损失？

任务 4.2：执行批准的变更

变更管理计划是整体变更控制背后的推动力。整体变更控制是对变更项目计划、项目文件和组织过程资产的管理，以及监督变更和保证批准程序得到遵守。

➤ 场景

苹果和梨子项目现在进入执行阶段一大半了，你已经执行项目计划一阵子了。目前还没有什么变更，但你已准备好在有任何变更出现时使用整体变更控制。

➤ 任务范围

持续时间

持续期间可能是几小时或者几天，时间长短取决于项目的复杂程度。

设置

无。

注意事项

无。

步骤

在此任务中你将学习整体变更控制。

细节

变更是不可避免的。你现在比计划该项目时知道得更多。一些变更是如此之小，以至于你可能觉得它们不会影响项目，认为没有经过正式的变更管理计划就接受它们是合理的。再想一想吧。

项目章程就像你和项目发起人之间的合同。项目是根据书面要求来批准的。如果允许不经程序就做出小的变更，组织资产可能受到影响，以至于你根本不知道有这些资产。比如，在电话行业中，对一件设备做了一个小变更。原来的电话总机（OE）是错的，安装工要求给一个不同的。设备给了但是没有在原订单上更改。之后当客户打电话来报告维修问题时，记录上仍然是旧的 OE 而维修部门费了好大劲才找到真正的那个。维修比原本需要的花了更多的时间，而客户也不高兴。

而许多变更请求可能影响项目的所有部分，甚至影响整个组织。在这里我们将运用整体变更控制。

未经管理的变更会打断项目的流程；右手不知左手在干什么，项目会被认为失去了控制。对于小的变更，可以使用一个小点的、不那么复杂的程序，但是每个变更都必须记录下来。许多项目经理的非正式做法是用一本日志来记录需要处理的小的不正式的变更或者途中出现的事件。你可以请求项目管理委员会容忍你处理小的变更、技术缺陷，或者不会严重影响项目成本或进度的问题。

怎样在说好的同时说不

只说不是很难的。一些销售人员（也包括内部客户）向客户承诺任何事都能做到，钱不是问题，进度随时都可以达到。对一个项目经理来说这是个噩梦，尤其是你还不知道合同已经签了！

如果你真的向一个外部或内部客户说不，他们可能另找个说好的人。说好容易得多，而且可以避免许多混乱和冲突，但只是在你准备充分能够正确应对变更请求的情况下。

在第二阶段你制订了变更管理计划。你也跟你的团队分享了该计划和它的程序，并且教过他们如何执行变更并且只变更那些已被批准的。

如果变更有好处，它就会被批准。但是应该问几个问题以使得批准者有他们进行审查需要的全部信息。这也将最大限度地减少变更次数。表 4.5 列出了要问的问题，这些问题在提出正式的变更请求之前要得到责任方的回答。

与提出变更的人的最初讨论应该这样的：“我愿意考虑你的变更请求。它听起来是合理的，不过首先有些问题需要回答。我们来搞定它们吧。你现在有空吗？”

表 4.5　变更控制责任

问　　题	由谁来回答
为什么这个变更是必需的？	发起人
变更的成本是多少？	发起人
变更能提高质量吗？	发起人
为达到此质量而额外花费的成本合理吗？	发起人
现在改比以后再改省钱吗？如果是的话，怎么省？	发起人
与此变更有关的风险是什么？	发起人和项目经理
需要额外的资源吗？	项目经理
对交付日期的影响？	项目经理
对预算的影响？	项目经理

无可避免地，一些变更会是“有更好”或“做更好”但不在原定范围的。如果发起人对变更很热衷，那他得提供必要的细节来证明这个变更是值得的。记住，一个得到批准的变更会使你必须改变项目计划、进度、预算和所有其他受这个变更影响的文件。

一旦你跟从了变更管理计划的所有程序，你可以找回变更发起者并说：“好的，你要求的变更可以做。我研究过了，我得跟你提一提这些研究结果。范围、成本和进度都要变。那些成本会使预算增加多少钱，进度将会改成这样。因为进度很紧并且预算看起来也是板上钉钉了，所以这其中也有风险，但是一旦变更被审查通过我们就可以马上开始做它了。”

通常许多变更发起者听到这些细枝末节就都放弃变更了。

亲手实践 4.6：知识测试——整体变更控制

你刚刚得到批准将对苹果和梨子项目做一个变更。送到西雅图和波特兰两个店的家具中，椅子颜色是错的，而情侣座实际上是全尺寸沙发。采购员调查后发现，如果重新订购家具的话得八周后才能送货，但两个商店要在五周内开业。他试图加快新订单但做不到。原订单将得到退款。他决定以贵 5 000 美元的价格在当地采购新家具，多出的钱将从管理储备基金中出。

1. 为应对此变更需要修改什么项目文件？
2. 此变更需要通知谁？
3. 基于此场景回答以下问题：

a）为什么此变更是必需的？

b）此变更的成本是多少？

c）此变更提高了质量吗？

d）为了这个质量额外花费的成本合理吗？

e）与此变更有关的风险是什么？

f）需要额外的资源吗？

g）对交付日期有何影响？

h）对预算有何影响？

任务 4.3：确保项目可交付成果符合质量标准

项目经理有责任保证项目内所有可交付成果的质量。你必须从客户的角度来看可交付成果。如果客户对一个可交付成果不满意，那它就还没完成。你要清除验收标准中任何模糊不清的地方。

场景

你探访了西雅图和波特兰的店址。两个地方的进展都比进度提前了，并且目前为止工作手艺都很出色。你长舒了一口气，但你内心其实并不惊讶，因为你知道主管 Todd Franks 总是完成得很优秀。Franks 对你的来访感到意外，你告诉他你急切地想看看这些商店。因为 Franks 提前了进度，你得到授权可以给他一笔奖金，但你想亲自给他。你安排了一次午餐，给了他奖金。他很意外也很高兴。你还给了他一些礼券，他可以给他认为合适的工人。

你还探访了服装制造商，去看看正在做的衣服质量怎么样。你吃惊地发现他们走了许多捷径，衣服质量也达不到你的期望：应该缝两行线的地方只缝了一行线；婚纱和礼服用了低档的布料做衬里；纽扣很容易就脱落，而且一些布料有瑕疵。你查阅了你的质量保证计划，试图找出哪里出了差错，修补这些衣服或者把它们扔掉重新做新的需要花多少钱。

任务范围

持续时间

此任务贯穿于生产和逐渐完成可交付成果的整个项目生命周期。

设置

无。

注意事项

无。

步骤

在此任务中你将学习：

- 核实和确认需求。
- 收集测量指标。
- 监督关键工作产品。
- 在事先决定的间隔运用质量控制工具。

细节

质量对于你和别人可能是不一样的。统一每个人的意见很重要，这样才能避免可交付成果的质量中出现意外。之前我们讨论过项目可交付成果的验收标准。有些标准可能被忽略了，或者工人可能没有理解指示。在此任务中你要找办法保证你的质量过程得到遵守。

一个可交付成果的验收标准应该包括：

- 内容资产属性（文件、软件，诸如此类）。
- 实体资产属性。
- 权属资产所有权属性（商标、专利等）。

项目经理负责通过比较计划和实际的结果来测量绩效，并且向所有重要的相关方提供状态信息。重要的相关方负责审查所采用的测量指标，并根据那些测量指标审查偏差。所有团队成员负责采取任何必需的措施以使偏差保持在可接受的范围之内。

1. 核实和确认需求

核实和确认之间的区别很简单。当你核实一个要求时你会问："你在正确地生产产品吗？"而当你确认一个需求时你会问："你在生产正确的产品吗？"核实是查看一路上的质量检查点，以确保标准对于需要的质量来说是正确的。确认意味着目标已经达到，客户也满意了。

2. 需求跟踪矩阵

需求跟踪矩阵（Requirements Traceability Matrix，RTM）是用来保证所有记录的需求可以映射到那些完成需求的系统组件或者可交付成果，这叫前向跟踪；它也被用来确定需求源，这叫作后向跟踪。表 4.6 展示了一个高层次的跟踪矩阵。此例中 U 代表用户，S 代表系统。

表 4.6　需求跟踪矩阵

身　份	用户需求	前向跟踪
U1	用户将输入所有销售代码以使售价自动显示	S3
U2	系统将处理所有 VISA、MasterCard、Discover 和 American Express 信用卡	S1
U3	如果卡已超过额度，售货员将收到“无法处理”的短信	S2
身　份	**功能需求**	**后向跟踪**
S1	系统将接受 VISA、MasterCard、Discover 和 American Express 信用卡	U2
S2	系统将计算总额并将其与卡的信用额度进行对比	U3
S3	系统将根据输入的代码计算售价	U1

通常，使用 RTM 可以确保需求被满足，并且如果需要变更的话，可以完全地和轻易地找到这个需求。这种方法节省时间、成本，并减少潜在的范围变更。

3．收集测量指标

计划质量过程的其中一个输出是质量测量指标。请确定你想要测量什么来分析绩效。收集了这些测量数据以后，你再把它们放到之前定义的质量控制工具中使用。还有一件事是收集或者要求你的供应商收集质量测量指标。从前面的例子看出，有些衣服的布料瑕疵可能源自提供或生产布的供应商。这件事需要从未能达到客户对衣服的质量预期的角度，根据合同来处理。

项目的规模应该与测量的数量和收集他们所花费的人力成比例。比如：

- 小项目应该关注基本信息，比如项目在成本、人力投入和持续时间方面进展得怎样。通常不需要对项目可交付成果或者内部工作进展采用更复杂的测量指标，因为没有足够的时间做出改进或者根据测量指标的结果采取行动。
- 中等规模的项目应该收集跟小规模项目一样的信息，不过额外的测量指标信息可能也有价值。可以把可交付成果的质量和过程组工作的良好程度增加到测量指标中。区别体现在可以对绩效提高做出反应的时间长度。
- 大型规模的项目应该收集跟小型和中型规模项目一样的信息，但是额外地寻找测量指标以获得成本、人力投入、持续时间、团队绩效、生产率、商业价值，以及可交付成果质量和客户满意度方面的信息，也是恰当的。

以下是项目可以收集的测量指标清单。这张清单并不是毫无遗漏的，但能为你的项目提供额外的意见：

- 成本：

—项目、阶段、活动等的实际成本对比预算（偏差）。

—方案完成后×个月的总支持成本。

—总的雇员成本对比合同对比顾问（对比预算）。

—实际人工成本对比估算的人工成本。

—实际设备成本对比估算的设备成本。

—实际材料成本对比估算的材料成本。

—需要的管理储备金额。

—实际需要的紧急储备金额。

—经过批准的对预算的变更次数。

—未经批准的对预算的变更次数。

—有效的成本报告过程。

- 进度：

—有早/晚日期的里程碑清单。

—受影响的活动清单。

—进度绩效指数（此阶段后期更侧重这个指标）。

——一段时间以来的 SPI 趋势。
—花在任务上的实际时间对比估算时间。
—需要多少浮动时间。
—是否达到项目完工日期。
—阻碍项目完工日期的未知的限制条件的数目。
—应该开始但没有开始的任务的数目。
—自由浮动时间的长度和已用或未用的浮动时间。

- 生产率：

—每小时人力投入生产的工作单位。
—从标准项目过程中节省的人力投入小时数。
—通过使用以前的可交付成果、模型等节省的人力投入小时数。
—实施的过程改进意见的数目。
—过程改进节省的时间/金钱的数额。

- 可交付成果的质量：

—经历质量审查的可交付成果的百分比。
—第一次验收就通过的可交付成果审查的百分比。
—初次验收后发现的缺陷数目。
—要求修改范围的客户变更请求的数目。
—对之前完成的可交付成果进行返工的小时数。

- 项目质量：

—识别和应用在项目上的最佳做法的数目。
—成功减轻风险的数目。
—在批准的进度计划内按时完成的项目。
—在批准的预算内完成的项目。
—结果可以追溯到需求的可交付成果。
—合格的测试结果。
—清晰不模糊的验收标准。

还有许多其他的测量指标，这些只是一部分。记住：不要只是因为你能测量，就去测量。测量那些能够提供有意义的信息来帮助你达到项目目标。

4. 监督关键工作产品

关键工作产品指那些如果达不到质量预期就可能导致项目遭到重挫或失败的工作产品。为了确保可交付成果达到验收标准，项目团队必须保证这些关键产品包含必需的质量参数。表 4.7 为每一关键工作产品的填写一节。表 4.7 的第一节解释了每个细目应该包含什么。

表 4.7 关键工作产品

节　号	本节事项	描　述
1	工作产品	提供关键工作产品的名称（或者，也可能是作为一个整体对待的一组工作产品）
	原理说明	根据验收标准，解释为什么这个工作产品被认为是关键的
	质量特征	描述用来评估其质量的工作产品的特征
	质量标准	定义质量特征的目标值
	质量要素	描述诸如技能、标准和工具这样的因素。这也可以包括有利于达到整套质量标准的方法和程序
2	工作产品	
	原理说明	
	质量特征	
	质量标准	
	质量要素	
3	工作产品	
	原理说明	
	质量特征	
	质量标准	
	质量要素	

5. 质量控制

项目管理中的质量控制要求项目经理在预先决定的间隔使用适当的工具以达到项目目标。这些工具包括：

- 成本/效益分析。
- 控制图。
- 基准评价。
- 实验设计。
- 统计抽样。
- 流程图。
- 因果图。
- 直方图。
- 帕累托图。
- 趋势图。
- 散点图。
- 检查。

（1）成本/效益分析

当决定使用哪种过程来测量或控制质量时，做成本/效益分析是很关键的。虽然你肯定想减少返工以提高生产率或者改进生产，但行动的成本不应该超过你将得到的效益。应该包括在成本/效益分析中的事项有战略收益（为什么这对于业务或项目是好的）和经营收益、用货币时间价值计算的真正成本，以及财务分析。

（2）控制图

一张典型的控制图是一个质量特征的图形反映，这个质量特征测量出来的，或者由样本计算出来的，又或者一个过程随着时间的推移的结果。如果有重复进行的过程，就会出现轻微的偏差。问题是，那些偏差还能让过程达到想要的结果吗？

质量控制图中间有一条线，在评估多个过程或多个产品时代表平均数或者均值。管理层用控制上限（UCL）和控制下限（LCL）来确定一个超出客户期望的控制界限。控制界限是在收集到足够样本量的数据后计算出来的，以使得如果程序是受控的，几乎所有样本点都会落在控制界限的上下限之间。只要数据点在控制界限以内，就可以认为过程是受控的，无须采取什么行动。

客户期望驱动着控制图的上下规格。技术下限（LSL）是一个过程或产品在客户认为可以接受的绩效界限中的最低点。相反，技术上限（USL）是客户设置的可接受绩效界限之内的最高点。如果你的数据保持在控制界限之内，那么大多时候你都能满足客户的期望。不过，一个落在控制界限外的点被认为这个过程失去控制的证据，并且如果点阵过于靠近技术界限，你可能达不到客户的期望。需要采取调查和纠正行动，找出并消除导致这个结果的异常非机遇原因或特殊的原因。控制点之间用直线连接以便形象地展示。

不过，也有可能技术界限的上下限落在控制上下限之内，在这种情况下，你正在使用的过程不能满足客户的期望。

例如，作为项目经理，你的工作的一部分是确保你的团队知道他们参加你的会议只有 5 分钟的宽限时间。虽然你准时开始会议，但一些人总是迟到几分钟。会议通常持续 30～45 分钟。John 是项目中的一个关键人物，他参加你的会议经常迟到，因此你决定用一张控制图来记录 John 的“准时”的状态（见图 4.3）。

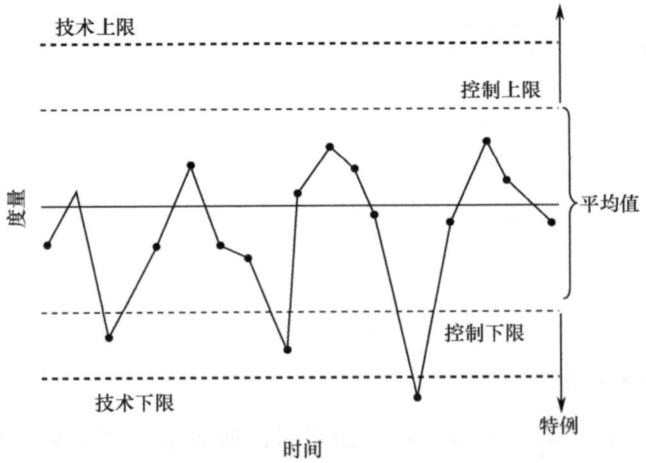

图 4.3　控制图

你收集了 17 天的数据，John 每个星期三都迟到。事实上，第三周他太迟了以至于错过了整个会议。你把 John 叫进你的办公室跟他讨论这事。他说他不是故意迟到的，但是每星期三他得送女儿到日间托儿所，而他们不允许父母早点把孩子带来。他根本就没法准时。

你注意到他在其他时候都在可接受的指标内（控制界限的上下限）。你们讨论了可能的解决办法。John 同意让他信任的邻居带他女儿去日间托儿所。（邻居主动提起很多次了，但他不想麻烦她。）你和他探讨过这个特殊或可归咎原因后，他改变了他的过程。

客户会拒绝任何不在他们设定的技术界限内的东西。在此例中，你设置了控制界限以确保满足规格界限。无论何时你看到更多的数据点倾向于超出控制界限，你要意识到这个过程失控了，需要补救以维持在规格界限内。当补救一个过程时，你也需要意识到这是质量一致性成本。

即使所有的点都落在控制界限之内，如果它们的分布方式是系统性的或者非随机的，那么这都是过程失去控制的迹象。比如，如果数据点“在界限内”但出现在平均线以下并且向下朝向控制界限下限，你会想到要检查一下过程，因为你的过程很快就要失控了。

（3）基准对照

基准对照就是把你的结果或者计划好的项目实践与其他项目（内部或者外部的）进行对比以决定测量绩效的标准。把自己公司内的和相同行业内的其他机构作为基准是很有用的，不过把别的行业作为基准也可以学到很多。

这些是基准对照过程的典型的五个步骤：

1）定义你想以什么作为基准并且详细定义其内容。

2）设计用来收集数据的数据结构。

3）收集数据。

4）核对和分析数据以得出结论。

5）展示成果。

（4）实验设计

实验设计（Design of Experiments，DOE）是在质量计划过程中使用的一种技术，它与工程师及统计学家 Genichi Taguchi 有关。DOE 的基本前提是质量应该通过规格的偏差来测量，而不是通过与预先设定的容忍限度的一致性，以及质量无法通过检验和返工来得到保证，而是必须通过对过程和产品的恰当的设计来从内部建设。

DOE 试图用最少的实验来取得统计学上可信的、可以从过程中得出有效结论的结果。比如，作为一个生产商，你正在生产的汽车型号用的是中级轮胎，你不会购买高端的悬架来配它。那就是在不会提高驾驶体验的部件上花钱。从功能性来讲，你不会意识到花费的钱比需要更多也是一种形式的“镀金”。

与 Taguchi 的 DOE 有关的五个步骤：

1）设计实验。

2）进行模拟并测试。

3）确认和评估结果。

4）进行多目标优化。

5）确认优化结果。

（5）统计抽样

记得“统计学就像泳衣；它们露出来的很有趣，但它们遮住的才是重要的”吗？虽然这句话的作者不知道是谁，它却是一语中的。你要测量重要的东西。统计学是一个能够帮助你把现有的数据变得有意义的工具。虽然测量生产商所有产品中的最终产品能够作为一个关键质量特征满足客户的技术规格，但你可以只选择测量最终产品的一部分来确认你达到了标准。测量一些，而不是全部，能帮助极大地降低符合质量的成本，只要你选择的样本量能够有效地代表整体。当你选择做样品测试时，有可能拒绝了好的一批而拿了坏的一批。

我们来看看一些常用的统计术语：

- 属性是产品的一个特征。
- 属性抽样的结果不是合格就是不合格。
- 属性数据有时也称为离散数据。
- 变量抽样的结果放在一个层次测量以测量符合度。数据是无限可数的，比如时间或金钱。
- 样本量是样本的数量，用 n 来指代。
- 抽样计划描述抽样将会怎样进行。

统计术语用以下参数来描述数字：

- 均数是一组数的总和除以数的个数（也叫平均数）。
- 中位数是当数目按大小排列成增序或者减序时位于其上面的数和位于其下面的数一样多的数（它是中间那个数字）。当数目的总个数是偶数时，则中位数为中间的两个数的算术平均值。
- 众数是一组数中出现得最多的那个数字。
- 极差是最大的数和最小的数之间的差。

（6）流程图

流程图用图形展示一个过程中的步骤以及一路上做出的是或者不是的决定。常用的两种流程图是过程流程图和系统流程图。

图 4.4 是一张过程流程图示例，图形展示了一个过程或系统内的不同因素是怎样相互关联的

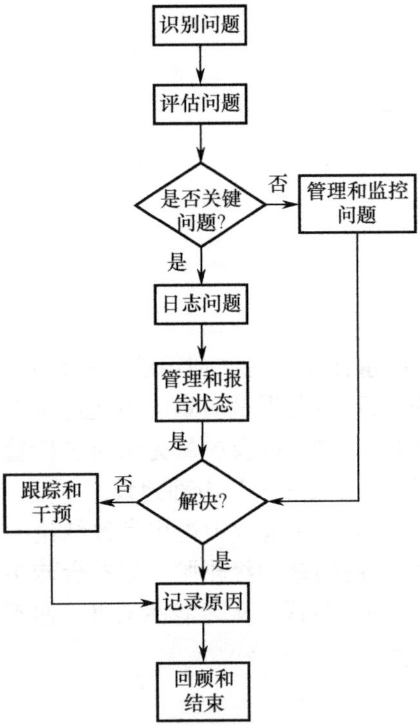

图 4.4　流程图示例

（在此例中是指如何管理一个问题）。随着一个过程的推进，理解任何特定过程中出现的任务或者决定，能够帮助项目团队预测什么质量问题可能出现以及可能在哪里出现，这将帮助团队开发处理问题的方法。

画流程图用到的步骤如下。

1）讨论流程图的使用目的。

2）决定想要的图形效果：宏观层面的图（高级步骤）或者微观层面的图（非常具体的步骤）。

3）定义过程的界限，清楚地设立第一步和最后一步。

4）按顺序记录每一步。

5）决定输入、输出和相关步骤。

6）使用合适的图形符号。

7）准确连贯地画图。

8）在每个决策点，跟随一个分支直到完成。

9）如果遇到不熟悉的部分，做个记号继续前进。

10）重复步骤 4）、5）、6），直到过程完全画出，保证完成所有决策分支。

11）校对完成的图查找可能的漏洞。

12）决定怎样填写不熟悉的部分并核对图的准确性。

13）图画得准确完整后，分析它的合理性。

（7）因果图

石川馨在川崎的船坞工作，他探索使用了一个绩效测量工具，这个工具可以探索一个已确定的问题的原因和结果，并得出单一的结论。原因按照重要程度或者代表事件关系和层次结构的细节来排列。许多人把这个工具叫作石川图，或者鱼骨图（因为它看起来像鱼的骨架）。图 4.5 是一个鱼骨图示例。

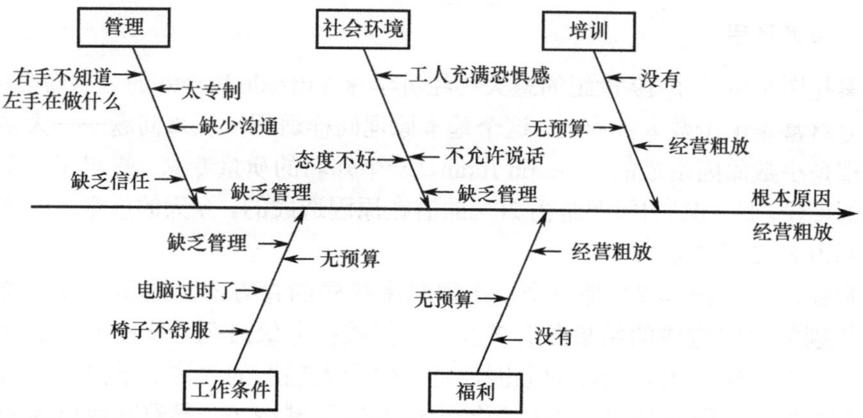

图 4.5　鱼骨图示例

这个过程有四个步骤：

1）识别问题和问题中涉及的各个因素。

2）在一根中线两边画各个因素，使得每个因素都有它自己的“骨”。

3）用第二步中描述的各个因素识别可能的原因。

4）分析图形并问“为什么”直到你找到问题的根本原因。

（8）直方图

直方图用于确定某个时点的过程能力。直方图是展示某个事物出现的频率的一种柱状图。它看起来像一个柱状图，但是柱与柱之间没有空隙。没有了柱与柱之间的空隙，你可以看到各个值之间是怎样相互联系的。

假设一家比萨饼公司想做到每次都在 30 分钟之内送比萨饼。你必须做的第一件事是收集过程的各部分的数据，比如接订单，做比萨饼和送比萨饼。图 4.6 是一张直方图示例，显示目前的过程无法在 30 分钟内送比萨饼（平均时间是 37.06 分钟。）

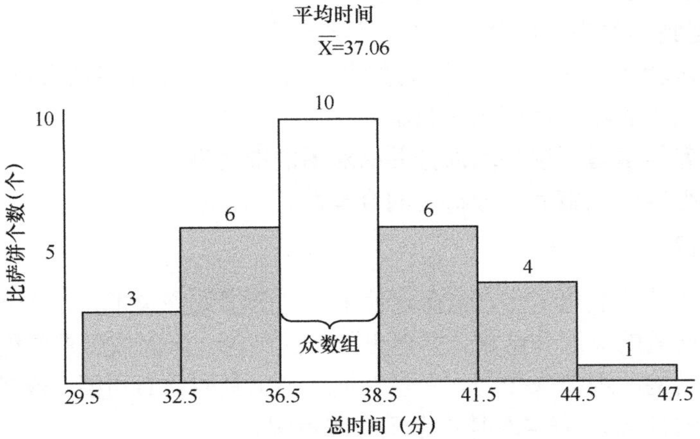

图 4.6　直方图示例

（9）帕累托图

帕累托图是以一个 19 世纪的意大利经济学家 Vilfredo Pareto 的名字命名的，他假定大部分财富是由少数人拥有的。这个基本原理同样适用于质量问题——大多数的质量问题都是少数原因造成的。Joseph Juran，一个知名的质量专家，提出了一个对帕累托原理的推论，即 80%的问题是由 20%的潜在原因造成的。今天的质量专家通常将这个原理称为 80/20 法则。

帕累托图（见图 4.7）是一个以出现频率排序的直方图，显示由各种类型或类别的已识别的原因造成的结果各有多少。它把数据分级排列，从出现最多到出现最少，指示如果解决了出现最多的原因，将产生最大幅度的改进。下图中前后两幅图其实是相同的，不同之处只在于最频繁出现的原因减少了，导致其他原因的比例升高了。

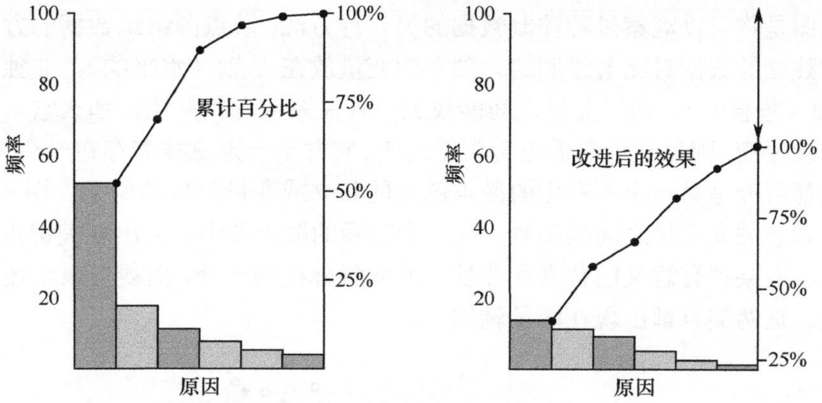

图 4.7　帕累托图

当在组织内寻找改善经营或过程的项目机会时，帕累托图可以作为决定首先解决什么问题的有用的工具。虽然帕累托图会指出未能达到生产能力的最大原因，但要考虑的另一个因素是改正错误的成本。虽然帕累托图能总结所有类型的数据，但最主要的还是用来识别和评估不合格之处。

（10）趋势图

趋势图是一个过程在一段时间内的连续记录。*X* 轴测量时间或者顺序，*Y* 轴是你感兴趣的事项。它看起来很像一幅没有控制界限的控制图；取而代之的是它有一条与数据进行对比的目标线。虚线是该目标线，感兴趣的事项可以是对你有意义的任何事物，在此例中它是百分比。图 4.8 是一张趋势图示例。

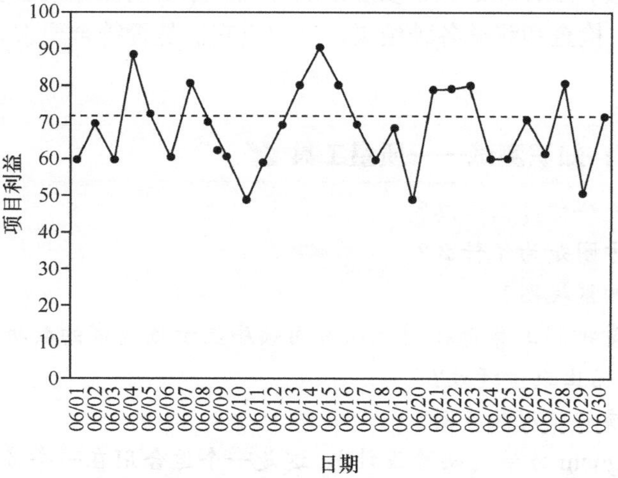

图 4.8　趋势图示例

（11）散点图

散点图是你可以观察过程控制数据的另一种方法。散点图组织数据的方式是把独立的和非独立的数据对比着绘制的。独立的变量放在 X 轴（水平的），非独立的变量放在 Y 轴（垂直的）。如果变量之间能找到一种关系或者相关性，那么它可以预测如果一个变量改变，则另一个变量也会跟着改变。它并不一定意味着存在一个因果关系。两个参数都可能是另一个不在你的散点图上的独立或变量数据的结果。图 4.9 展示了独立变量和非独立变量之间的关系。在一个实际的散点图中，会出现关键点，圆点表示有两组具有某种有意义的独立和非独立的变量标在同一处，而菱形表示还有另一组标在此处。这两类点都出现在两条轴线上。

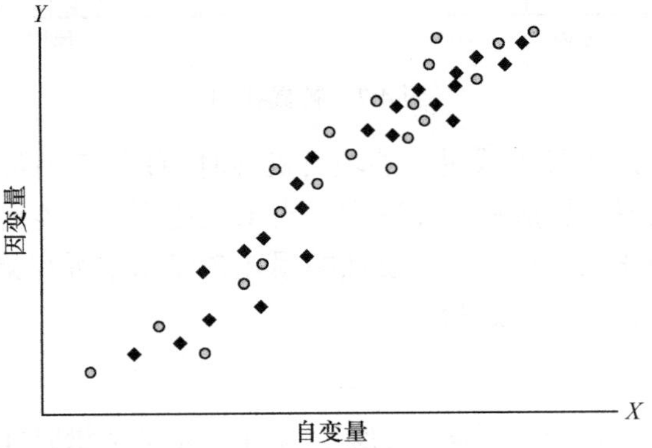

图 4.9　散点图

（12）检查

检查包括审查、审计和走查，以及别的方法。你要确保你或者团队领导者，或者技术专家，测量、检查和测试各种结果，以知道它们是否符合要求。应该定期和不定期地做这些检查。

亲手实践 4.7：知识测试——质量工具

1. 鱼骨图能给你什么信息？
2. 使用直方图是为了什么？
3. 什么是帕累托图？
4. 什么质量控制工具是在图上以时间顺序显示被观察的数据，来检查生产或其他商业过程的输出或者绩效？
5. 什么时候应该用散点图？
6. 描述 Taguchi 方法（实验设计）。这是一个适合用在一个多变的社会中的工具吗？为什么是或者不是？

亲手实践 4.8：知识测试——解决问题和测量指标

1. 关于本任务开头的场景，你应该用什么质量工具来确定问题？为什么？
2. 在下列每个类别中，列出可以在一个项目中使用的两个测量指标：

1）成本。

2）进度。

3）生产率。

4）可交付成果的质量。

5）项目的质量。

任务 4.4：管理风险事件

你在第二阶段识别了风险。在这个任务中，以前识别的风险可能浮现，新的风险也可能出现。幸运的是，你有一个风险管理计划，并且知道当其他风险出现时你要做什么。

场景

你这次有几只球抛在空中，你的担心之一是苹果和梨子项目以外的一个项目是否会影响 11 月 1 日的盛大开幕式。你跟通信经理 Diana Featherston 和合同经理 Bud Bergstrom 一起讨论形势。

Featherston 女士指出数据指导者电话公司（Data Mentors Phone Company，DMPC）刚刚赢得了为 Cimarron 工业公司安装一套新的通信系统的生意。Cimarron 决定向它的所有机构提供一套新的通信系统并把它们连接起来。

Cimarron 目前使用的系统已经用了 10 年了，这套系统为用户们服务得很好。然而，它无法提供一家上进的公司所需的新的服务。新的系统必须拥有一些新的功能，比如 5 级数据线、声音、LAN 连接和无线电话。

根据合同，Cimarron 的新的通信系统预计于 10 月 15 日转换。合同对耽搁的日期，特别是接入日期，规定得很清楚。Cimarron 希望新的系统在 10 月 31 日前到位并准备好可以使用，也就是接入两周以后，以便用户们能够及时熟悉新的系统以赶上苹果和梨子项目的完工。

如果不能按时接入，DMPC 就得支付每天 1 000 美元的违约赔偿金。DMPC 的资深项目经理 Brendon Edwards 刚刚与 Olivia Ross 和 Jim Stevens 开完会回来。Edwards 解释说，安装新系统的时间非常紧（也就是说，进度中用来抵消意料之外的延迟的浮动时间非常少）。别人建议 Edwards 安排一个会议，跟苹果和梨子项目的项目经理 Carrie MacIntyre、通信经理 Featherston 女士，以及合同经理 Bud Bergstrom 讨论一些细节问题。

这次会议是一次典型的初次会议。如果 10 月 15 日的接入日期有可能错过的话，Edwards 想确保在接入日期与“实行”日期之间能有两周的时间窗口。Featherston 女士回答：“那么大家都清楚了，合同规定了 10 月 15 日的接入日期。我们希望在那之前系统能够完美地运行。我们需要你给我们一份实施计划和一份关于之后几周内系统转换的风险分析。我必须重申这个新系统的接入不能危及 10 月 15 日的期限。”Bergstrom 随后离开了会议以让 Featherston 女士、MacIntyre 女士和 Edwards 继续讨论。

Edwards 非常清楚所有的限制条件，因为该项目包含每天 1 000 美元的罚金：“好的，Carrie，我的看法是，为了赶上转换日期，有些东西 Cimarron 得提供给我们。我们的合同中写明你们要在 6 月 1 日前给我们提供一个机房以便我们开始安装这个系统。这个日期对我们很关键；如果你们不能按时提供，就可能危及接入日期。”

Featherston 女士想了想说：“你说得对，Brendon，但你要记住，我们在 10 月 15 日这个日期上没有多少余地。人人都在为 10 月 15 日的期限准备着。”

这个合同有它不好的地方。似乎 Cimarron 需要满足的日期只是在 6 月 1 日前准备好机房。他们错过的其他任何事情都不能讨价还价而只能接受。然而，如果 DMPC 错过了他们的日期，就将面临高额罚金。

5 月 23 日，Edwards 开始对 Cimarron 的承包商完成机房的承诺变得灰心丧气。为了讨论这个问题专门开了一次会。

“Diana，你的承包商甚至还没开始给你工作。我一直在给你发信息，强调你们按照承诺和合同完成机房的重要性。因为这个情况你已经使项目置于险地。我需要你帮忙让你的承包商遵守合同。”Edwards 说。

“我把信息转给 Carrie 了，她说承包商在申请移动屋顶的蒸汽管的许可时遇到了困难。显然新房间的四周顶部必须铺设一些水管。市政厅拖了他的后腿。在移动那些管道前必须取得市政厅的许可。这是某个特殊的市政条例，之前没人知道，甚至连承包商也不知道。我们应该过几天就能拿到许可了，不过你也知道市政厅在这些事情上有多慢的。我知道你理解的。”Featherston 女士说。

“也许你可以开始放置你的设备，截断新框架的电缆，等等。承包商说他可以提供临时性的电力和照明并封好地板，不过在你的人安装设备的时候，他还得在机房的房顶和你们周围工作。其他东西，比如空调和供给你的系统的正常电力，在你开始工作时还不会有。你能解决这个问题，仍然赶上 10 月 15 日的接入日期吗？”Edwards 现在开始担心能否赶上 10 月 15 日的接入日期了。

任务范围

持续时间

持续时间是整个项目周期。

设置

无。

注意事项

无。

步骤

在此任务中你将学习怎样管理风险事件。

细节

管理风险是你在整个项目周期做的一件事。每次状态会议都得讨论这个议题。风险不期而至，你在项目开始时不可能预测到什么风险会出现。你花越多时间试图期待和计划风险，当意料之外的风险出现时你就会准备得越好。你需要在风险刚一出现时就处理它们，当然，是在你的团队的帮助下。

1．记录新识别的风险事件

你必须做的第一件事就是在第二阶段里你做的风险事件表（见表 2.19）上记录该风险事件。记录了风险事件之后，你会把它放进你的也是第二阶段里的风险登记册中（见表 2.21）并且按风险的类型适当地监视它。比如，可能危及项目目标的风险应当被密切监视。

2．预防和纠正措施

在项目的规划阶段你不可能识别所有可能出现的风险事件。风险会在所有阶段出现，并且必须被控制。当你管理一个之前没有识别的风险事件时，你可以想想这个风险本来是可以避免的。预防措施应该作为经验教训的一部分记录下来。

纠正措施就是在识别情况后进行改正并且把这个风险和你做了什么更新到风险登记册中，以防止它再次发生。

亲手实践 4.9：知识测试——管理风险

就本任务开头的场景，回答以下问题：

1. 描述风险事件。
2. 你会建议 Edwards 考虑什么样的纠正措施？
3. DMPC 怎样在 Cimarron 和建议的缓和策略之间保持平衡？
4. 此任务中造成这些情况的因素是什么？
5. 这些风险事件中的哪些本来可以提前识别？
6. 如果这些风险事件被识别了，Edwards 本来可以采取什么类型的预防行动去克服它们？

任务 4.5：管理采购

合同管理是保证公司和项目从供应商那里取得合同规定的产品和服务的过程，也是卖方确保他们按谈判好的条款得到付款的过程。换句话说，双方都有责任监督合同工作的结果是否符合合同条款。

在买方这一方，这意味着项目经理与合同经理一起监督承包商绩效，并确保所有变更按照项目计划中具体规定的并已经写进合同的、变更控制过程的要求来处理。

偏离合同要求的履约行为要处理，对于不履约的情况在必要时会采取行政和法律两方面的恰当补救。

场景

作为 Cimarron 的项目经理，你被指派了一位合同管理员 Riley Avalon。Avalon 曾经接受过法律助理的训练，将在苹果和梨子项目上帮助你。Avalon 曾处理过很多合同，并将在采购方面代表你的团队。

任务范围

持续时间

此任务始于第三阶段“执行过程”，结束于第四阶段末尾。

设置

无。

注意事项

无。

步骤

在此任务中你将学习：

- 合同管理员的职责。
- 索赔管理。
- 采购绩效审查。
- 检查和审计。
- 承包商绩效报告。
- 记录管理系统。

细节

合同的知识和管理权限通常属于合同管理员。大多数机构在其法务部门或者采购部门有合同管理员。如果你是这种情况，那你真幸运。合同管理员将为你卸下亲自管理合同的重担。他们通常接受过管理合同的所有方面的训练，对你的项目团队来讲至关重要。

1. 合同管理员的职责

正如你很快会看到的，你的合同管理员会成为你最好的朋友。合同管理员有许多职责，并在需要的时候与项目经理合作以完成这些职责。他们还必须了解与合同相关的法律方面的知识。我们来探讨一下一个合同管理员的职责。

（1）合同变更控制

变更在项目中是不可避免的，不管变更是否与合同条款有关。本过程将定义可能受到合同变更影响的条款类型，并使用第二阶段讲过的变更控制程序。表4.8描述了可能出现在一个合同中的变更类型。

表4.8 合同变更类型

变更类型	描　述
行政变更	不影响项目工作的变更，比如变更邮寄地址或者电话号码
变更通知	遵照变更管理过程，由合同签约者签名的书面命令，以便卖方能够做一个变更
不完整合同行为	最终合同还未完成前就开始了的工作，由于合同需要花更长时间而根据意向书开始的工作
补充协议	买方和卖方都同意的对合同的修改
建设性变更（也称为指导性变更）	可能包括以下的合同变更： ● 买方不正确的指示导致不可接受的产品或服务 ● 不可能达到的规格 ● 对合同不正确的理解 ● 过度检查 ● 对改变卖方工作的知识，买方未能披露 ● 提高绩效 ● 业主或客户提供的财产延迟或不合适 ● 对权属数据的不正确使用

（2）规格的阐释

项目的规格写入合同文件中，并由以下这些因素的书面要求组成：

- 物资。
- 设备。
- 各个系统。
- 标准。
- 工艺。
- 相关服务的绩效。

项目经理、技术顾问和/或知道已定规格的合同管理员应该监督项目以确保达到规格。

（3）分包商管理

理解业主，主承包商和分包商之间的关系是很重要的。主承包商与供应商有双向关系，与项目业主有垂直双向关系，与分包商有向下的双向关系。

比如，项目业主向主承包商的分包商提出工作要求是不恰当的。分包商的合同是与主承包商而不是业主签订的。

正式的书面的分包协议通常都是在主承包商获得主合同后才签订的。

（4）生产调查

生产调查通常通过绩效报告来完成，并通常包括合同或者法律、规则、条例等要求的测试和检查的结果。

（5）支付系统

承包商和买方同意的支付方式有两种。第一种是进度付款，指达到特定进度参数时付款。第二种是完工付款，指在所有合同条款，包括最后一分钟剩余工作清单条款得到满足之前，不支付特定金额给承包商。剩余工作清单条款指承包商宣布完成其工作后发现的未完成的或不满意的工作。直到所有剩余工作清单条款都完成得令客户满意了，才进行最后付款。进度计划应该在合同中定义好，不管同意了什么都会成为合同语言的一部分。

你被委以在完工条款上签字的重任，那样你的应付账款部才能相信工作已经按照合同完成。

2．索赔管理

如果买方和卖方在付款或其他问题上意见不一，就可能有针对合同的索赔。我们来看看可以包括在合同中的、从法律角度最大幅度减少索赔的条款。

（1）担保

为了避免法律索赔，合同可能包括担保和保证金。担保中涉及的各方包括：

- 项目业主，称为被担保人。
- 承包商，称为委托人。
- 担保公司，称为担保人。

业主必须支付担保金。以一个工程合同为例，可能用到的担保有三种：

- **投标担保**　如果出低价的投标人未能履行其出价，这种担保将补偿业主因此而遭遇的额外成本。按惯例，公共项目的业主都会要求投标者随标书缴纳投标担保。缴纳投标担保的方式包括现金、保付支票或者不可撤销的信用证。

- **绩效担保**　这种担保是第三方，通常是公司担保人，向业主担保项目承包商的绩效的法律工具。
- **付款担保**　这种担保为未付款的分包商和供应商提供保障。目的是避免扣押业主财产。

（2）担保和产品责任

适用于业主和卖方的保证金如下：

- **业主的默示担保**　这种担保是指项目业主对总承包商做出默示担保，承诺所有关于该项目的文件，比如用户指南、工程许可，诸如此类，都是准确的、完整的和合法的。如果文件不是准确的、完整的和合法的，承包商有权要求赔偿损失。
- **承包商的担保**　有三种承包商担保

—除非另外允许，材料/设备是优质的和新的。

—除许可的质量固有的缺陷外，工作将是没有缺陷的。

—工作将符合合同文件的要求。

（3）弃权

弃权是拒绝接受一个合法权益。在实践中，每个人都在适当的时间利用他们的权利，忽略权利的利用则被认为是弃权。在合同中，如果在知道了另一方涉嫌欺诈、意外或错误之后一方仍然部分地履行协议，他就会被认为是放弃反对欺诈、意外或类似行为的权利。

（4）争议的解决

有几种补救方法来解决争议。

- **争议审查委员会**　合同签订后将很快召集由三个专家组成的委员会。委员会举行定期会议，其报酬由业主和承包商平分。委员会提出建议，这些建议可能被接受也可能被拒绝。
- **调解**　调解通常根据合同进行，通过客观的第三方帮助找到一个友好的解决方法。
- **有约束力的仲裁**　有约束力的仲裁通常根据合同设立，可能有一个或三个仲裁员。法庭会强迫实施他们的决定，所以它是有约束力的。
- **诉讼**　这种补救方法动用法庭的法官和陪审团和/或行政委员会（州和联邦机构）。

（5）合同违约

合同违约是指违反了义务、承诺，或者履行一个合同的责任。合同违约有两种：

- **重大违约**　重大违约涉及协议的一个关键方面，比如承包商在一段时间内都没有在工地出现。

- **非重大违约** 非重大违约涉及协议不那么重要的方面，比如承包商没有在一天结束时清理工地。

对合同违约可以采取下列法律行动：

- 原谅违约。
- 撤销合同，未违约方选择撤销合同（也就是说，合同不再有任何法律效力或后果）。
- 因为违约终止合同并提起诉讼索赔（原材料和货物，但不是人工）。

（6）合同终止

任何时候买方都可以便利终止。便利终止的可能理由包括：

- 需求消失了。
- 技术陈旧迫使项目关闭或追求新的技术。
- 预算无法再支持该项目。

如果合同被便利终止，卖方得到其完成的并被买方接受的所有工作的付款，包括准备阶段所花的时间和金钱。

当一个合同是因为违约终止，也就是卖方没有如合同写明的完成合同工作时，承包商可能无权得到在建但未通过客户验收的工作的付款。买方，依情况而定，可能有权要求退还其迄今为止付给不合格的工作的款项。

亲手实践 4.10：知识测试——合同变更

列出与下列描述有关的变更类型。

1. 可能包括以下因素的对合同的变更：

- 导致不可接受的产品或服务的买方不正确的指示。
- 不可能达到的规格。
- 对合同的不正确的理解。
- 过度检查。
- 买方未能披露改变卖方工作的知识。
- 提高绩效。
- 业主或客户提供财产延迟或不合适。
- 对权属资料的不正当使用。

2. 遵照变更管理过程，由合同签约人签名的书面命令，以便卖方能够做一个变更。

3. 最终合同还未完成前就开始了的工作。

4. 不影响项目工作的变更，比如变更邮寄地址或者电话号码。

5. 买方和卖方都同意的对合同的修改。

亲手实践 4.11：知识测试——合同的法律问题

1. 合同的重大违约和非重大违约之间的区别是什么？
2. 描述便利终止合同。
3. 调解和有约束力的仲裁之间的区别是什么？
4. 在什么条件下你可以违约终止合同？
5. 列出卖方可以提供的三种担保。
6. 什么是担保？

3. 采购绩效审查

采购绩效审查的实质是确保所有采购物品都遵循采购计划。审查的目的是决定承包商是否遵守合同工作声明，如果没有的话，根据《项目管理知识体系指南》[《PMBOK®指南》(第 4 版)]，“承包商允许买方量化卖方表现出来的实施工作的能力或者无能力”。

物品可能被认定为不合格，成为剩余工作清单的一部分，剩余工作清单是指所有需要在最终付款前完成改正工作的清单。

为了协助审查有关承包商的进展（如合同所述），合同管理员或你（如果你没有合同管理员的话）应该问这些问题：

- 谁将审查卖方的文件？
- 工作是否在范围内完成？
- 已完成的工作是否符合指定的质量参数？
- 需要进行质量审计吗？
- 项目是否在预算内，进度是否按时？
- 需要买方检查吗？

你可以利用跟承包商的状态会议收集一些这类信息。

注意：把承包商和你的内部团队成员放在同一次状态会议并不总是明智的。许多在这些会议上讨论的事情并不需要承包商知道。

4. 检查和审计

如果它们是包括在合同中的话，买方可以要求检查和审计并得到卖方的支持。如果它们没有包括在合同中，它们可能被误会为是对工作的过度检查。这些检查可由买方采购人员或者合同指明的其他人来执行。

5. 承包商绩效报告

在这个阶段你报告承包商的绩效以确定承包商是否在根据合同满足项目的需要。你想识别整个业主—承包商关系的优点和缺点。表 4.9 是一张对承包商、供方，或者供应商的项目中期绩效审查表。如果供方得到 C 或以下的分数，那接下来要改正。你不想接受“平均”或者以下的工作。你想要工作做得好或者非常好。

表 4.9 承包商绩效报告

	以 A 至 E 或无回答以下问题	A	B	C	D	E	无
1	供方/承包商有没有及时通知你项目的状态？						
2	对于无法满足的要求，供方/承包商有无提出其他建议？						
3	供方/承包商有没有对客户发起的范围变更提供时间、成本或者绩效的影响分析？						
4	供方/承包商有没有保持强大的领导力和对项目的控制？						
5	供方/承包商有无保持积极的和支持的态度并树立灵活性的榜样？						
6	供方/承包商有没有确保及时监督和跟进项目目标和里程碑？						
7	供方/承包商有没有使用有效的升级程序？						
8	供方/承包商有没有及时提供适当的文件给你？						
9	供方/承包商有没有保护权属信息？						
10	供方/承包商有没有展现一个有能力的和专业的形象？						
11	供方/承包商有没有表现出很强的沟通技巧？						
12	供方/承包商有没有展示出对于此项目中管理的产品和服务的可接受的技术知识？						

6. 记录管理系统

所有的记录都是项目经理的职责，项目经理必须用公司政策、标准和指南来管理采购记录。一个记录管理系统是你的项目管理信息系统的一部分，它可以检索所有合同和相关的往来信函和文件。

任务 4.6：在问题日志上评估纠正措施

问题和措施事项管理的目标是当项目团队承担重大商业和技术举措时快速地解决出现的关键问题。关键问题是管理层肯定会注意的障碍，因为它们：

- 可能阻止项目达到预计的里程碑。
- 超出某个特定的项目团队的控制范围。
- 对项目的成功带来重大的风险。
- 要求管理升级或者干预。

➤ 场景

目前为止你的会议很有成效，项目的成本、预算和范围都在正轨。不过，你到现在还没有收到本应完工的质量问题的收尾文件。

➤任务范围

⮞持续时间⮜

此任务贯穿整个项目周期。

⮞设置⮜

无。

⮞注意事项⮜

无。

➤步骤

在此任务中你将学习怎样：

- 监督行动事项。
- 实施升级。

⮞细节⮜

问题管理过程包括识别关键问题、跟踪进展、促进收尾和记录解决方案供未来参考。处理问题时要记住的要点：

- 任命一位有责任心的人去处理问题（可能是你）。
- 确保定期跟踪。

1．监督措施事项

很多时候项目经理在任命一个人去处理问题之后才给一个解决问题的期限。如果你直到以为它已经解决才去跟踪，这可能是个问题。有时如果问题是关键的，你要跟适当的人一天甚至一小时开一次会直到它解决。

一些问题可能危及项目使其不能达到预计的里程碑，对问题的管理提供了一种监督和解决那些问题的方法。管理问题的可靠程序对于预防、控制和解决项目风险是很关键的，并不只是对单个项目，也是对互相影响的几个项目而言。项目团队成员是立即还是在状态报告上向项目经理报告事件，取决于事件的关键性。然后项目经理要记录问题和行动事项（见表 4.10）。

表 4.10　问题和措施日志

问题和措施日志								
项　　目						项目经理		
身份	相关方	问题	业主	谁需要解决办法	状态	措施	状态报告日期	来源
1								
2								

续表

问题和措施日志								
项　　目						项目经理		
身份	相关方	问题	业主	谁需要解决办法	状态	措施	状态报告日期	来源
3								
4								
5								
6								
7								
8								

2. 实施升级

没人喜欢越过某人的脑袋去升级一个问题，但有时必须这样做。升级对一些项目经理来说是不舒服的。使其不那么难受的办法是跟你的项目团队提前建立一个升级过程。

大多数升级不是因为人们没有干活而造成的。工作没有完成是因为其他因素，比如，①老板把那些工人叫走去干别的活了；②指派给你的某人没有足够的技能；③工作没有及时得到批准。

我们之前讨论过如果你提前设立了正确的期望，你可以减少一些这种挑战。比如，假设你作为项目经理，与一个职能经理讨论如何应对挑战、难题或问题。你和职能经理同意，职能经理会处理任何在他们专业领域出现的挑战，职能经理把问题向你提出的唯一原因是他们无法自己升级该事件和/或没法对你实现完成工作的承诺。这可以防止项目经理涉足职能经理的工作。

表 4.11 是一个升级矩阵的例子，当你执行项目时可能有用。每个人都就可能需要升级的情况类型提前接受头脑风暴。

任务 4.7：沟通项目状态

项目绩效报告在项目中是很重要的，它确保相关方保持对项目的参与和投入。正面的报告使发起人产生项目会成功的信心。负面的报告，附上一份迅速的恢复计划，也能够向发起人保证项目经理和团队成员有能力掌控项目。

➤ 场景

在规划阶段你与发起人沟通确定他们希望怎样接收信息。你对你的团队也要这样做。现在是时候上交他们要求的有关项目状态的信息了。

表 4.11 升级矩阵

升级矩阵										
升级类型	第一次升级		第二次升级		第三次升级		第四次升级		第五次升级	
营业方面	职能经理		项目经理		发起人		客户		高级管理层	
进度	1/4 小时	2 小时	1/4 小时	2 小时	1/4 小时	2 小时	1/4 小时	2 小时	1/4 小时	2 小时
取得指示										
客户信息										
服务信息										
取得材料										
绩效问题										
服务取消										
后勤方面	职能经理		项目经理		发起人		客户		高级管理层	
	1/4 小时	2 小时	1/4 小时	2 小时	1/4 小时	2 小时	1/4 小时	2 小时	1/4 小时	2 小时
产品运送										
产品毁坏										
产品丢失										
订单取消										
订单核实										
技术方面	职能经理		项目经理		发起人		客户		高级管理层	
	1/4 小时	2 小时	1/4 小时	2 小时	1/4 小时	2 小时	1/4 小时	2 小时	1/4 小时	2 小时
错误的信息										
不正确的指示										
技术问题										

注：左边栏反映在试图找别的人之前，花在等待找到某人的时间。

右边栏反映在升至下一级之前没有得到解决方法但又花费了的时间。

➤ 任务范围

持续时间

此任务在项目的剩余阶段继续进行。

设置

无。

注意事项

无。

步骤

此任务包括：

- 报告状态。
- 报告进展。
- 报告预测。

细节

谈到项目状态时，所有相关方需要一致的意见。我们通过写状态报告、进展报告和预测报告来做到这个。报告可以用各种媒体来做，但它们必须是最新的和诚实的。

1．报告状态

状态报告描述自从上一个状态报告之后项目现在在哪一步。它应该包括：

- 总结项目健康状态（红色，项目出轨；黄色，项目在轨但是很快会出轨；绿色，项目在正轨上）。
- 报告期间的成果，包括

—到达的里程碑。

—计划好的但没有到达的里程碑。

—完成的可交付成果。

—计划好的但没有完成的工作包。

—关于问题的总结。

—风险。

—变更。

—问题和措施事项。

- 下个周期计划取得的成果

—要到达的里程碑。

—要完成的可交付成果。

—将会需要的决定。

2．报告进展

进展报告描述项目团队自从项目开始后完成了什么。以下是一个进展报告的要素：

- 工作说明书上标明的可交付成果的进展。
- 对比至今为止的花费和预计的预算。
- 至今为止项目的有效性。
- 当前完成项目的挑战。
- 质量评估。

—产品评估是对可交付成果的质量的评估，这些可交付成果由项目团队根据质量计划中清楚写明的标准生产。这些可能得到测量指标的支持，比如缺陷的数目和不合格之处。

—项目评估是对项目中使用的质量因素的评估。这些可能得到测量指标的支持，比如合格审查的次数、测试结果和程序的变更。

- 风险。

3．报告预测

现在你有了你的状态信息，是时候报告结果了。如果你有在线电子项目管理信息系统，表 4.12 的表格应该由任务经理和项目经理一起完成。这个表格报告根据产品经理提交的数据计算出的挣值。

表 4.12　项目绩效报告

项目绩效报告											
项目					项目经理						
由任务经理完成					由项目经理完成						
					挣值			成本绩效		进度绩效	
日期	活动（WBS#）	完成的百分比	完成的周数	每周的费用	预计工作的预算成本 PV	已完成工作的预算成本 EV	已完成工作的实际成本 AC	成本偏差 CV	成本绩效指数 CPI	进度偏差 SV	进度绩效指数 SVP

4．沟通结果

你会从许多人那里收到信息，而做出发给发起人和高级管理层的绩效报告是你的工作。回想第三阶段，报告通常有关于项目中由于范围、预算、进度和质量造成的偏差的成本数据。现在是时候运用你的沟通计划了。

（1）与你的发起人、团队和执行层人员沟通

一个项目的成功或者失败是与花在跟发起人和团队进行沟通的时间以及沟通的质量直接成比例的。一个项目经理 80%～90%的工作是沟通。必须在正确的时间以正确的方式向正确的人通报，根据他们的沟通需求。

1）与你的发起人沟通。除了友好的聊天，你与你的发起人通常会有三种其他类型的沟通：

- 事故沟通。

- 非正式的沟通。
- 正式的沟通。

第一种是事故沟通，出现在如果有客户投诉或者需要发起人帮助解决一个问题时。根据需要与你的发起人对事件的紧急性或者对你的组织的不利前景进行沟通。

永远不要只是把问题转给发起人。发起人会对你处理这些情况的能力失去信心。那么，必要的是传达对情况的客观评估，包括提出建议处理问题的方法。发起人可能决定亲自处理该情况，可能是因为政治或级别问题，但是你不会被负面地看待。做足功课，并且取得问题双方所有的事实！然后，在与发起人沟通之前，遵循以下步骤：

a．描述全部影响，以及将会如何处理它们。

b．如果有必要的话，咨询你的管理层。

c．确定在通知了发起人之后谁应该收到这些信息。

d．确定由谁去做这次沟通，如果不是你的话。

e．确定在进行沟通时谁应该在场。（关于等级、地位或头衔的政治协议可能是个问题，所以得谨记公司文化。）

f．确定沟通的方法。

g．向发起人做沟通。

h．书面记录跟发起人的沟通，可能只是以一张字条记录沟通的发生，也可能以更详细的形式。

i．确定需要提起的措施和问题。

g．在你的来往信函和决定日志中加一条注释。

如果你收到书面投诉，做下列事项也是重要的：

- 书面回应投诉中的每个因素。
- 知悉该事件并确定其是否正当。
- 开始采取措施分析该情况。

如果该事件需要发起人的支持，在散发书面文件前与你的发起人分享它。否则，仅仅抄送发起人供其参考或者作为警告。

第二种是非正式的沟通。你定期与发起人会面，非正式地讨论项目（比如项目的整体情况、进展、绩效，以及成果等话题）。寻求定期的反馈以确定你的发起人是否高兴。如果发起人不高兴，迅速反应并再次讨论期望。

与发起人保持联络。定期通过发起人选择的无论什么媒体与之沟通。如果你定期沟通，就可以避免“爱插手的发起人”症状。主要的原则是：永远不要让发起人从别人那里得知你早该跟他沟通的事情！

第三种是正式的沟通。这通常是以报告的形式并包括以下内容：

- 总结目前时期的成果和下一个报告时期的里程碑和可交付成果层次的计划成果。

- 总结成本和进度信息。
- 审查变更命令、问题和风险。
- 影响发起人并需要发起人参与或支持的问题或者风险。
- 讨论发起人关心的事项。
- 识别与发起人要求的措施有关的机会和威胁。

删除对于发起人来说太具体的技术问题。发起人不想被琐事烦恼。

2）与项目团队沟通。与发起人沟通有三种方式，与你的项目团队沟通也一样。在事件沟通中，你同样地要评估事件地紧急程度。相应地计划你的沟通：

- 对情况做出客观的评价，既不缩小也不夸大。
- 准备使团队寻找替代方案，确保团队明白事件的全部影响或者与团队一起确定影响。
- 与团队沟通。
- 与团队一起确定最好的行动方案，讨论并立即处理各种担忧或者确定一个进行回应的日期。
- 书面记录沟通和团队的反应。

第二种是非正式的沟通。你将定期（每天、每周、每月、因时制宜）与项目团队见面（面对面或者通过电子方式）来非正式地讨论该项目：

- 话题包括项目的整体状态、进展、绩效，以及成果、人员变动、新技术的概论，诸如此类。
- 会议将是不论级别的，团队成员感到人人都要做出贡献。
- 学习了解什么事项是团队特别感兴趣的。
- 有时候一对一的喝咖啡谈话或者私人电话是接收信息的最好方法。

正式的沟通是第三种沟通。你应该做包括下列内容的预先同意的状态报告：

- 总结目前的成果和下一个报告时期的里程碑和可交付成果层次的计划成果。
- 总结成本、人力投入和进度信息。
- 审查变更、问题和风险。
- 与团队要求的措施有关的机会和威胁。

3）什么是执行层人员真正想知道的。记住，执行层人员留意的是公司的需要，所以你跟他们的沟通应该包括那些对公司重要的事项。当你试图就一个问题向执行层人员寻求帮助，希望他们做点事的时候，确保你有以下问题的答案：

- 为什么做了这个？
- 正在做什么？由谁在做？为什么？
- 究竟是什么问题？
- 问题的严重性和重要性是什么？
- 目前为止采取了什么方法来处理它？

- 这个方法周密完整吗？
- 你有什么解决方法可以建议吗？
- 你有考虑过其他方法吗？
- 下一步是什么？
- 谁去做？
- 时间因素怎么样？
- 你希望我做什么？

（2）沟通计划没有被遵守时该做什么？

如果你的项目团队没有遵照沟通计划，你应该召集团队、发起人和其他有必要的人一起开会讨论这个问题。你可以依据以下七个步骤，不指责别人但提供一个开放的论坛。

1）向每个人道歉，告诉他们这个会议是关于什么的："我很抱歉，关于我们的沟通计划，想必我没有把我的期望跟你们沟通好。结果，有几个事项引起了我的注意，我们需要重新讨论沟通计划，关于我的那些期望，希望今天能取得每个人的同意。"

2）向他们解释不符合沟通计划具体行为，比如没有按时报告状态，从别人那里听到本来应该跟你沟通的事情，诸如此类。

3）描述不遵从计划的影响，比如："因为我没有收到及时的状态，我向我们的发起人报告了不准确的信息，使得我们看起来进度或者预算不正常。因为状态是滞后的，我们的发起人与高级管理层开会时没有准确的信息。这使得我们的发起人没法回答他们的问题。我本来应该联系你们，所以我会为此负责，但你们要主动地向我报告状态，那样我就不必向每个人询问状态，这是我们都同意了的。"

4）要求反馈："我能做些什么别的使我们遵守计划吗？"

5）询问会议参加者："为了使我们能遵守计划，有什么事是你们想以不同的方式做的吗？你们对于我们今天讨论的所有事情有什么问题吗？"

6）要求承诺："我们现在都同意我们将遵守这个计划，包括我们今天讨论的变更，对吗？"

7）感谢他们的参与。

如果该沟通计划对你没有用，你可以考虑修改计划使得它真正为你和你的团队所用。一个项目是成功还是失败，是与你花在跟发起人和团队沟通的时间和沟通的质量直接成比例的。沟通占了一个项目经理的工作的 80%～90%。必须根据沟通需求，在正确的时间以正确的方式通知正确的人。

亲手实践 4.12：知识测试——与发起人和团队沟通

1. 如果发起人没有收到及时的或者准确的信息，你作为项目经理预计发起人会做什么？

2. 你与发起人开会。你给了发起人有关状态的及时和准确的信息，不过不是好消息。有一些问题没有解决。在你提交解决问题的计划之前，发起人对你说："那不是我想听到的，所以我再问一遍，项目的状态是什么？"你告诉发起人同样的事，他又问你同样的问题。你应该做什么？

3. 你可以跟项目团队就什么事项进行非正式沟通？

4. 什么事项必须有书面的回复？

亲手实践 4.13：知识测试——监控阶段的专业职责

1. 你刚刚发现你的挣值报告不准确，因为来自某个人的数据是错的。你会怎么做？

2. 如果你发现你的发起人与项目的其中一个供应商合谋舞弊你应该做什么？

3. 你非常认真地看待你对这个项目的职责。你发现你的一些内部团队成员把他们的日常工作放在他们的项目工作之前。就此问题你能做点什么吗？如果能，做什么？将来如何避免这种情况？

4. 你视察了工地，看到其中一个分包商不尊重另一个分包商。你会怎么做？

阶段 5

收 尾 过 程

项目结束有许多原因，它们可能因为已经成为一个持续的业务而结束，或者因为缺少资金和资源而结束。对项目的需求可能因为技术进步而消失，或者项目只是因为已经完成并被所有相关方接受而消失。苹果和梨子项目接近收尾是因为它已经快完成了。不过，还剩几件事要做。

你要确保所有工作都已完成并被客户接受。收尾阶段由以下两者组成：

- 项目收尾　最终确定所有项目过程组的所有活动，以正式地结束项目或者项目阶段。
- 合同收尾　完成每个合同并结清账款，包括任何开放事项的解决方案。

任务 5.1：规范化项目验收

有人说过，没有项目是 100%完成的。这话对于 IT 项目在一定程度上可能是真的，对研发（R&D）项目也是如此。只要有资金支持，或者最终取得了预期的结果，R&D 项目就会持续下去，但大多数项目都有一个正式的项目验收和结束过程。这个任务也适用于阶段末尾的审查。何必等到项目结尾才去核实可交付成果或向你的团队和客户提供反馈呢？

➤ 场景

项目接近完结。所有问题都已经解决，苹果和梨商店准备好将按计划 11 月 1 日开张。作为项目经理，你知道即使工作已经做完，在正式地结束项目之前还有一些事情要发生，比如客户的正式验收、结束合同和保存。

➤ 任务范围

持续时间

此任务在项目的整个周期都会出现，但大多数的活动将在监控阶段之后执行，延续到收尾阶段的末尾。

设置

无。

注意事项

无。

步骤

在此任务中你将学习怎样通过客户的验收。

细节

是时候取得客户的签字验收了。一份正式的验收文件正式地记录整个项目周期中的审查、检查和测试结果以确认可交付成果达到验收标准。产品作为一个整体在项目完工时接受最后的验收。最后验收来自客户和将来使用和支持该产品的组织。

1．正式验收的目的

客户的正式验收是要获取客户、发起人和其他相关方关于项目已经完成并达到其目标的一致意见。应该审查并与需求/范围文件对照验收标准。正式验收文件的最常用的形式是客户验收文件，确认项目已经达到客户要求和合同的约定。

2．正式验收的应用

正式验收被用作对项目可交付成果已经如愿交付的法律承认。它被用来证明项目完工，项目组织就再也没有别的义务了。因为正式验收文件重要的合同性质，它通常在项目早期就开发了并与客户一起审查，然后它被保存并在阶段中间或者项目收尾过程中使用。

3．确认目标已经达到

当目标已经达到时，你需要获得客户和其他人的确认以正式结束项目。这个确认可能是正式的验收，通常是在一个验收文件上签字（签收），如表 5.1 所示，或者更非正式一点的，比如客户为产品付款并使用了一段时间。

表 5.1　项目验收文件

项目名称	
项目开始日期	
客户名称	
需要验收什么已经完成的可交付成果？这可能包括项目结尾到期的可交付成果，以及任何在项目生命周期中创造的、还未被正式批准的可交付成果	

续表

正式验收声明	这个文件使<项目名称>项目的所有可交付成果的正式验收得到确认。<项目名称>项目达到了需求文件和项目范围说明书中确定的所有验收标准。已经做过项目审计，证实所有的可交付成果达到绩效和产品要求。另外，也做了产品评估，确定所有产品达到项目内定义的质量和功能要求 授权项目经理继续进行项目的正式收尾工作。收尾过程将包括项目后评审、记录经验教训、解散项目团队、结束所有采购和将所有相关的项目文件存档。一旦收尾过程完成，将通知项目发起人，项目经理也将离开项目		
验收程度	接受□	变更之后接受□	不接受□
需要的变更			
发现的缺陷			
未完成的变更请求			
产品变更			
发起人签名		日期	
业主签名		日期	

亲手实践 5.1：知识测试——项目的正式验收

1. 如果项目最后的结果被拒绝验收，项目经理应该做什么？
2. 项目正式验收了，你这个项目经理是否就再也没有别的义务了？
3. 如果客户说他会签这个文件，但是要你做出额外的让步，你会怎么做？

任务 5.2：移交可交付成果的所有权

之前我们说过，在被客户验收之前可交付成果都不能算完成。一旦客户验收了可交付成果，那么就必须实施活动把所有权转移给那些可交付成果的业主。

场景

你正在与你的发起人开会审查所有可交付成果以确保它们是准确和完整的。之后等所有事情都完结了，你将向 Olivia Ross 提交项目的最终报告。

任务范围

持续时间

此任务应该只花一天或两天的时间，时间长短取决于项目的规模。

设置

无。

注意事项

无。

步骤

在此任务中你将学习怎样移交可交付成果。

细节

为移交做好计划是很重要的。应该开一次会讨论知识和文件的移交以及实物产品或者服务的移交。确保能找到有合适技能的人员，并确保参加者中包括那些将来要为产品负责的人。

1. 验收可交付成果

用项目之前阶段设立的验收标准评估可交付成果，然后根据评估结果对可交付成果进行验收。你在项目开始时确定了要求，那些要求必须被满足才能验收可交付成果。根据验收标准测试可交付成果才能使可交付成果得到确认。表 5.2 是一个模板，可以在跟用户或业主一起审查可交付成果的时候使用。

表 5.2 可交付成果验收模板

<table>
<tr><td colspan="6">可交付成果验收</td></tr>
<tr><td>日期</td><td></td><td>项目号码</td><td></td><td>项目名称</td><td></td></tr>
<tr><td>发起人</td><td colspan="3"></td><td>电话号码</td><td></td></tr>
<tr><td>项目经理</td><td colspan="3"></td><td>电话号码</td><td></td></tr>
<tr><td colspan="6">对可交付成果的描述</td></tr>
<tr><td colspan="6">验收标准</td></tr>
<tr><td colspan="6">审查，检查和测试的结果（附证明文件）</td></tr>
<tr><td colspan="6">涉及的公司、业务部门和/或区域服务中心</td></tr>
<tr><td colspan="4">□技术支持</td><td colspan="2">□生产</td></tr>
<tr><td colspan="4">□销售</td><td colspan="2">□管理</td></tr>
<tr><td colspan="4">□用户</td><td colspan="2">□其他</td></tr>
<tr><td colspan="6">由谁验收</td></tr>
<tr><td>发起人</td><td colspan="3"></td><td>日期</td><td></td></tr>
<tr><td>外部客户</td><td colspan="3"></td><td>日期</td><td></td></tr>
<tr><td>内部客户</td><td colspan="3"></td><td>日期</td><td></td></tr>
<tr><td colspan="4">仅供项目办公室使用</td><td colspan="2"></td></tr>
</table>

2. 拒绝验收可交付成果

当项目临近结束时，不应该还有任何不可接受的可交付成果。自执行阶段开始之后，你就一直在监控着可交付成果的进展，不能期望客户接受任何不完整或不正确的东西。

如果你发现可交付成果不完整或者不正确，可能要估算未完工罚金（如果合同清楚说明的话），并且可能要扣留给承包商的尾款。

3. 移交经营

那些生命周期长的产品可能需要经过生产、持续的维护、持续的支持和/或持续经营使用的过程。移交产品需要把培训、文件和初始支持活动项目作为可交付成果的一部分。

业务经理和项目经理应该在一份正式的文件上签名，对转移和控制进行确认。表 5.3 是一份正式的移交文件的示例。

表 5.3　产品正式移交经营示例

产品正式移交经营			
项目名称		**项目完工日期**	
项目经理			
产品或服务的名称			
经营方业主签名		移交日期	
项目经理签名		移交日期	
产品或服务的名称			
经营方业主签名		移交日期	
项目经理签名		移交日期	
产品或服务的名称			
经营方业主签名		移交日期	
项目经理签名		移交日期	
产品或服务的名称			
经营方业主签名		移交日期	
项目经理签名		移交日期	
产品或服务的名称			
经营方业主签名		移交日期	
项目经理签名		移交日期	

亲手实践 5.2：知识测试——移交可交付成果的所有权

1. 一个可交付成果不被接受时会发生什么？

2. 如果一个可交付成果不被接受，合同能够被结束吗？为什么能或者为什么不能？

3. 一个客户服务代表在她的 IT 部门的客户服务中心工作。她接到关于一个刚出厂的新产品的电话。她从未听说过此产品，发生了什么事？

任务 5.3：取得最终的法律上和行政上的收尾

一个合同的结束包括正式验收购买的产品、服务或者成果，以及同意合同的所有任务单项都已达到。在项目生命周期中以及项目的末尾，可能有许多项目合同可以结束。

场景

作为 Cimarron 的项目经理，你刚刚跟波特兰的苹果和梨商店的工程主管 Todd Franks 完成一次走查。梦想的大部分都已成为现实，不过有几个事项还没完全完成。Franks 准备了一份剩余工作清单（一份所有未完成事项的清单）并与承包商一起审查了这份清单。承包商说他将在几天之内把它完成。

任务范围

持续时间

一旦合同条款完成了此任务就开始，并可能持续整个项目期间。

设置

无。

注意事项

无。

步骤

在此任务中你将学习在项目生命周期的任何时候怎样结束一份合同。

细节

大多数时候合同的结束实际上是由采购员和法务部的某个人来做的，但他们需要你作为项目经理提供的信息。采购人员想要知道所有合同任务单项都已被履行以便支付尾款，以及已经发给承包商一封结束信。

1．合同结束模板

记住此阶段中必须要做的每一件事是很难的，因此使用模板可以指导你完成结束一个合同的过程。表 5.4 是一个合同结束模板的示例，你可能用到。

表 5.4　合同结束模板

<table>
<tr><th colspan="6">合同结束</th></tr>
<tr><td>合同号</td><td></td><td>最后修改号和日期</td><td></td><td>合同金额</td><td></td></tr>
<tr><td colspan="3">任务</td><td>完成与否：
是或否</td><td colspan="2">如果没有完成，为什么？</td></tr>
<tr><td colspan="3">1．合同档案是否包含合同的签订副本、谈判背景资料、相关的决定和所有要求的文件？</td><td>□是□否</td><td colspan="2"></td></tr>
<tr><td colspan="3">2．所有的合同变更是否正式，档案是否包含相关修改的签订副本并附有适当的备份信息？</td><td>□是□否</td><td colspan="2"></td></tr>
<tr><td colspan="3">3．合同档案是否包含所有适用的管理合同的授权书？</td><td>□是□否</td><td colspan="2"></td></tr>
<tr><td colspan="3">4．是否所有财务事项（争议、债务、借款或者退款，等等）都已解决？</td><td>□是□否</td><td colspan="2"></td></tr>
<tr><td colspan="3">5．档案是否包括足够的文件，证明接收、检查和验收了所有可交付成果？</td><td>□是□否</td><td colspan="2"></td></tr>
<tr><td colspan="3">6．是否已收到合同条款要求的所有报告？
a．专利使用费报告
b．关于专利和侵犯版权的通知和帮助
c．专利权</td><td>□是□否</td><td colspan="2"></td></tr>
<tr><td colspan="3">7．是否已收回安全物品，比如徽章和进入大楼的许可证？</td><td>□是□否</td><td colspan="2"></td></tr>
<tr><td colspan="3">8．设备是否已被归还，比如笔记本电脑和打印机？</td><td>□是□否</td><td colspan="2"></td></tr>
<tr><td colspan="3">9．是否已经与供应商开过结束会议？</td><td>□是□否</td><td colspan="2"></td></tr>
<tr><td colspan="3">10．是否已把供应商绩效评估交给合同管理员？</td><td>□是□否</td><td colspan="2"></td></tr>
<tr><td colspan="3">11．这个供应商的最终发票是否已送交给会计部？</td><td>□是□否</td><td colspan="2"></td></tr>
<tr><td colspan="3">12．关于此供应商的经验教训是否已被记录？</td><td>□是□否</td><td colspan="2"></td></tr>
<tr><td colspan="3">13．所有未使用的资金是否已从财务系统中结清？</td><td>□是□否</td><td colspan="2"></td></tr>
<tr><td colspan="3">14．是否所有其他未完成的措施都已完成并充分地记录在案？</td><td>□是□否</td><td colspan="2"></td></tr>
</table>

2．给承包商的合同结束信

图 5.1 是一份可以被用来正式确认合同已经结束的备忘录。这个备忘录应该发给每个供方、承包商，或者有谈判合同的卖方。你的采购部门通常有一封像这样的信并会将它寄出，但如果你没有，那这封也够用。

致<承包商名称>的备忘录

发自：采购专员

日期：<插入日期>

主题：正式的合同结束信

第一部分

1．承包商已经完成要求的交货和/或完成了所有服务，客户已经检查并验收可交付成果和/或服务。

2．以下是<你的公司>信息：

承包商管理办公室名称 ____________________________________

承包商管理办公室地址 ____

3．以下是<承包商>信息：

承包商名称____

承包商地址____

第二部分

1．多余资金金额，如果有的话。

2．如果尾款已经支付，请提供凭证号码和日期，或者如果最终批准的发票已经被送交合同管理办公室，请提供发票号码和日期。

3．所有要求的合同管理措施都已完全和满意地完成（见第一部分）。

合同签约人姓名____

签名________________________日期________________________

第三部分

为了上述合同的收尾，以下要求已经满足：

1．已经处理完机密或者权属材料。

2．最终的专利报告已经被批准。

3．最终的专利使用费报告已经被批准。

4．没有仍未完成的高价值的工程方案。

5．所有临时的或不允许的成本都已解决。

6．已经完成价格修改。

7．主承包商已经确定了分包商。

8．前一年的间接成本率已经确定。

9．已经完成合同审计。

10．承包商的最终陈述已经完成。

11．承包商的最终发票已经提交。

图 5.1　项目结束信示例

亲手实践 5.3：知识测试——合同在法律和行政上的收尾

1．在本任务开始的场景中，承包商还没回来做完剩余工作清单。不管那些事项是否完成，商店都将于 11 月 1 日开业。你应该结束该合同吗？毕竟，那些事项只是小事。为什么应该或者不应该？

2．如果承包商一直不回来，你应该怎么做？

任务 5.4：发布最终报告

在此任务中你将确保拿到项目的所有相关数据，编写并分发最终的项目报告。然后，所有这些资料将根据公司程序被存档并根据法规指引保存。

场景

你收集了所有相关信息，并将最终确定所有文件。

任务范围

持续时间

此任务的持续时间应该是 2～3 小时或者更多，时间长短取决于项目的复杂性和持续时间。你的所有阶段报告和日志可以给你的最终报告提供需要的信息。

设置

无。

注意事项

无。

步骤

在此任务中你将学习做下列事项：

- 对组织过程资产应用适当的更新。
- 遵守法规的规定。
- 解散项目参与者。
- 编写最终项目报告。

细节

现在知道你为项目编撰了多少文件。其中一些文件导致了组织过程资产的变更，需要更新它们。还有，你必须保留从项目中学到的组织知识并且遵守法规的要求。此任务其实在项目生命周期中一直在进行，还需要在项目结尾做最后一次。

1. 更新组织过程资产

在项目中，特别是如果项目持续时间较长或者比较复杂，使用权变措施很多时候会绕过正常的过程。实际上，一些权变措施可能改进被绕过的过程，所以保持最新的过程记录是很重要的。

比如，在电话公司项目上会用到多种设备，大多数设备是从现有的库存中分配的。

如果分配的那件设备失效了，就会用另一件设备。但除非记录是完整的，记载了实际使用的那一件设备，否则如果记录没有更新的话，对于维修和库存都是一个噩梦。

对于工程项目或者其他最后记录必须反映经批准和验收的可交付成果的类型的项目，更新是需要的。你总是想让记录与所有变更命令一致。这些记录有时被称为“竣工”记录。你肯定不愿意翻查一堆的工作计划来探究一道墙不见了或者电气计划已经变更但是没有反映在竣工文件中，或者发现一个 IT 项目的硬件不是原来计划的硬件。

表 5.5 是一张清单，它反映了《项目管理知识体系指南》[《PMBOK®指南》（第 4 版）] 的组织过程资产，它可以提醒你什么事项需要更新。

表 5.5　组织过程资产清单模板

组织过程资产		
过程和程序		
组织标准过程	标准	是□　否□
	政策	是□　否□
	标准产品和生命周期	是□　否□
	质量政策和程序	是□　否□
指南	标准化的指南	是□　否□
	工作说明书	是□　否□
	评估标准	是□　否□
	绩效衡量标准	是□　否□
模板	风险	是□　否□
	工作分解结构	是□　否□
	网络图	是□　否□
	合同模板	是□　否□
组织沟通要求	现有的具体技术	是□　否□
	允许的沟通技术	是□　否□
	记录保存政策	是□　否□
	安全要求	是□　否□
组织为项目定制的一套标准过程		是□　否□
项目收尾指南或要求	项目最终审计	是□　否□
	项目评估	是□　否□
	产品确认	是□　否□
	验收标准	是□　否□
财务控制程序	报告时点	是□　否□
	申请开支和支付款审查	是□　否□
	会计代码	是□　否□
	标准合同条款	是□　否□
定义问题及缺陷控制的问题和缺陷管理程序	问题/缺陷的识别和解决	是□　否□
	措施事项跟踪	是□　否□

续表

决定右侧事项的变更控制程序	如何修改文件	是□ 否□
	如何批准变更	是□ 否□
	如何确认变更	是□ 否□
风险控制程序	风险类别	是□ 否□
	可能性定义和影响	是□ 否□
	可能性和影响矩阵	是□ 否□
优先考虑，批准和发出工作授权的程序		是□ 否□
公司知识库		
过程测量数据库用于储存和检索信息。根据你的项目，再一次用这个提醒清单确定需要更新什么，如果有的话。		
过程测量数据库		是□ 否□
项目档案	范围基准	是□ 否□
	成本基准	是□ 否□
	进度基准	是□ 否□
	质量基准	是□ 否□
	绩效测量基准	是□ 否□
	项目日历	是□ 否□
	网络图	是□ 否□
	风险登记册	是□ 否□
	计划好的风险——应对措施	是□ 否□
	定义风险影响	是□ 否□
历史信息和经验教训知识库	项目文件	是□ 否□
	项目收尾信息	是□ 否□
	项目收尾文件	是□ 否□
	之前项目选择决定的结果	是□ 否□
	之前的绩效信息	是□ 否□
	有关对风险管理所做的努力的信息	是□ 否□
问题和缺陷管理数据库		是□ 否□
配置管理知识库	所有公司标准的基准	是□ 否□
	政策和程序	是□ 否□
财务数据库	工时	是□ 否□
	承受的成本	是□ 否□
	预算	是□ 否□
	项目成本超支	是□ 否□

2. 遵守法规要求

你的组织对所有类型的记录有一个记录保存政策。大多数项目管理文件被无限期地保存。为什么？一些项目结果，比如建造一座桥梁，有一个非常长的生命周期，如果这座桥梁将来倒塌，回去找原来的项目文件可能有助于揭示倒塌的原因。

3．解散项目参加者

你的项目的雇员中一些是临时的，其他是兼职的，小部分是全程都在的。在任何情况下，你必须保证计算他们的工作时间并将之写进你的最终报告里。应该让在一个矩阵型组织中工作的团队成员回到他们的固定职位，并对他们的经理做些适当的反馈。如果团队成员是在一个项目型组织并且不再被需要，项目经理可能得让他们下岗或者在组织内为他们找到其他的工作。

4．做最终项目报告

表 5.6 是一个你可以考虑用来做项目最终报告的模板。这个报告是一个总结项目和其结果的关键文件，并应该被送给你的发起人和其他需要知道的高级管理人员。

表 5.6　十步最终报告模板

十步最终项目报告			
项目名称		完工日期	
项目经理		电话号码	
#	事　项		
1	概述 <通过总结下列其他细目来概括项目总体上的主要成果（非技术术语）>		
2	项目介绍 <包括为什么启动项目和它如何符合公司目标>		
3	项目的主要活动 <描述为了满足项目目标所做的主要工作包>		
4	项目结果 <描述范围变更的结果、进度成本、质量和与基准计划对比的风险结果；如果各个结果+/−10%，解释为什么>		
5	沟通 <描述你的沟通努力、你使用的工具，以及它们是否有效>		
6	关键的项目变更 <描述经批准对项目所做的关键变更以及它们怎样影响原来的项目计划>		
7	如何管理缺陷 <描述产品检查或测试结果；如果有缺陷，描述做了什么使它们达到规格>		
8	供方绩效 <描述供方、承包商、卖家和供应商在合同事项和/或承诺方面的表现如何>		
9	项目挑战 <描述你的主要项目挑战，为什么它们是挑战，以及你做了什么去克服它们>		
10	移交运营 <描述项目产品怎样被移交运营，并讨论可能有过的任何问题，以及它们是怎样被解决的>		

5. 执行最终项目收尾

你终于做完了这个项目。或者你做完了吗？使用表 5.7 的清单。如果任何答案是不，你必须重新处理该事项以确保它在最终项目收尾出现之前完成。

表 5.7 收尾阶段清单模板

收尾阶段清单	
1. 有没有未完成的可交付成果？	是□ 否□
2. 有没有未完成的内部承诺？	是□ 否□
3. 是否所有内部的和外部的成本都已恰当地计入项目？	是□ 否□
4. 所有工作包和工作指令都完成了吗？	是□ 否□
5. 有没有记录未完成的工作包并给出理由？	是□ 否□
6. 有没有通知管理层项目人员已经空闲可用？	是□ 否□
7. 有没有通知管理层项目设施已经空闲可用？	是□ 否□
8. 把项目计划及所有支持数据存档了吗？	是□ 否□
9. 有没有与项目发起人就如何处理剩余的可交付成果达成一致？	是□ 否□
10. 关于任何未完成的承诺，有没有通知供应商？	是□ 否□
11. 运营和维护程序已经到位并开始起作用了吗？	是□ 否□
12. 项目最终报告写好并交给发起人了吗？	是□ 否□
人　员	
13. 如果这是一个项目型组织内的项目，项目团队对于未来任务的担忧解决了吗？	是□ 否□
14. 项目团队是否专注于剩余的项目工作？	是□ 否□
15. 重新分配人员或者通知他们重新分配的方法了吗？	是□ 否□

亲手实践 5.4：知识测试——创建并记录项目的最终报告

1. 如果你的组织内没有一个知识数据库或类似的工具会怎么样？
2. 如果有一个知识数据库，但没有定期维护，可能怎么样？
3. 如果在项目执行和完工期间改进了一个过程，项目经理应该怎么做？
4. 应该把项目最终报告发给团队成员吗？

任务 5.5：整理经验教训

任何规模的项目都会有经验教训。不过，如果没有留心这些经验教训或者只是把它们记录存档，那它们就没有价值。

➤ 场景

作为 Cimarron 的项目经理，你一直在吸取项目过程中的经验教训，并整理着至今为止的经验教训。你把经验教训保存在 Cimarron 内部网上你设立的一个文件夹里。你准备了一份文件，打算在经验教训总结会议之前发给团队成员，以便他们能在会议前思考文件中的问题。你监督了纠正和预防措施，你的团队很熟悉这些经验教训，因为你和你的团队在每个阶段以及克服了挑战之后都举行了经验教训总结会议。你现在将要举行项目的经验教训总结会议，并打算使用一个模板以免遗忘事项。

任务范围

持续时间

此任务贯穿于整个项目的生命周期。

设置

无。

注意事项

无。

步骤

在此任务中你将学习怎样确定和记录经验教训。

细节

经验教训本来就是一个学习工具。他们就是一种从问题、挑战和成功中学习的方法。假如经验教训被恰当地保存，这个学习应该不只限于当前的项目团队成员，也应该包括将来为项目工作的任何人。

1. 项目中的经验教训

在项目生命周期中学到的经验教训可以帮助项目经理在项目的剩余阶段运用所学。在（但不局限于）每个阶段的末尾，在解决重大问题之后，或者在风险事件之后，或者在取得主要成果之后，总结经验教训并由项目经理记录。

在回答了这些问题后，你会想把答案记录在一个阶段性的经验教训模板里，如表 5.8 所示。注意这个模板不包括一栏“什么出错了”。当人们开始思考什么出错的时候，就会想到负面的东西，然后就出现互相指责和抱怨。作为项目经理，你可能希望下次不这样做以确保没人受到责备。你是来解决问题的，不是来添加指责的。

2. 独立的评估者

当一个非常大的项目完工时，我们推荐与该项目无关的一个或几个第三方来做评估。评估人应该是能够接触到拥有评估该项目和产品的各个方面所需技术和商业专长的人。

表 5.8　阶段性经验教训模板

阶段性经验教训		
项目名称/号码：	**作者：**	**日期：**
阶段：	**项目经理：**	**项目发起人：**
项目管理 想想什么做得好，什么下次可以做得不同，以及我们怎样庆祝成功		
资源管理：		
变更控制：		
成本绩效：		
质量控制：		
状态报告：		
供方选择：		
技术绩效 想想什么做得好，什么下次可以做得不同，以及我们怎样庆祝成功		
要求/规格：		
测试计划：		
工程：		
测试结果：		
培训：		
文件：		
供方管理：		
沟通因素 想想什么做得好，什么下次可以做得不同，以及我们怎样庆祝成功		
与团队成员的互动：		
与发起人的互动：		
与客户的互动：		
与管理层的互动：		
与供应商的互动：		
其他 想想什么做得好，什么下次可以做得不同，以及我们怎样庆祝成功		
进度绩效：		
风险事件：		
可交付成果管理：		
采取的纠正措施：		
采取的预防措施：		
问题管理：		

3．项目团队评审

如果没有进行外部评审，项目团队自己可以做个评审，因为他们多半拥有全部现有的项目记录，并曾密切参与整个项目过程。重要的是，记住邀请已经离开项目的团队成员，而不仅仅是那些留到最后的。

4．为评审做计划

为项目后评审做一些计划还是需要的，你可能没法开一次会议就做完评审，除非项目很小。为了准备最后的评估，需要做以下事项：

审阅项目档案。

实施访谈。

收集和分析数据

审查客户/用户的验收。

评估实现的成本、利益、经营效率和产品绩效，这可能要到一个产品推出市场一段时间，并且能够产生可以衡量的结果后才能知道。

测量运行效率和产品绩效。

评估技术方法。

评估提供给外部客户和内部客户的培训和文件。

评估关系和沟通。

评估供方和供方提供的产品。

核实项目目标的实现。

衡量质量提高的成果。

评估工作上的投入。

建议对标准和程序的变更。

5．项目评估审查问题

项目后评估的目的是评估产品，项目和合同验收。评估可以由独立的评估人来做，也可以由项目团队来做。表 5.9 包含项目评估审查问题，可以帮助你总结经验教训。

亲手实践 5.5：知识测试——经验教训

1. 如果你的经验教训文件中有一个未完成的措施事项，你可以结束该项目吗？为什么可以或者不可以？

2. 在经验教训总结会议中发现了一个问题，这个问题明显与一个团队成员有关，该成员因其工作已经完成而在更早阶段已经离开了项目，你会怎样处理？

表 5.9　项目评估审查问题模板

项目评估审查问题			
项目名称		项目完工日期	
评估人姓名		日期	
#	问　　题	是或否	为什么是或者不是？
1	项目的期望管理得好吗？定义得好吗？达到了吗？	□是　□否	
2	是否透彻地分析了产品？是否清楚地说明了验收标准？	□是　□否	
3	会议和审查组织得好吗？	□是　□否	
4	项目阶段计划得好吗？	□是　□否	
5	检查点是否足以控制？	□是　□否	
6	是否清楚地定义了所有项目参与者的角色和职责？	□是　□否	
7	项目进度协调得好吗？	□是　□否	
8	进度是否得到遵守？	□是　□否	
9	项目文件准备得达到专业的项目标准了吗？	□是　□否	
10	项目状态是否及时提供？	□是　□否	
11	内部客户是否为履行他们的职责提供了资源？	□是　□否	
12	批准是否提供及时？	□是　□否	
13	内部和外部客户是否参与了产品的生产进程、审查和测试？他们是否提供了准确的信息？	□是　□否	
14	是否充分地研究了问题并做出了适当的决定？	□是　□否	
15	变更控制程序是事先一致同意的吗？	□是　□否	
16	变更控制程序是否得到遵守？	□是　□否	
17	产品是否满足了其发起人、客户和用户的期望？	□是　□否	
18	产品是否符合其规格，包括绩效条件？	□是　□否	
19	培训计划有效吗？	□是　□否	
20	是否达到了商业目标（包括质量提高）？	□是　□否	

任务 5.6：将项目文件归档

项目管理的整个过程中应该包括向整个组织的人转移知识，以及保留该知识供未来之用的程序。

➤ 场景

你知道能够追溯原始的项目文件是多么重要。过去，每个项目经理保存他们自己的项目记录。你决定创建一个知识学习中心，可以归档项目记录并可供任何人查阅。

➤ 任务范围

持续时间

此任务不应超过一星期；不过，如果没有项目记录的知识库，这可能变成 IT 部门的一个独立的项目。

设置

无。

注意事项

无。

步骤

在此任务中你将学习怎样保存组织知识。

细节

知识库为教练和同事小组活动创造基础。数据库从个人和项目处取得并记录经验教训，那样任何一个需要学习的人都可以轻易接触到它们。一个知识数据库对于想从以前的项目学习的项目经理特别有用。

知识库可以放在你的组织中适当的地方，但通常由项目管理办公室维护，如果有一个这样的办公室的话。如果还没有知识库，你必须创建自己的数据库，并务必使其得到维护。它们肯定是有用的，但应该要求，不管谁发了一条特定的知识，都应该始终保持更新信息。如果不那样，信息可能是错的或过时的。

要保留的项目文件

应该包括在知识数据库里的项目文件包括但不限于：

- 项目控制书。
- 第一阶段启动文件，包括项目章程。
- 第二阶段项目计划。
- 第三阶段执行文件。
- 第四阶段项目管理监控文件。
- 第五阶段项目和合同收尾文件。
- 所有阶段的来往信函、会议记录、技术档案，诸如此类。

任务 5.7：衡量项目团队绩效

绩效评估是你和团队的个人发展的关键部分。大多数项目人员来来去去，供方也来来去去，但你从开始至结束一直在管理项目。要确认你为团队成员提供绩效反馈并且也愿意从他们那得到反馈。

场景

大多数团队成员已经离开项目，你准备向他们的经理提供有关他们在你的项目上的绩效反馈。这将是容易的，因为难的已经做了。在项目的开始，你与团队分享了他们将被考核什么项目，并定期花时间与每个人探讨他们的强项和弱点。

任务范围

持续时间

此任务在项目开始后很快就开始，在项目完工后很快就结束。当团队成员在项目生命周期中变更时，你可能也会做这个任务。

设置

无。

注意事项

无。

步骤

在此任务中你将学习下列内容：

- 提供团队绩效反馈。
- 提供项目经理绩效的反馈。
- 提供对卖方绩效的反馈。

细节

提供关于团队和项目经理绩效的反馈很重要。甚至虽然你的团队成员可能不是直接向你负责，你必须给他们的经理提供他们在你的项目上的反馈，以便那些经理们在他们的直接报告上写评语时能有所需的信息。

当然，如果你是在一个项目型组织中，你得写一份评语而不仅仅是提供反馈，因为团队成员是你的直接下属。

你也应该在项目的整个生命周期或者任何时候一个团队成员完成了一个任务离开项目时提供反馈。许多时候经验教训的总结只在项目结尾进行，因而忘记了已经离开项目的团队成员。

项目经理也需要对他们自己绩效的反馈。一个项目经理的老板需要从那些与项目经理互动过的人那里得到输入，才可以在评价表上对项目经理的绩效做出准确的评估。

1. 提供团队绩效反馈

表 5.10 是一个项目经理对团队成员反馈的例子。因为许多问题是主观的，如果分数是 C 上下的话你必须讲具体。

表 5.10 团队成员绩效报告示例

团队成员绩效报告							
项目名称							
项目结束日期							
项目经理							
请以 A 到 E 或者 N/A（不适合）来回答下列陈述。我的团队成员：		A	B	C	D	E	N/A
准时出席会议和电话会议							
恪守数量和质量上的承诺							
以旺盛的精力和良好的态度参与工作							
按照约定及时报告状态							
支持和尊重团队成员和他人							
愿意接受职责和责任							
解决争执而不疏离他人							
愉快地接受挑战							
表现出对项目的全力投入							
在需要时应用了技术判断							
与其他团队成员、项目经理和其他与项目有关的人员有效地沟通							
树立灵活性的榜样							
使用及时有效的升级程序							
达到个体的项目目标和里程碑							
诚实地支配时间和支出							
为项目增加了价值							

一些项目经理选择了简单的方法，只给他们的团队打一个 C 或者平均分。然而，你曾与你的团队一起工作了数周，花点额外的时间用具体的事例记录平均之上者或者优越者的表现是极其重要的。对平均之下者的表现也是一样，虽然如果绩效是差的，作为项目经理你应该在项目中就处理了该绩效问题。

2. 提供项目经理绩效的反馈

你将使用的最有用的工具之一是对你自己作为项目经理的反馈。请你的团队、发起人和客户公正地和坦诚地提供反馈，因为这对你作为一个项目经理的个人发展是重要的。优雅地接受反馈，诚实地对待自己需要改进的地方。表 5.11 是一个项目经理的绩效评估的例子。

你的经理也将要写一份对你的评估。虽然你已从你的团队收到了反馈，你的经理可能评估其他事情，比如他从供方、其他内部人员和那些项目外部人员那里收到的反馈。

表 5.11　项目经理绩效报告示例

项目经理绩效报告						
项目名称 项目结束日期 姓名（可写可不写）						
请以 A 到 E 或者不适用来回答下列陈述。我的团队成员：	A	B	C	D	E	不适用
表现出对项目的全身心投入						
清晰定义团队成员的角色和职责并使他们负起责任						
恪守预定期限的承诺；如果不能达到原来的预定期限的话，能够提供可能最好的选择						
向所有团队成员沟通客户/项目目标并使他们一直参与其中						
维持对项目团队强大的领导力和支持；树立灵活性的榜样						
适当有效地利用项目管理工具（如网络图和甘特图）						
确保及时监督和跟踪项目目标和里程碑						
使用及时有效的升级以确保客户满意						
与团队成员举行及时的项目会议和电话会议，能够控制会议						
谈判和发布项目计划						
提供现场支持或者在场						
为项目增加了价值						
对项目中涉及的产品和服务有良好的知识						
做项目后评估并提供对成果的反馈或者对改善的建议						
有礼貌并且专业						
评语：						

3．提供对卖方绩效的反馈

大多数组织有一个优先供方名单，名单中的供方在过去已经向你证明了他们自己。但正如其他每件事都会变化，你的供方组织也会改变。他们可能换了新的所有人或者新的领导层，或者许多其他变化，可能造成他们绩效的质量水平下降。应该提供一个供方评估给你的采购部门，那样他们能看这个供方是否应该继续留在优先供方名单上。表 5.12 是一个供方评估调查问卷的示例，你可以考虑使用。

表 5.12　卖方评估示例

卖方评估			
项目名称		项目完工日期	
项目经理		日期	
#	问　题	是或否	为什么是或者不是？
1	供方/承包商有没有表现出对项目的完全理解和全力投入？	□是　□否	
2	供方/承包商是否一直都及时通知你项目的状态？	□是　□否	

续表

#	问　题	是或否	为什么是或者不是？
3	对于无法满足的请求，供方/承包商是否提供了另外的选择？	□是　□否	
4	对于客户发起的范围变更，供方/承包商是否提供了对时间、成本或者绩效的影响分析？	□是　□否	
5	如果供方/承包商也是项目经理，供方/承包商是否对项目保持了强大的领导力和控制？	□是　□否	
6	供方/承包商对项目目标和里程碑是否保证了及时的监督和跟踪？	□是　□否	
7	供方/承包商是否使用了有效的升级程序？	□是　□否	
8	供方/承包商是否及时提供恰当的文件给你？	□是　□否	
9	有没有与客户举行项目后评估会议？	□是　□否	
10	供方/承包商是否保护权属信息？	□是　□否	
11	供方/承包商是否展现了有竞争力和专业的形象？	□是　□否	
12	供方/承包商是否表现了优秀的人际交往能力？	□是　□否	
13	对于本项目管理的产品和服务，供方/承包商是否展现了可以接受的技术知识？	□是　□否	
14	是否发现了合适的供方/承包商？	□是　□否	
15	供方/承包商是否提供了对他们将要提供的产品和服务的足够描述？	□是　□否	
16	供方/承包商理解他们的角色和责任吗？	□是　□否	
17	供方/承包商知道评估的标准吗？（知道产品验收的标准吗？）	□是　□否	
18	有没有把实际成本与预期成本的对比结果告知供方/承包商？	□是　□否	
19	供方/承包商是否遵守进度？	□是　□否	
20	供方/承包商合作吗？	□是　□否	
21	供方/承包商是否保持积极和支持的态度并树立灵活性的榜样？	□是　□否	
22	供方/承包商是否对任何具体的问题或事件负有责任？	□是　□否	
23	你会为未来的项目推荐此项目中使用的供方/承包商吗？	□是　□否	

亲手实践 5.6：知识测试——绩效评估

1. 自项目开始，项目经理已经在提供关于团队成员的反馈，为什么还要写团队成员的绩效评估？

2. 如果对提供不太满意的反馈不舒服的话，你应该怎么做？

3. 让你的团队成员写他们自己的绩效报告是否适当？

亲手实践 5.7：知识测试——收尾阶段的专业责任

1. 现在项目已经结束，你在准备团队成员的反馈文件。反馈会最终交给他们的主管。其中一个团队成员表现得不好，但你不想给他写差的报告，所以你只是说那个人是个“平均”表现者。这会帮助还是伤害那个人？为什么会或者不会？

2. 项目的一个承包商是你公司的“优先供方清单”上的供方。他很难合作，并且对你的人和他自己的人都很粗鲁。但他的工作完成得很好。他应该留在“优先供方清单”上吗？为什么应该或者不应该？

3. 你是一个团队成员，从你的项目经理处收到了反馈，按级别 1～5 评分，5 为出色，她把你评为 2，没有别的反馈，你会怎么做？

项目现在已经完工。像在大多数项目中一样，你和你的团队学到了许多新东西，在以后的项目任务中你可能用到。如你所见，项目管理从不枯燥，而且现在它被认为是一种关键的管理商业战略。希望你会热切地继续你的项目管理行程。我们祝你旅途顺利。

附录 A

阶段 1 解决方案

亲手实践 1.1：知识测试——企业战略

1．项目经理希望能够回答"为什么我们要这样做？"这个问题，并只专注项目支持企业战略的要素。如果一个项目经理不理解企业战略，项目就会轻易陷入范围潜变模式。

2．以下是企业战略的三要素：

- 我们想要什么样的形象？
- 五年后我们将在哪里？
- 我们想要为此知道什么？

3．项目组合管理是很重要的，因为项目选择在给定时间段中根据所有企业战略要素判断什么有利于业务，而不是有利于特定的业务单位。如果一个业务单位把他们的项目要求与企业战略紧密联系，项目更有可能得到批准。项目组合管理还有一些其他优势，比如更有效地使用资源，更好地理解融资以及它事实上能暴露冗余项目。

4．苹果和梨子项目的业务需求包括：

- 增加收入。
- 提升竞争优势。
- 创造新产品和服务。
- 提高客户满意度。

亲手实践 1.2：知识测试——财务原则

这是正确答案，以及我们如何得到。

1．现在 98.00 美元相当于一年以后的 105.60 美元。

［错误：累积总额= 98.00×1.05 = 102.90（美元)］

2．一年前的 200.00 美元相当于现在 205.00 美元。

［错误：要求的投资= 205.00/1.05 = 195.24（美元)］

3．现在 3 000.00 美元相当于一年后的 3 150.00 美元。

[正确：累积总额=3 000.00×1.05 = 3 150.00（美元）]

4．现在 3 000.00 美元相当于一年前的 2 887.14 美元。

[错误：累积总额=2 887.14×1.05 = 3 031.50（美元）]

5．投资 2 000.00 美元一年的累积利息是 100.00 美元。

[正确：利息=2 000.00×1.05 =2 100.00（美元），2 100.00−2 000.00=100.00（美元）]

亲手实践 1.3：知识测试——NPV

1．下面的表给出了净现值（NPV）问题的答案及答案如何得到。

单位：美元

时　段	现金流	现值系数	现　值
0	−12 337	1.000	−12 337.00
1	10 000	0.909 1	9 091.00
2	5 000	0.826 4	4 132.00
NPV=886.00			

2．下列表显示现值（PV）是如何用来计算项目 NPV 的。永远记住，初始投资为负数。

单位：美元

时　段	现金流	现值系数	现　值
0	−5 000 000	1.000	−5 000 000
1	1 000 000	0.917 4	917 400
2	900 000	0.841 7	757 530
3	900 000	0.772 2	694 980
4	750 000	0.708 4	531 300
5	750 000	0.649 9	487 425
6	750 000	0.596 3	447 225
NPV=−1 164 140			

3．改造项目的 NPV 是−1 164 140 美元。

4．苹果和梨子项目每年现值如下所示。

单位：美元

时　段	现金流	现值系数	现　值
0	−7 000 000.00	1.000 0	−7 000 000.00
1	3 000 000.00	0.917 4	2 752 200.00

续表

时　段	现金流	现值系数	现　值
2	2 000 000.00	0.841 7	1 683 400.00
3	2 000 000.00	0.772 2	1 544 400.00
4	1 500 000.00	0.708 4	1 062 600.00
5	1 500 000.00	0.649 9	974 850.00
6	1 500 000.00	0.596 3	894 450.00
NPV=1 911 900			

5．苹果和梨子项目的 NPV 是 1 911 900 美元。因为是正数，这是值得开展的好项目。

6．新的 NPV 将是 161 900 美元。这个数字是积极的，所以它仍然是一个值得开展的好项目。

7．苹果和梨子项目。

8．选择项目的其他方法包括成本效益分析、IRR 和比较分析以及加权评分模型。

亲手实践 1.4：知识测试——比较利益法—评分模型

1．可提供 8 个标准的其他信息，如下：

- 提供项目的一个梗概，显示出它符合公司战略。例如，使用一份报告，显示业务目标如何映射到项目目标。
- 提供 NPV 比较的结果。
- 提供一个文档，图示项目是相互关联的以及每个的影响。
- 提供备选方案分析的结果（例如，IRR 或回收期）。
- 描述项目如何符合标准；如果没有，解释可能的影响是什么。
- 提供一个技能和可用性矩阵。
- 描述其他项目如何关联以及继续这一优势。
- 如果其他项目停止，解释为什么。

2．项目 1 和项目 2 的得分分别是 108 分和 104 分。添加这些分数改变了选择，从接受项目 1 变成接受项目 2。

问　题	项目 1			项目 2		
	权重	评级	得分（分）	权重	评级	得分（分）
17．项目提高企业形象吗？	4	2	8	4	4	16
18．项目产生竞争优势吗？	5	5	25	5	5	25
19．项目提升公共认知吗？	3	3	9	3	3	9
20．项目涉及流程改进吗？	3	1	3	3	3	6
21．项目提升基础设施吗？	2	2	4	2	1	2
		合计	49		合计	58

3．评分模型简单，提供方法上的一致性。

4．对于小项目（你公司将必须决定什么算是小项目），加权评分模型可能是足够的，但是大多数公司也同时使用经济模型。

使用评分模型可能会有挑战。项目可以主观地排名和评分（不使用数据和事实），而不是使用客观的方法。在基于政治、个人议程等的选择委员会中，就可能有不一致。高级管理人员可以推翻决定。如果这些挑战确实存在，考虑修改标准，让所有人都意见一致。

亲手实践 1.5：知识测试——商业论证

1．商业论证通常由一个团队编制，可能包含也可能不包含项目经理。项目经理不被期望参加选择委员会或指导委员会。他作为一个顾问，提供完成论证需要的数据和事实。

2．项目经理更接近高层决策的现实含义和如果及早参与过程可以帮助避免重大错误。

3．如果项目经理不能在高层次的水平理解财务、企业和内部问题，可能就会有劣势。项目经理通常比那些编制和批准的商业论证级别要低。其他的团队成员可能不理解业务的内部运作和无视一个低级别的项目经理。如果商业论证团队看不到项目经理参与增加的价值，他们跟项目经理之间就会产生信任问题。

4．可以用，但不是完全足够，可能做出错误的决策，那些决策的影响可能认识不到直到花费大量的成本。然后一个循环就会存在，“好吧，既然已经花了这么多钱，我们要让它运转起来”。如果觉察到商业论证不够完整，它可能被搁置，取而代之的是一个要求不高的比较法或财务方法。

亲手实践 1.6：知识测试——业务战略目标和项目战术目标

苹果和梨子项目的 SMART 业务目标和项目目标。

SMART	业务目标（What）	项目目标（How）
具体的	为了增加收入，促进竞争优势，创造新的产品和服务，提高客户满意度	Cimarron 将建造两间新的商店——一间在华盛顿的贝尔维尤，另一间在俄勒冈的波特兰——将展示一个新的服装线，顾客身形像“苹果”或“梨子”
可衡量的	财务成功的衡量要有两年的收入才知道。市场营销将确定我们是否增加了市场份额和竞争优势	将进行调查确定客户满意度。项目经理应保持在批准的项目预算 8 750 000 美元之内
准确的	为确定成功测量方法，Cimarron 将按照公司已有的指导方针和财务规范。数据的准确性是至关重要的	所有给管理层的报告将遵循企业项目管理系统的质量和准确性要求

续表

SMART	业务目标（What）	项目目标（How）
现实的	Cimarron 的另一条业务线是儿童服装。这些商店通常在相同的时间和预算制约内启动	项目团队有足够的背景和技能确定量级预算，批准的时间进度表是足够的。批准的变更通知可能改变预算和进度
有时间限制的	因为项目将会在 10 月 25 日完成，我们将有为期两个月的假期购物时机，从 11 月 1 日至 12 月 31 日，用来发布新的服装线	项目将在 10 月 25 日完成，以便商店可以在 11 月 1 日开放

亲手实践 1.7：知识测试——产品范围说明书

下面的列表显示了苹果和梨子项目的初始范围。A&P 项目有两类主要产品将要制造：

1. 在贝尔维尤和波特兰的商店将是幽雅的，包括：

- 豪华地毯。
- 柔和的音乐。
- 设计师展示。
- 私人更衣室，带完整的门。
- 环绕灯效。
- 珠宝、配饰和香水物品的陈列区。
- 二楼的婚礼画廊。

2. 服装事项包括各类服装的风格和质量，新娘装、晚装、白天着装、运动装、外套、内衣：

- 非常合身。
- 制造时没有缺陷。
- 90%的服装可机洗。
- 所有尺码都有。
- 价格实惠（包括新娘装）。

亲手实践 1.8：知识测试——需求

此表显示了苹果和梨子项目的要求。

需　求	R	U	M	B	A
1. 衣服在美国制造	Y	Y	Y	Y	Y
2. 两家商店都在 11 月 1 日开业	Y	Y	Y	Y	Y
3. 服装系列满足 Cimarron 的负担能力、质量和风格的标准	Y	Y	Y	Y	Y
4. 量级预算是 8 750 000 美元	Y	Y	Y	Y	Y
5. 广告计划 6 月 30 日前完成	Y	Y	Y	Y	Y

亲手实践 1.9：知识测试——组织结构

1. 强矩阵。
2. Cimarron 有一个项目经理总监，跟其他总监是平等的。
3. Cimarron 的组织结构图如下：

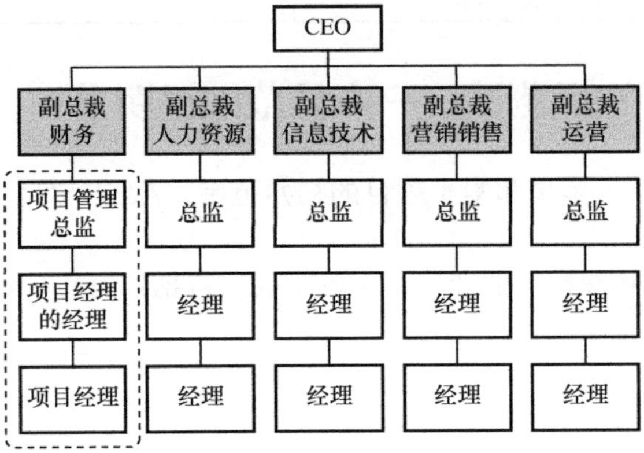

亲手实践 1.10：知识测试——项目范围说明书

此表显示完成的苹果和梨子项目的范围说明书。

高层次的范围说明书模板	
描述业务目标	• 增加收入 • 促进竞争优势 • 提高客户满意度
描述项目的主要目标	• 建造两间新的商店——一间在华盛顿的贝尔维尤，另一间在俄勒冈的波特兰 • 为苹果和梨子设计服装 • 根据设计制造成衣 • 在报纸和电视宣传产品 • 培育品牌 • 保持在批准的 8 750 000 美元预算之内 • 满足 10 月 25 日的完成日期
描述项目的背景	Cimarron 的童装系列已经非常成功。Ross 女士意识到营销的主要人口是婴儿潮中出生的人，他们现在已经成年了。体形多年来已经发生改变，所以 Ross 女士想要开发高质量的时尚服装，吸引这些人，但不仅限于他们。市场研究已经证实项目是积极的
描述预期的收益	预期收益是增加的收入、提高的市场份额以及客户满意度
列出相关方和他们在项目中的角色	• Megan Holly 是一位营销经理，参与了最初的市场研究，有销售背景，已经在规划她的营销策略

续表

高层次的范围说明书模板	
列出相关方和他们在项目中的角色	• James Stevens 跟 Reese 女士在财务委员会。他认为，即使最初的数字看起来是正的，假设当前的经济将会支持增加项目的收入预期是危险的 • Jacob Patrick 是工程和建筑经理。他认为，材料成本正在降低，是由于新屋销售放缓，并且该项目在实施期间可以提供许多工作 • Jordyn Kelly 是人力资源副总裁，全心为项目工作，因为将在许多新城市创造新岗位 • Skylar Janes 是 Cimarron 工业公司的广告经理，渴望从事本项目将创建的品牌项目 • Carolyn Lee 是制造厂的工会代表。她代表了那些最终将设计和制造衣服的人 • Madison Adams 是 Cimarron 网页的网管。她想知道苹果和梨子项目的客户是否会通过互联网订购衣服，如果是，是否有足够的资金买额外的服务器等 • Allison Jones 是 IT 经理，担心没有足够的支持系统，流量可能翻一倍 • Darcy Moore 是西海岸童装店的运营总监 • Louise Rose 是东海岸童装店运营总监 • Todd Franks 是一位新店的现场主管 • Harry Edwards 是 Cimarron 采购总监
描述 5 个高层次需求	• 衣服在美国制造 • 两家商店都在 11 月 1 日开业 • 服装系列满足 Cimarron 的负担能力、质量和风格的标准 • 量级预算是 8 750 000 美元 • 广告计划 6 月 30 日前完成
描述项目组织	项目的组织是一个强矩阵型。它有一个项目经理总监，跟其他总监是平等的。所有的项目经理和他们的经理向这位总监报告

亲手实践 1.11：知识测试——领导力分析

如果你圈下的答案大多数在 1 栏、2 栏和 3 栏，项目管理可能不适合你。如果你有几个 4 或 5，平衡一下，项目管理可能是你的未来。

如果你圈下的答案大多数在 3 栏、4 栏、5 栏，项目管理可能非常适合你。

大多数人不是天生具有所有这些特征。如果你圈下的答案主要是 3、4、5，但有 1～3 个 1 和 2，那么这些就是你需要努力的地方。

可以请求你的上司或导师按照他们对你的评价完成这个测试。然后比较你的答案与他们的答案，得到你的技能的更真实的画面。

还可以跟你的同级人员使用 360 度反馈过程。如果需要的话，收到的反馈可以帮你做出改变，或如果都做得很好，可以帮你加强。

亲手实践 1.12：知识测试——识别团队成员

下表提供了一个示例，定义了给定任务或任务集的团队成员，以及他们的职责、全责、他们可能提供的支持、他们是否将提供咨询服务以及向他们简单地提供信息。要记住的重要一点是，对任务或任务集负全责的人应该只有一位。

任　务	项目经理	PMO	团队成员	直线经理	部门经理	发起人	高级管理层
项目管理	R	S	S	S	I	A	I
广告	C	S	S	R	A	I	I
空间规划	I	C	S	R	A	I	I
建设	C	S	S	R	A	I	I
耗用品家具	C	S	—	R	A	I	I
服装设计	I	—	S	R	A	I	I
招聘和培训的人员	I	—	—	R	A	I	I
信息技术	I	S	S	R	A	I	I
制造	C	S	S	R	A	I	I

亲手实践 1.13：知识测试——角色和责任

下表展示最新的角色职责图，包括到目前为止已识别的团队成员。这张表不同于你用来说明团队成员的职责和全责的 RAM。

团队成员	角　色	类　别	职责/责任
Allison Jones	IT	项目执行	负责苹果和梨子项目的 IT 问题
Carolyn Lee	工会代表	项目执行	负责确保从事制造的员工正常遵照工会合同工作
Carrie Macintyre	项目经理	项目执行	对项目结果负有全责
Darcy Moore	运营总监	项目执行	负责波特兰和贝尔维尤两家商店的运营
Eric Nash	制造总监	项目执行	负责所有生产的服装满足交付日期
Harry Edwards	采购总监	业务	负责所有采购需求
Jacob Patrick	工程及施工经理	项目执行	负责商店的施工
James Stevens	项目发起人	业务	负责项目管理和高层管理人员之间的联系
Jeness Hopkins	服装设计	项目执行	负责设计服装系列
Jocelyn Greer	服装设计欧洲联络人	项目执行	负责所有的服装设计
Jordyn Kelly	HR 副总裁	业务	负责协调资源问题
Madison Adams	网管	项目执行	负责更新网页以列入网上订购目录 负责营销策略的制定和实施
Megan Holly	营销经理	业务项目执行	负责设计人员和生产之间的工作流程
Michelle Price	协调员	项目执行	负责为项目提供资金
Olivia Ross	首席执行官	业务	负责广告
Skylar Janes	广告经理	项目执行	负责财务决策
Skylar Reese	首席财务官	业务	负责波特兰和西雅图商店的建筑施工

亲手实践 1.14：知识测试——相关方分析

1. 关于关注、兴趣、支持、影响及策略请参照下面的表格。你可以发现对于 Darcy Moore、Louise Rose、Todd Franks、Harry Edwards，你没有足够的信息。现在是时候得到这些信息了！

识别和访谈的潜在相关方	确定利益或关注	影响评估	减少挑战及获得支持的策略
Megan Holly	Megan 是高支持低作用	可能在开始过分热心	Megan 必须予以控制，这样她就不会过早开始工作。保持 Megan 得到通知，适当考虑她的意见
James Stevens	James 有高权力低支持	James 能阻止项目	James 应该是不断完善的商业论证的接收者之一，参与风险管理任务，并按他需要接受预算和成本信息
Jacob Patrick	Jacob 有低权力高支持	无	保持 Jacob 得到通知，让他领导项目的工程建设部分，因为是单独的子项目
Jordyn Kelly	Jordyn 有高支持高权力	对项目问题和 Jordyn 关注的事情，让他满意	利用 Jordyn 的协助获得资源
Skylar Janes	Skylar 有高支持低权力	保持 Skylar 在沟通回路里	确保 Skylar 善用其他相关方关于苹果和梨子品牌的意见
Carolyn Lee	Carolyn 有高支持低权力	保持 Carolyn 得到通知	无论何时工会都受到影响，很重要的是，项目经理对工会合同有合理的理解
Madison Adams	Madison 低权力高关注	保持 Madison 对每一步都满意	IT 问题影响项目成败，尽早而且经常让 Madison 参与
Allison Jones	Allison 有低权力高关注	保持 Allison 对每一步满意	IT 问题影响项目成败，尽早而且经常让 Madison 参与
Darcy Moore	信息不足	信息不足	信息不足
Louise Rose	信息不足	信息不足	信息不足
Todd Franks	信息不足	信息不足	信息不足
Harry Edwards	信息不足	信息不足	信息不足

2．相关方访谈及相关方分析的好处：

- 早期参与过程的高层人员可以帮助建立个人的支持和信任。
- 相关方输入和意见可能提高项目的质量。
- 你或许能够在合适的时间获得合适的人，这可能提高项目的结果。
- 保持相关方知情能使他们对你管理项目的能力建立信心。
- 使用相关方的观点和其他输入还可以当你需要时获得额外的信任和支持。

3．其他的相关方可能包括股东、供应商、客户、你的团队、政府机构、当地机构和贷款方。

4．你可能想知道用来帮助理解相关方的其他信息包括：

- 他们想要什么信息。
- 他们希望如何收到信息以及频度。
- 情绪兴趣。
- 他们是否对项目积极。
- 他们是否对项目消极。
- 财务利益。
- 他们的意见还可能影响谁。

5．有些项目经理认为是自己规划项目，把人员分配到任务。但是一个人的团队不是团队。通过联合尽可能多的人，你培养了积极人士对项目的支持。你甚至可能赢得项目消极人士的信任，因为你已经听到他们的担忧并反映到战略，以帮助他们克服恐惧和担忧。

亲手实践 1.15：知识测试——绘制相关方图

下图显示了一个完成的相关方图，考虑了至今得到的苹果和梨子项目的信息。

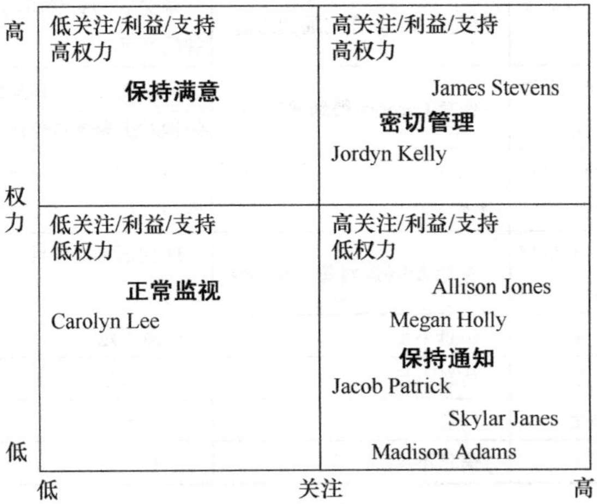

亲手实践 1.16：知识测试——项目组织结构

1．与在水平报告结构中工作相关的挑战：

- 有些人不能摆脱层级结构思维。
- 高级别人员在场，可能阻碍直话直说。
- 有些人可能不跟项目经理商量就做出自己的决定。

2．与在垂直结构中管理项目相关的两个挑战：

- 有两个老板很麻烦，如果执行者收到项目经理和他们的老板两个人的要求，他们该执行哪个？
- 项目经理可能不得不遵循命令链，所以需要花费更长的时间来做决定。

3．你可以通过如下做法克服在水平报告结构中工作的挑战：

- 在团队成员中设置期望。
- 使用沟通计划。
- 把每人都作为小组成员来平等对待。

4．下图显示了垂直层级的项目组织结构。

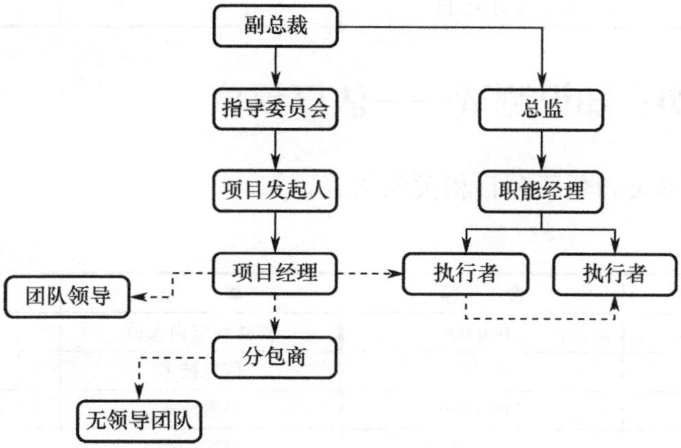

亲手实践 1.17：知识测试——项目限制

苹果和梨子项目的边界：

1．只有两家商店——一家在华盛顿的贝尔维尤，另一家在俄勒冈的波特兰。

2．将遵循项目计划，除非有指令并得到批准，否则不做任何变更。

3．我们将使用来自美国的设计师，如有必要也使用欧洲的。

4．只在美国生产服装。

5．我们将只在当地社区雇用人员，包括华盛顿的贝尔维尤和俄勒冈的波特兰。没有人从 Cimarron 调动过去。

6．商店的广告将只包括西雅图和波特兰市区。

7．广告将只使用当地出版物和电视。

亲手实践 1.18：知识测试——实现方法

这个项目包括子项目：贝尔维尤的商店和波特兰的另一家。这些项目将并行实现以满足紧凑的进度安排，但每个商店项目都要按阶段完成。

亲手实践 1.19：知识测试——里程碑

下表显示与苹果和梨子项目相关的里程碑。

里程碑	日 期	里程碑	日 期
合同和租约签订	2 月 15 日	人员雇用	10 月 1 日
服装设计	3 月 15 日	室内装饰完成	10 月 1 日
广告计划完成	6 月 30 日	商店装修	10 月 5 日
服装制造	8 月 1 日	服装交付	10 月 10 日
建设工程完成	9 月 15 日		

亲手实践 1.20：知识测试——估算预算

下表显示与苹果和梨子项目相关的估算预算。

单位：美元

事 项	金 额	事 项	金 额
广告	1 000 000	招聘和培训人员	50 000
空间规划	5 000	信息技术	700 000
建设工程	3 600 000	制造成本	2 075 000
耗用品家具	50 000	交付和安装	20 000
服装设计	1 250 000	总计	8 750 000

亲手实践 1.21：知识测试——高层次项目风险

这些是与苹果和梨子项目相关的高层次项目风险。

1．机会：由于经济下滑，可能有更多的合格员工和建设人才能够为我们所用。

2．风险：因为美国和欧洲度假时间的差异，设计师可能不能在截止日期前完成（8 月在欧洲通常无人工作）。

3．风险：美元与欧元的汇率可能影响为欧洲设计师所做预算的金额。

4．风险：因为经济疲软，我们可能不会为商店得到所有的产品。

5．机会：既然需求下降我们可能以较低价格购买产品。

亲手实践 1.22：知识测试——项目假设

下表显示与苹果和梨子项目相关的项目假设。

单位：美元

项目假设	
1．存在高层支持，CEO 需要这个项目，正是因为如此，发起人也是支持者	真
2．预算是足够的	真
3．当地的劳动力将是可用的	真
4．设计师将按时完成	不确定
5．广告会按时发布	不确定
6．材料将在需要时可用	不确定

亲手实践 1.23：知识测试——项目制约及应对措施

下表显示与苹果和梨子项目相关的项目制约及应对措施。

制　约	应对措施
1．这个项目必须在 10 月 25 日完成	识别出来的任何将会延长期限的风险，应该在规划阶段克服
2．可用的预算不应超过 8 750 000 美元	请求管理储备和应急储备
3．设计者必须在 3 月 31 日之前完成	根据需要尽可能多地使用设计师。他们将是团队的一部分，这样服装系列符合 Ross 女士的愿景

亲手实践 1.24：知识测试——汇总各项

你终于完成了！这是填好的苹果和梨子项目的章程。

项目章程		
里程碑摘要	合同和租约签订	2 月 15 日
	服装设计	3 月 15 日
	广告计划完成	6 月 30 日
	服装制造	8 月 1 日
	建设工程完成	9 月 15 日
	人员雇用	10 月 1 日
	室内装饰完成	10 月 1 日
	商店装修	10 月 5 日
	服装交付	10 月 10 日
	人员培训	11 月 1 日
	商店开张	2 月 15 日
成本摘要	广告	1 000 000 美元
	空间规划	5 000 美元
	建设工程	3 600 000 美元
	耗用品家具	50 000 美元

续表

项目章程		
成本摘要	服装设计	1 250 000美元
	招聘和培训人员	50 000美元
	信息技术	700 000美元
	制造成本	2 075 000美元
	交付和安装	20 000美元
	总计	8 750 000美元
高层次风险	1．机会：由于经济下滑，可能有更多的合格员工和建设人才能够为我们所用 2．风险：因为美国和欧洲度假时间的差异，设计师可能不能在截止日期前完成（8月在欧洲通常无人工作） 3．风险：美元与欧元的汇率可能影响为欧洲设计师所做预算的金额 4．风险：因为经济疲软，我们可能不会为商店得到所有的产品	
配置管理	配置管理将使用标准的变更管理过程	
假设	1.存在高层支持，CEO需要这个项目，正是因为如此，发起人也是支持者	真
	2．预算是足够的	真
	3．当地的劳动力将是可用的	真
	4．设计师将按时完成	不确定
	5．广告会按时发布	不确定
	6．材料将在需要时可用	不确定
制约	**制　约**	**应对措施**
	1．这个项目必须在10月25日完成	识别出来的任何将会延长期限的风险，应该在规划阶段克服
	2．可用的预算不应超过8 750 000美元	请求管理储备和应急储备
	3．设计者必须在3月31日之前完成	根据需要尽可能多地使用设计师。他们将是团队的一部分，这样服装系列符合Ross女士的愿景
项目审批	我们将遵循渐进的商业论证，并且如果记分卡满足或超过最低分数线，那么项目将继续前进到规划过程组	
项目验收标准	• 所有的工作都已检查 • 所有可交付成果都已验收 • 员工训练已经完成	
	• 手册和程序已经提供 • 竣工图纸已收到并批准 • 竣工查核事项表的事项完成并通过客户审查 • 供应商的合同和协议已经结束 • 承包商收到最终付款	

亲手实践 1.25：知识测试——第一阶段的专业责任

回答与第 1 阶段相关的问题。

1．我收集了我们的预算和进度信息，把它们发布到知识转移数据库。这些信息将会与完成时的实际信息进行比较，这样下次就会更准确。

2．我宣布一个潜在的利益冲突。我自己退出了供应商选择，被告知我可以管理这个项目。

3．因为这是我的第一个大项目，我参加了一次财务课程，在那里学习了很多关于财政原则、企业战略等的知识。下次我对这些活动就不会是一个新手，就会知道它是如何完成的。

4．合适的相关方早已识别出来，每一步我都保持他们知情。我倾听他们的担忧，必要时采取行动。

5．就我们如何实现预算，我将向他提供有关细节。

阶段 2　解决方案

亲手实践 2.1：知识测试——可交付成果

这些是苹果和梨子项目期望获得的可交付成果。

- 为商店树立商标，包括文具、信封、收据、发票、名片和目录。
- 广告计划包括报纸和电视宣传。
- 服装设计包括新娘装、晚装、白天服装、运动装、内衣和户外休闲服。
- 在美国制造苹果和梨子项目的服装。
- 为柜台、销售及管理招聘并培训人员。
- 零售商店在华盛顿的贝尔维尤和俄勒冈的波特兰开张，符合工程建设文件、空间计划、租约要求和装修布局。

亲手实践 2.2：知识测试——产品验收标准

下表显示了苹果和梨子项目的产品验收标准。

产品验收标准	
进度日期	所有衣服必须在商店开张前两周适合运输
功能	所有衣服应该对“苹果”和“梨子”身形的人很合身
外观	所有衣服应该匹配已批准的设计和为他们指定的材料。他们应该是有品位和新鲜的（防皱或不皱）
性能水平	服装应适当裁剪；纽扣要加固避免脱落；拉链应该没有缺陷；纺织物不应该有破缝
实用性	90%的服装应该可洗
清晰度	衣服标签应该容易看到和理解
容量	服装品种将包括新娘装、晚装、白天服装、运动装、内衣和户外休闲服
准确度	服装应该在衣服和标签上标出正确的尺码
可用性	根据市场研究，服装应该有各种尺码
可维护性	服装应该有多余的纽扣，面料不能褪色
可靠性	服装应多年可用
灵活性	风格系列应可以混搭

亲手实践 2.3：知识测试——编制工作清单

对于任务“明确要求的家具”，下表显示了一份更详细的 WBS。

- 确定家具
  - 一楼服装展示区域
    - ◆ 确定所有的衣服架子和展示需要。
    - ◆ 识别必需的家具。
    - ◆ 识别附件。
    - ◆ 识别珠宝展示。
    - ◆ 识别附件展示。
    - ◆ 确定商店大堂区域的模特。
  - 一楼的客户服务和收银台
    - ◆ 识别可用的橡胶地板类型。
    - ◆ 确定顾客服务台的设备。
    - ◆ 识别收银台设备。
  - 主更衣室
    - ◆ 确定需要的软垫椅类型。
    - ◆ 确定可以安装的镜子类型。
    - ◆ 识别可用的服装钩。
  - 洗手间
    - ◆ 识别为休息区购买的双人座椅或沙发。

◆ 确定用于休息区的茶几类型。
◆ 确定为休息区购买的装饰灯具的类型。
◆ 识别用于休息区的 7 英寸×9 英寸中国装饰地毯的类型。
◆ 确定将购买的干手机。
◆ 确定需要的厕纸取用器类型。
◆ 确定将购买的香皂取用器类型。
◆ 确定卫生间化妆台的附件。

— 办公室
◆ 识别带转角柜的办公桌的类型。
◆ 确定需要的 48 英寸双抽文件柜的类型。
◆ 确定座椅的类型。
◆ 确定硬件和软件。

— 休息室
◆ 确定购买的冰箱类型。
◆ 识别购买的微波炉类型。
◆ 确定要使用的桌椅组合。
◆ 确定需要的咖啡机的类型。
◆ 确定需要的盘子和镀银餐具。
◆ 确定使用的自动售货机类型。

— 婚礼用品室
◆ 识别要购买的婚礼用品区的模特。
◆ 确定婚礼用品更衣室的家具。
◆ 确定两步高讲台的类型。
◆ 识别附件展示。
◆ 识别婚纱架的类型和数量。
◆ 识别伴娘礼服架的类型。
◆ 确定需要的面纱展示类型。

— 裁剪室
◆ 识别需要的缝纫机类型。
◆ 确定需要的缝纫台类型。
◆ 确定缝纫台的椅子类型。
◆ 确定裁剪室的存储需要。

— 库存储藏间
◆ 识别存货的存储需求。

— 保洁间
    - ◆ 识别保洁物品的存储需求。
    - ◆ 确定所需真空吸尘器的类型。
    - ◆ 确定其他保洁物品。

亲手实践 2.4：知识测试——组织任务成逻辑分组

1．以下为四个逻辑分组：培训销售人员、培训市场人员、准备广告、印刷宣传册和手册。

- 培训销售人员
  - — 准备阶段 1 培训。
  - — 选择销售人员。
  - — 销售人员送去培训。
  - — 引导阶段 1 培训。
  - — 准备阶段 2 培训。
  - — 引导阶段 2 培训。
  - — 帮助销售人员熟悉宣传册和手册。
  - — 销售人员送回责任区域。
- 培训市场人员
  - — 明确通用的市场方式。
  - — 选择要培训的市场人员。
  - — 市场人员带到总部。
  - — 加强具体的市场培训。
  - — 继续进行专业训练课程。
  - — 培训市场人员。
  - — 把市场人员送回责任区域。
- 准备广告
  - — 加强广告计划。
  - — 在为专业期刊准备文章。
  - — 在专业期刊发表文章。
  - — 准备区域广告。
  - — 批准区域广告。
  - — 发布和执行区域广告。
  - — 在各类合适媒体发布广告。
- 印刷宣传册和手册
  - — 设计和批准宣传册。

— 设计宣传册版面。
— 印刷宣传册。
— 设计客户指导手册。
— 批准客户指导手册。
— 打印客户指导手册。
— 发送手册给培训中心。

2. 这些是不使用 WBS 的挑战：

- 范围可能没有彻底定义。你可能错过一些东西，或者在范围内可能有些东西而你不需要。
- 资源可能没有完全定义或理解。
- 估算可能不会有效。
- 进度表可能不正确。
- 预算可能不正确。

亲手实践 2.5：知识测试——审阅和调整 WBS

以下的建造工程 WBS 已经过审阅和调整。为生产更合适的可交付成果，可以把你认为有帮助的任务和活动加进去。

1. 获得工作计划
2. 提交计划
3. 获得批准
4. 安装临电
   4.1 打电话给电力公司
   4.2 安装临时电线杆
5. 设置工作室
   5.1 请来临时拖车
   5.2 把电引到拖车
   5.3 安装临时电话线
6. 执行土方工作
   6.1 用木桩固定墙角和壁阶
   6.2 设立打桩界石作为参考点
   6.3 为地平面检查土方作业以便打桩
   6.4 挖出地基
   6.5 销售或保存沙土
7. 现场引入工具

7.1 建立供水管道
7.2 建立电缆
7.3 建立网络
7.4 建立电话
8．按计划订购材料
8.1 订购石膏板
8.2 订购隔音材料
8.3 订购门和附件
8.4 订购五金器具
8.5 订购木工产品
8.6 订购地胶
8.7 订购电气材料
8.8 订购机械（空调系统/加热）
8.9 订购管道
8.10 订购大理石/石料/瓷砖
8.11 订购电器
8.12 订购窗户
8.13 订购防火材料
8.14 订购特制品
9．建设地基
9.1 建造模板
9.2 放置钢筋
9.3 倾倒水泥
9.4 倾倒圆柱试体
9.5 拆卸清理模板
9.6 让水泥凝固
9.7 分析圆柱试体
9.8 预订检查
10．草拟房子框架
11．草拟电力和管道图
12．开始框架
12.1 安装地板托梁
12.2 安装地板夹板
12.3 建造墙
12.4 建造窗
12.5 建造门

13．建筑后部设置物料配送功能区
14．铺设人行道、通道和柏油路
15．安装椽子
16．把房顶连成大片
17．编制线路图
18．安装房顶
19．房顶安装电路
20．房顶安装管道
21．拉线
  21.1 安装电线
  21.2 安装有线电视线
  21.3 安装互联网线
  21.4 安装声音系统线
  21.5 安装安全线
  21.6 检查线路
22．安装隔热
23．安放石膏板
24．安装橱柜
25．铺瓦和油布
26．安装木工
27．完成管道工作
28．完成电力工作
29．安装加热设备
30．清洁房子
31．铺地毯

亲手实践 2.6：知识测试——成本预算

1．活动估算应该由雇员进行，然后对比可用的历史估计，如果有的话。

2．有使用这两类估算地方。自上而下估算经常用在启动阶段，让你判断项目可能花费多少。应记的主要事情是，自下而上估算发生时，详细的 WBS 已编制，应急储备已建立，管理储备已批准。

3．两个场景：

- 你规划的专家型工人不再可用。具有平均技能的某人可能需要比计划更长一些时间。
- 为未来任务承诺资源的资源经理已经忘记了他的承诺，资源不再可用。

亲手实践 2.7：知识测试——网络图逻辑 1

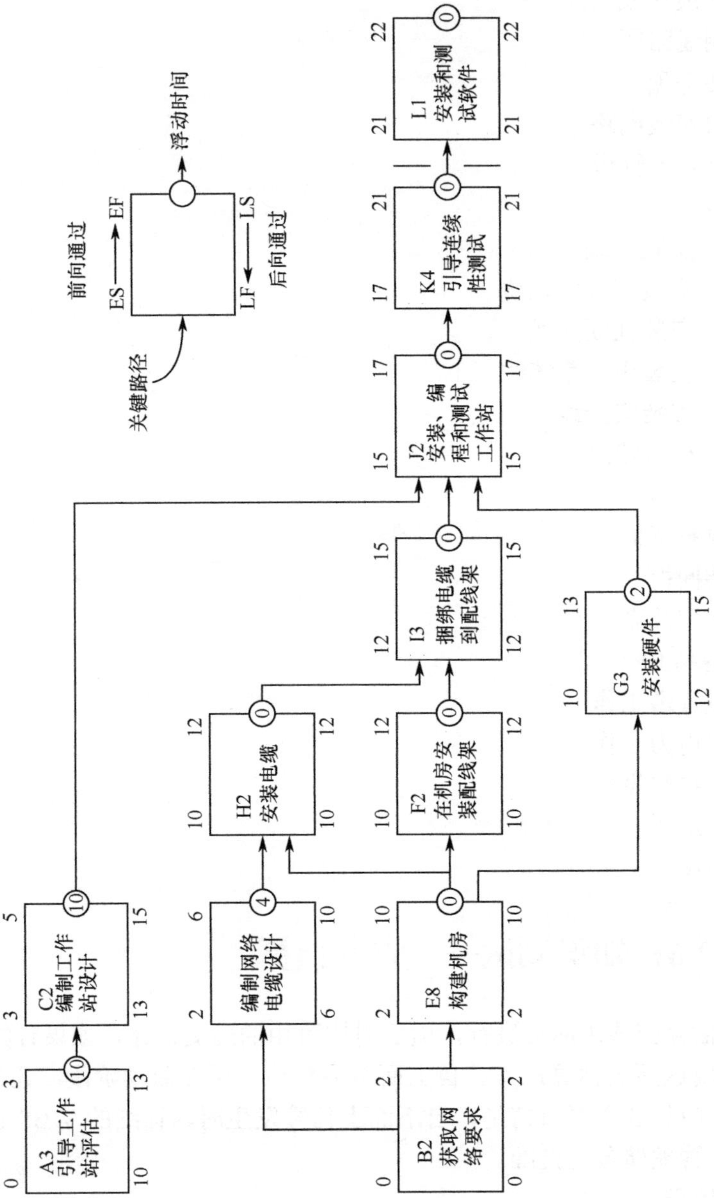

亲手实践 2.8：知识测试——网络图逻辑 2

PDM 网络图如下。

1．把 ES、EF、LS 和 LF 在图中标识出来。

2．每一路径的浮动时间总额如下：

路径 B，D，E，G，N=2，路径 A，I，S，T，U，V，N = 2

路径 C，E，G，H，N=0 ，路径 A，I，W，X，V，N = 2

路径 C，F，G，H，N = 1，路径 A，Y，Z，AA，V，N = 2

路径 A，J，K，L，M，N = 19，路径 A，BB，CC，V，N = 2

路径 A，I，0，P，Q，R，N = 0

3．有没有自由时差，如果有，哪个任务有？

- 任务 X 有 2 天的自由时差。
- 任务 AA 有 4 天的自由时差。
- 任务 CC 有 4 天的自由时差。

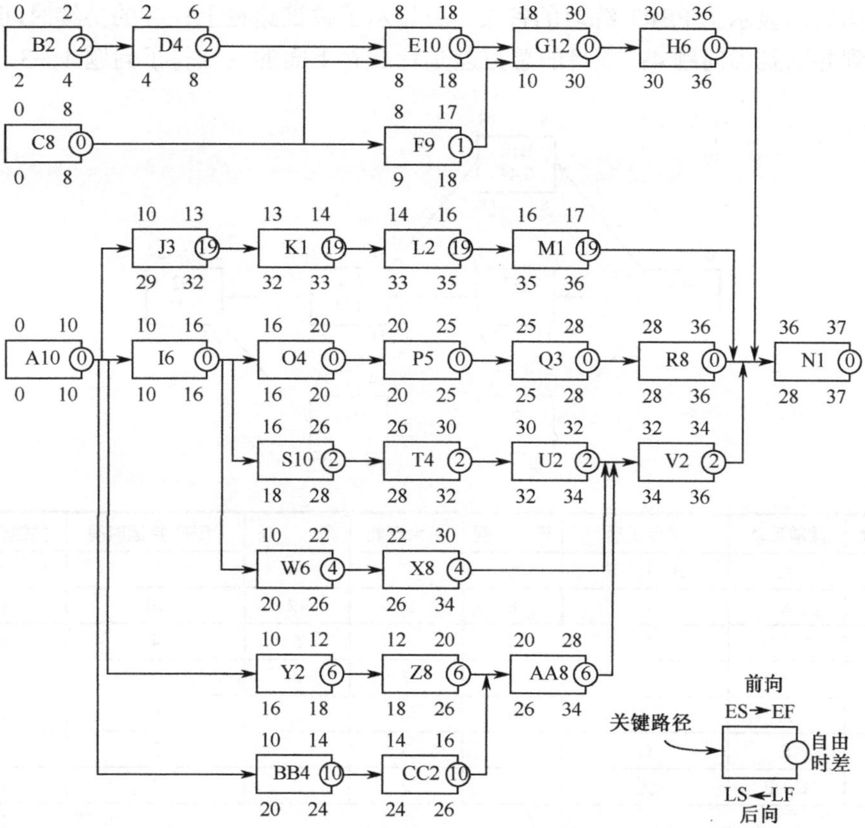

4．浮动时间和自由浮动之间的差异是什么？浮动时间由整条路径分享。有自由浮动时间的任务可以有额外的时间完成它们的工作而不影响整条路径。

5．有两条关键路径：C，E，G，H，N 和 A，I，0，P，Q，R，N。

6．如果有一个以上关键路径，项目不能按计划准时完成的风险就会增加。在这个例子中，有 11 个任务没有浮动时间。那就意味着有 38%的任务没有给错误留余地。每条路径中浮动时间的数量不足够去减轻风险。尽管 6 个任务有自由浮动时间，除非有资源能移动到更关键的任务上，他们无法帮助当前情形。

7．项目经理必须对进度计划加倍注意，要一而再再而三地向提供团队成员的经理重申（假设在矩阵型组织中），给错误没有余地；如果不延长进度，要完成这些任务的话，没有多余的时间。应该是职能经理确保工作按时完成，甚至说这意味着多增加一个人来帮助工作，如果可能。这会增加额外的成本，所以项目经理必须清楚，从优先级的观点看，三重制约（范围、时间、成本）哪一个是最重要的？

亲手实践 2.9：知识测试——PERT

下面的图显示了 PERT 练习的答案。表显示了关键路径上任务的持续时间和偏差如何得到并回到了问题 4：项目的总方差是什么？下面的图回答了问题 1～3。

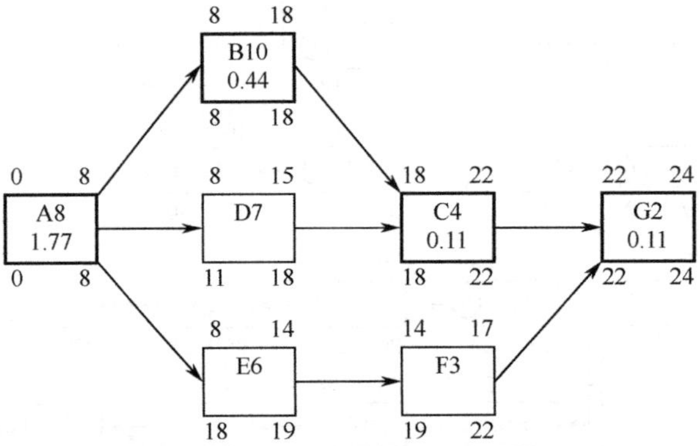

活　动	紧前活动	紧后活动	乐　观	最大可能	悲　观	PERT 持续时间	关键任务偏差
A	无	B，D，E	6	7	14	8	1.77
B	A	C	8	10	12	10	0.44
C	B，D	G	3	4	5	4	0.11
D	A	C	6	7	8	7	0.00
E	A	F	5	5.5	9	6	0.00
F	E	G	2	3	4	3	0.00
G	C，F	无	1	2	3	2	0.11
						总偏差	2.43

回答 4：偏差= 2.43

回答 5：SD = 1.56

回答 6：15.85%

回答 7：2.3%

回答 8：0.15%

回答 9：25.56

回答 10：27.12

回答 11：28.68

下图表示了回答 6～11 的说明。

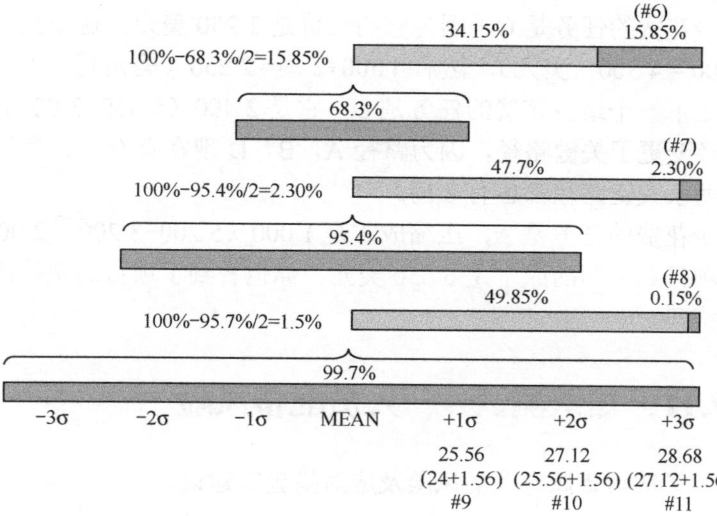

亲手实践 2.10：知识测试——压缩项目持续时间

下面的图显示了问题 1～2 的答案，这是通过赶工来压缩项目的持续时间。表显示了问题 3 的答案。

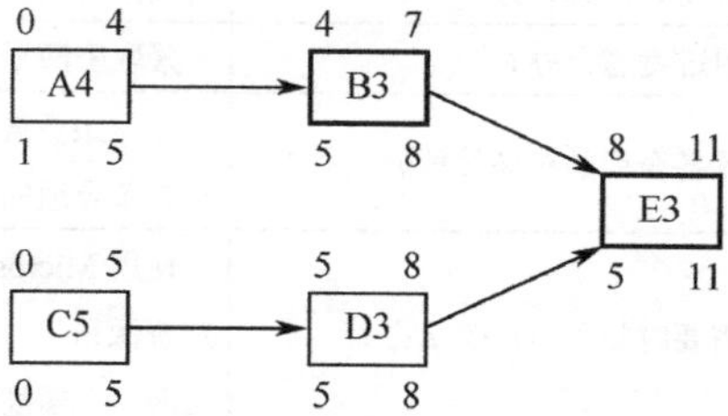

单位：美元

活　动	紧前活动	紧后活动	正常时间	正常成本	赶工时间	赶工成本
A	无	B	4	3 200	2	5 200
B	A	E	3	6 000	1	12 000
C	无	D	5	5 000	2	9 500
D	C	E	3	3 000	1	5 400
E	B，D	无	3	1 200	1	2 200

通过减少关键路径上最少成本的任务开始。第一个要减少的任务是花费最少的E。压缩一周的成本是 1 000（2 200−1 200）美元。路径 C，D，E 依然是关键路径，但已经被从 11 周压缩成了 10 周。

下一个最少花费的任务是 C，因为它的代价是 2 250 美元。这个任务你将压缩一周［9 500−5 000 = 4 500（美元），然后 4 500÷2 周= 2 250（美元）］。

关键路径上下一个最少花费的任务是 D，它是 2 400（5 400−3 000）美元。通过压缩 C，你已经变更了关键路径，因为路径 A，B，D 现在有 9 周，所以你需要压缩一周，创造了两条关键路径都各有 8 周。

下一个最少花费的任务是 A，压缩成本是 1 000（5 200−3 200 = 2 000/2）美元。结果，你压缩项目到 8 周的成本是 6 650 美元。你也看到了项目的整体风险，因为没有给错误留下空间。

亲手实践 2.11：知识测试——人员配备风险

请看下表，了解与资源有关的风险及应对措施的建议。

资　源	风　险	策　略
单一来源的人力资源	如果该资源不能执行他的任务，会发生什么？	通过培训其他人完成这个工作，创造一个备份
你的地理区域的单一来源供应商	如果这家供应商库存很少会怎么样？	提早下订单
	如果提价会怎么样？	在合同中锁定价格
	如果有配送问题怎么办？	提早预订材料
	如果这家供应商破产怎么办？	安排替代材料，寻找备份供应商
内部资源	如果资源使用过度怎么办？	采取资源平衡措施
	如果他们不具备合适的任务技能怎么办？	提早跟资源经理谈判，确保资源分派到任务上时具备合适的技能
	如果资源在需要时却不可用怎么办？	使用 Microsoft® Project 或其他进度制定工具制定资源日历，以有足够的时间提醒资源经理安排资源，在需要时能够用上

亲手实践 2.12：知识测试——沟通

1．为获取各种相关方的信息的需求，你需要仔细分析他们来确定需要提供的信息和这些信息的来源。下面的步骤可以协助这一工作：

- 审查发起人的、供应商的和你公司的组织图来确定官方沟通渠道。
- 访谈相关方了解信息的需要和非正式的沟通渠道。
- 访谈你公司的其他人，他们可能有发起人或交付组织的管理的历史或知识。
- 在沟通管理计划中记录每个相关方团体的信息需求。

2．可能影响通信技术选择的因素包括但不限于：

- 对信息的需求的紧迫性。
- 要求的互动。
- 团队的位置。
- 技术的可用性。
- 技术的成本。
- 预期项目人员。
- 项目长度。

3．测量沟通的有效性指标：

- 告诉你的团队，任何时候，如果没有收到消息，他们应该立即让你知道。项目经理将调查原因和采取适当行动。例如：
  — 如果电子邮件没有收到，确保有正确的电子邮件地址，并使用可靠的功能。
  — 如果你收到不应接收的资料，调查信息的发布情况。
  — 如果团队成员不能访问准备好的资料，确保他们在正确访问。

亲手实践 2.13：知识测试——合同类型

1．成本加激励酬金合同主要用于合同涉及大量的硬件开发和测试需求的长期绩效表现。当项目有明显的持续时间（5 年以上），项目经理应该在一个定义的级别上关注第一阶段的估算，然后以此为基础进行参数估算。这意味着，对预算和进度的迭代精确将是正常的。项目经理必须特别注意，修改订单进行了全面分析的技术队伍。此外，如果项目期间的技术升级没有在项目过程中计入，类似这样的计划在完成之前可能落伍。

2．项目经理承担高风险，而卖方承担最小风险。当潜在利润有固定保障，卖方没有激励去降低成本时，这种类型的合同也容易被滥用。

3．项目经理应该严格控制劳动力和材料成本。这种类型的合同主要用于研究项目，这种项目中取得成功所需的工作量在合同签订后一直到成功之前都是不确定的。

4．卖方没有动力来降低成本。事实上，增加的成本将会增加潜在利润。这种类型的合同在联邦政府是违法的。

5．项目经理应该尤其注意控制劳动力和材料成本，这样卖方（承包商）将无法故意增加这些成本。尽管这种类型的合同是在联邦政府被禁止使用的，但它被用在私营领域，尤其是建筑业。正如你可以看到的，100%的风险是由买方承担的。

6．卖方承担最大程度的风险，而潜在的利润是最高的。卖方应会被激励去降低成本高效生产，因为无论成本是多少，卖方收到约定的数额。因此，卖方应该强调控制成本。

亲手实践 2.14：知识测试——合同计算

1. 如果承包商 A 成本是 720 000 美元，承包商 A 的 CPPC 出价的成本将会是多少？

720 000（成本）

+28 800(725 000 的 4%)

=748 800（美元）

2．如果 Ross 女士选择承包商 D 的 CPIF 出价，合同成本将会是多少？

720 000（成本）

+25 000（每提早一个月的激励费）

=745 000（美元）

3．如果成本是 700 000 美元，成本分配比例为客户 80%卖方 20%，承包商 C 的 CPIF 成本是多少？

目标成本=725 000 美元

目标利润=20 000 美元

目标价格=745 000 美元

最高价=775 000 美元

实际成本=700 000 美元

分享比例=5 000 美元（低于目标成本的部分 25 000 美元的 20%）

合同价格=725 000 美元（成本 700 000+25 000 费用）

4．如果目标成本是 720 000 美元，目标利润是 10 000 美元，目标价是 730 000 美元，最高限价是 750 000 美元，实际成本是 700 000 美元，承包商 E 的合同利润是多少？

10 000=目标利润

5 000=进度提早一个月的激励费

2 000=20 000 的 10%

17 000=包括激励费的实际利润

717 000=合同成本

亲手实践 2.15：知识测试——质量规划

1．为做出最大贡献，团队成员必须满足以下条件：

- 知道该做什么满足规范。
- 知道如何履行职能满足规范。
- 有足够的工具来履行职能。
- 在过程中能够测量性能。
- 能够调整过程满足期望的结果。

2．产品成果和项目结果之间的差异：

- 产品的结果是在项目的结尾你最终想要的。项目中所有的工作产品应该满足与它相关联的所有质量标准并满足与客户谈判的所有的验收标准。
- 项目结果描述了你是否达到了成本、进度和绩效范围。有时即使满足这些指标，项目并不一定成功，除非客户是满意的。一个不满意的客户等于失败的项目。

3．与商店建设工程相关的质量属性包括：

- 建设工程在预算之内准时完成。
- 建设工程根据国家和地区的工程规范来进行。
- 建设工程遵守安全指南。
- 建设遵循工作计划。
- 木工产品按专家水平完成。
- 各种装饰表面没有缺陷。
- 所有家具没有缺陷。

亲手实践 2.16：知识测试——识别和定性分析风险事件

1．找出在苹果和梨子项目中可能发生的两种风险事件。

- 组织的：
  - — 关键团队成员在需要时可能不可用。
  - — 重组可能阻碍职能经理的承诺。
- 技术的：
  - — 电话系统可能不会准时安装。
  - — 新 IT 软件可能不兼容目前的软件。
- 项目管理的：
  - — 项目经理提供不清晰的沟通和指导。
  - — 项目经理可能去做手术。

- 外部的：
  — 存货可能不会准时到达。
  — 劳动力市场可能继续罢工。

2．发生的概率、发生的影响和你的风险应对措施，在下表可以看到。

风险序号	风险事件说明	概率			项目影响说明	影响			减轻措施	所有者	状态
		低	中	高		低	中	高			
1	关键团队成员在需要时可能不可用				项目中有三个关键相关方是唯一来源供应商				避免：为三个职位培训其他人员		
2	重组可能阻碍职能经理的承诺				进度会延迟，成本可能增加				培训：与发起人讨论这个问题，获得书面承诺，不管重组与否，人员会分配给项目		
3	电话系统可能不会准时安装				无				接受：使用手机和电子邮件		
4	新 IT 软件可能不兼容目前的软件				可能延迟目录销售				避免：提高测试的参数和时间——调整该任务的持续时间		
5	项目经理提供不清晰的沟通和指导				关于生产制造的问题可能不会立即得知				避免：所有海外人员必须保持可以沟通的状态，无论是否在度假		
6	项目经理可能去做手术				信任项目经理的学习曲线可能延误项目关键时期的决策制定				减轻：指定后备项目经理，让他保持在沟通回路中		
7	设计的服装存货可能不会准时到达				可能延迟商店开张				避免：密切监控存货，介入额外存货的后备采购		
8	通信劳动力市场可能继续罢工				无				减轻：招聘非工会的通信工人		

亲手实践 2.17：规划阶段的专业责任

1．说类似“我的预算只是批准了来完成章程中显示的工作”的话。如果你从我的发起人获得批准，有额外资金和额外的进度表时间，我很乐意为你增加这个工作。

2．立即叫停会议，然后让违规当事人道歉，不仅对她，而是对整个团队。她不仅是无礼的，而且显然她不理解组织的多元化政策。你事后建议她的上司让她参加有关多元化和情绪管理的课程。

3．你该做什么？提醒他潜在的利益冲突，然后跟他和其他的团队审查当有潜在利益冲突时应该做什么。

4．与主管正面解决问题。解释这位人员发生了什么并请教他怎么办。他所提供的答案会有力地帮助你后续的谈论和活动。

阶段 3　解决方案

亲手实践 3.1：知识测试——获得资源

1．与获取资源相联系的挑战包括：

- 试图在团队配备超级巨星作为员工。
- 没有看到团队的个人抱负。
- 使用差劲的面试技巧。
- 没有让资源清楚他们对新职位的价值。
- 接受了没有必备技能的资源，仅仅因为他们是可用的。
- 没有检查团队成员之前的承诺，或许他们在你的项目的关键部分已经预定了一次海上航游。
- 选择技术专家任领导角色而不知道他们的管理和领导能力。

2．新成员可能不知道业务目标和项目目标或将要使用的工具。他们可能不知道如何融入项目计划。这可能使一个新的团队成员对他们的角色感到不舒服。他们可能不会说出来，因为可能认为他们应该已经知道了这些东西，然后只是试着去融入。

错误可能发生。比如，你被告知要写一份报告。这听起来非常简单，所以你写了一份，包括了所有要求的事项，把它发到了项目经理的收件箱。你后来发现报告必须遵循一定的格式并且将会在线使用，放到一个你根本不知道的网站上。结果是，项目经理必须向关键收件人解释为什么这个报告没有在网站上发布。

另一个例子是，一个团队成员可能要求你做一些事情，你做了，但你不知道任务必须要由一个特定的工会人员完成。你后来发现工会投诉你了。

亲手实践 3.2：知识测试——你的专长

1．不经过项目管理培训而管理一个项目，这个人应该是超乎寻常的才行。然而，这种事经常发生。任命项目经理必须有出众的沟通能力、优秀的冲突解决技能及公认的组织和领导能力。做南郭先生，隐藏是新手的事实，你会很快被发现。应该向你的团队承认，你对流程不熟悉，将依靠他们帮助你前进。你也应该声明，团队中的每个人都要成功，项目才能成功。

当被分配到缺乏所需的技能的工作时，你应该尽你所能来解决这个问题，比如求助于导师、参加培训课程、告诉上司你认为的你的优势和劣势以及个人研究。

如果你有一个项目管理办公室，许多资源应该提供给你，如以前的项目文档、项目管理书籍。尽快让你的团队成员知道你需要他们的帮助，你将感激任何反馈，这样项目就不会出现问题。

2. 这时团队成员应该跟项目经理聊聊。团队成员应该把看到的问题告诉项目经理：作为一个团队成员，她认为这个项目开始崩溃，她应该向项目经理提议，如果项目经理给团队机会，大家愿意提供帮助，但如果事情继续维持老样子，她将被迫升级问题。

亲手实践 3.3：知识测试——PMIS

1. 电子 PMIS 的要素包括：

- 信息收集和发布过程。
- 内部网络或互联网站的访问入口。
- 进度和演示软件。
- 配置管理数据库。
- 项目管理表单和检查表。

2. 如果缺乏 PMIS，你应该自己创建一个。这可能是一份文字形式的项目控制书。这本书需要在任何时候都保持当前信息，保存在安全位置，在需要时可以访问。问问自己：“如果我不得不离开项目怎么办？我的接任者需要确切知道什么信息才能让项目继续呢？”

3. 在设立 PMIS 的电子访问权限时，你应该考虑谁需要访问 PMIS，还应该为那些有必要知道的在内部设立密码。你还应该为在项目工作的外部承包商提供一个非专有门户。

亲手实践 3.4：知识测试——期望和承诺

项目发起人对项目经理的期望：

- 该项目将按时并在预算内交付。
- 可交付成果将满足所有与它们相关的质量属性。
- 真正的状态，好或坏消息，将立即提交。

- 对问题或挑战你要有一个建议或解决方案。
- 我们将支持和尊重对方。
- 你愿意承担项目的责任。
- 没有疏离地解决冲突和愉快地接受挑战。
- 必要时应用技术判断。
- 做一个诚实的时间和成本的管家。
- 坚持你的创造力与灵活性。

项目发起人给项目经理的承诺：

- 我将让你参与合适的规划工作。
- 我将珍惜和善用你的投入。
- 我将尊重你的项目领导角色，不做微观管理。
- 我将会使我们的沟通渠道畅通。
- 我将倾听你的挑战和信任你的解决方案，除非我有不支持你的解决方案的信息。
- 对于高级管理层所做的可能影响项目的决定，我都会随时保持让你知情。

亲手实践 3.5：知识测试——倾听习惯

你已经进行了倾听测试并在表 3.8 中记下了答案。下表是对答案的解释。

倾听能力测评答案	
组 1 有效倾听习惯	得分越高，积极倾听能力越有效 35～40 分：优异的积极倾听能力 30～35 分：良好的积极倾听能力 <30 分：积极倾听能力需要提升
组 2 无效倾听习惯	得分越低，积极倾听能力越无效 >10 分：积极倾听能力需要提升 5～10 分：良好的积极倾听能力 0～5 分：优异的积极倾听能力
组 3 积极会议倾听	得分越高，积极倾听能力越有效 >10 分：会议中的积极倾听能力需要提升 5～10 分：会议中良好的积极倾听能力 0～5 分：会议中优异的积极倾听能力

亲手实践 3.6：知识测试——质量保证

1．被认作质量成本的事项包括类似培训的预防工作和评估工作，这些评估技术可包括测试、检查以及质量审计。质量成本事项是落实到位的那些流程，用以识别需要改进的机会以及质量非一致性潜在来源。它们在项目启动前落实，像培训之类的预防措施。非一致性事项如返工、废品等都是项目过程中与质量标准不一致的行为的结果。项目启动后损失的业务是不可估量的。

2．质量审计的目的是确保规划的质量要求得到满足，产品是安全的并适于使用，所有适用法律已经遵循，数据系统已经准备到位可以跟踪、度量和报告质量属性，确保它们是适当的和准确的。

亲手实践 3.7：知识测试——预期价值和 NPV

下图展示了如何使用期望值和决策树来计算 NPV。答案是 B，2 158 美元，这是一个值得开展的项目。

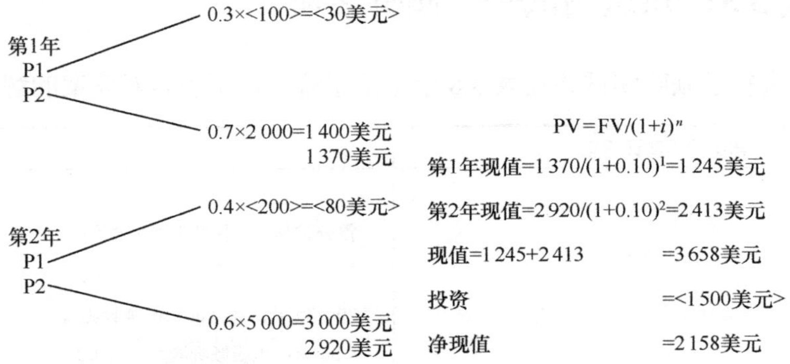

亲手实践 3.8：知识测试——获得卖方

1．为什么是投标人会议重要？

投标人会议的重要性是确保所有潜在卖家有机会提问题，听到其他卖家的评论和提问，能同时听到对这些问题的回答。所有潜在卖家就拥有相同的信息，以决定如何回应买方。

2．什么时候举行投标人会议？

投标人会议将在提交标书的截止日期之前举行。

3．谁应该引导投标人会议，为什么？

投标人会议应当由采购主管来引导。采购主管知道采购的来龙去脉。项目经理和合同经理也参与这些程序，来说明情况，并发挥项目的专业知识和/或合同方面的专长。

亲手实践 3.9：知识测试——选择供应商

1．权重系统、筛选系统和合规矩阵的区别：

- 所有都用于协助选择卖家。
- 权重系统试图把个人偏见的影响最小化，它使用相同的等级评估潜在的卖家。
- 筛选系统建立了对买家适合的最低性能要求。
- 合规性矩阵是确保供应商遵循一定准则的工具；例如，RFP 指南在供应商编写建议书之前提供给他们。

2．红色信号可以解决如下问题：

- 给予足够投标时间，所有供应商都有充足的时间来准备投标或建议书。
- 不要把不向所有人公开的信息，透露给一家承包商。
- 不举办这种允许承包商之间不当沟通的投标人会议。
- 确保足够数量的潜在竞争者都知道询价。
- 不要使用难以理解的出版物发布招标询价或在节假日期间发布招标询价。
- 招标询价应该有精确的时间、地点和其他要求以供提供可接受的标书。
- 对发送给有兴趣的投标者的投标材料的数量和目的地确保内部控制。
- 确保购买者与承包商在贸易或专业会议上只有适当的沟通。
- 如果购买者在承包商的业务有经济利益，就发布一个利益冲突。
- 不要与承包商讨论聘用就业的可能性。
- 不要帮助承包商准备他的投标。
- 不要介绍承包商给一个特定的分包商、专家或供应来源。
- 不要把投标后可能做出的变更只告诉一家承包商。
- 不接受迟到的投标。
- 如果投标人撤出成为同样合同的分包商，密切监视其工作以及相关的资金链。
- 如果发现投标人之间串标，不允许他们投标。
- 如果发现承包商伪造资格、工作履历、设施、设备或人员，不允许他们投标。

亲手实践 3.10：知识测试——授予合同

1．可谅解延迟和可补偿延迟之间的区别是由环境造成的。可谅解延迟是指发生了项目中任何一方都无法控制的事情，如恶劣天气、恐怖袭击，等等。可补偿延迟适用于买方/所有者未能履行合同义务的任一部分而导致延迟，例如进入建筑、决策推迟，等等。

2．得到独立估算很重要，买方可以对供应商提供的数据有一定程度的信心，特别是投标额及其组成要素。

3．合同谈判开始之前需要做出的研究和准备包括：

- 决定你将用来赢得你的对手接受你的观点的技术。
- 关于卖方的财务和其他方面，做你的家庭作业。
- 确保你知道合同事项将会花费多少。
- 指定谈判将发生的时间和地点及其他胜算因素。

在谈判前提早进行彻底的准备，你对自己赢得谈判的能力的信任水平大大加强。

4．定期合同的一个例子是在一个指定的时间雇用人员工作（在假期装修），在特定任务的完成时结束（所有装修到位）。

5．在 Cimarron 制造场景：

a．项目经理应该什么都不做。项目经理给采购主管提供支持，只有当采购主管要求时才这么做。

b．采购主管应该简单地建议，在做出任何交易或让步之前，需要识别问题。可以安排一次简短的休息，会让潜在的制造商恢复正常思考问题。当会议继续时，采购主管指出 Cimarron 面临的问题，并询问是否提及对方希望看到的问题。

c．下一步是讨价还价和决策制定。此后，进入解决阶段，也就是，两种姿态被汇总在一起，做出最终让步和记录。最后一步是关闭：双方都有相同的协议，谈判已经结束。

亲手实践 3.11：知识测试——开发你的团队

1．以下是可以不用花钱而开发团队的例子：

- 为每一位团队新成员安排更有经验的队员做搭档。这个方法做了两件事：①它让团队成员对项目了解更多；②它让团队成员知道可以找谁了解与他们自己的工作相关的信息。
- 建立赞赏体系，为人们提供方法来赞扬他们的团队成员。这个活动强化团队能量，适合有人注意到另一个人的努力工作。
- 下班后聚会要玩垒球、足球或其他所有人可参与的运动。看到你的同事随意的非工作的一面，改变你对他们的看法。例如，假设某人在你看来是古板的不可接近的。你在野餐时看到他时，他穿着短裤和 T 恤，球帽朝后。他感到很安逸，他的小孩刚趴在地上。这幅画面跟你对他的第一印象很不同。你走过去和他聊关于小孩子的事，发现他很诙谐、很随和。

2. 以下是额外的基本规则：

- 你们必须都理解项目的战略原因，以便测试各种规划工作战略符合战略。例如，你的项目的一个战略目标是提高客户满意度。其他任何试图潜入项目的，不满足这个目标不应该被允许，除非高级管理层做出不同决定。
- 如果没有列入进度表，不要去做。
- 每一位项目领导者应该确定绩效标准，并看到每一位团队成员都遵守这些标准。
- 随访随谈、来者不拒原则、开放沟通、无级别会议，每个人的输入都是有价值的和每个人的承诺都为了终极目标。
- 不要使用规划会议来控制，但可以协调。

亲手实践 3.12：知识测试——管理项目团队

1. 你让她知道你多么生气，她超越了她的界限，特别是签署发票。你告诉她，她永远不准再把她的名字签在发票上，如果她不听你的指示，你将会将她从团队开除。你告诉她你不再相信她了，让她离开你的办公室。

2. 你邀请她坐下来。你感谢她的快速响应，但抱歉你可能没有明确传达指示给她。你回顾发生了什么和指导她将来要做什么。你还抱歉没有给她签字的流程，但以后你将会为她安排一个，因为让她来替你签字不合适。你要求她反馈给你；她重申你的期望，谢谢你跟她说话。

亲手实践 3.13：知识测试——激励理论

1. 假定经理关于人类激励有着拥有两种不同的假设。这些假设将影响经理的行为和管理风格，这种概念被称为 X 理论和 Y 理论。代表人物道格拉斯 • 麦格雷戈。

2. 一种需求被满足就不再有激励作用，直到下一个更高需求取代它，这个概念叫作需求层次。该理论的代表人物是亚伯拉罕 • 马斯洛。

3. 人有两类需求，其一是作为一个动物避免疼痛（保健需求），其二是作为人类的心理成长。这个理论被称为保健理论。代表人物是弗雷德里克 • 赫兹伯格。

亲手实践 3.14：知识测试——权力类型

1. 当一位高级经理发送特定指令给他的员工，并希望立即行动，所使用的权力类型是正式权力（合法权力）。然而，一个人仅仅拥有正式权力，并不一定意味着这是他应得的权力。曾经一次又一次发生过，某个新人获得提升，立即到处炫耀。大多数人不喜欢看到这类行为。但一次提升对一个人意义重大，可能是职业生涯的一个转折点。最好是让那个人有自己的“充电时间”冷静下来（并且看到自己行动的幽默情节，直到他们回到现实，做他们应该做的）。

2．当项目经理安排项目团队参加为期三天的休养庆祝成功时，所使用的权力类型是奖励权。奖励权也可能被滥用。例如，项目经理一直由供应商提供激励和礼物，所以他们会在下一个项目中选择那位供应商。参与这种行为是不道德的。承诺无法实现的奖励也是不道德的。

3．当项目经理被请求做一个行业专题讨论会的常住演讲者时，这种类型的权力是专家权。如果你被认为专家，其他那些认可你的专业知识的人（包括团队成员）更愿意信任你的看法以及你说什么。

4．一个团队成员被要求与领导当前项目的项目经理从事另一个项目，使用的权力类型是参照权。参照权是极度的恭维，如果能得到的话。你应该能够检测一个人是真诚还是简单地屈尊俯就。

亲手实践 3.15：知识测试——管理冲突

1．你告诉 Todd，工程施工负责人，因为电工表现恶劣不服从命令，把他解雇。强制会让项目产生赢/输的结果。

2．你假装没有看见正在发生的事情，不告诉任何人。撤退的结果是什么事都不会发生。

3．你要求电工从梯子上下来，问他是否知道，地毯铺好后不能在室内抽烟。假设他说，是的，并承诺不再这样做。缓和活动产生的只是一个短期的解决办法。

4．你要求电工从梯子上下来，问他是否知道，地毯铺好后不能在室内抽烟。他说，是的。你告诉他，他愿意抽烟休息多少次都行，但是工作必须按时完成。他同意不工作时抽烟。这种合作的努力带来共识和承诺以及提供长期的解决方案。

5．你选择面对，要求电工从梯子上下来，15 分钟后到你的办公室。当他到达时，你请他在你的办公室圆桌旁坐下。你也坐过去，问：“你知道为什么你会在这儿吗？”他说：“因为我在吸烟。”你跟他商量，吸烟不是问题，问题是“不要这样做”特定请求提出后，还在新地毯上吸烟。

你也提出，由于无视规则，他公然违背命令，不只是对他的工头而且还有你。你问他，如果换作他会怎么样。他说，他可能解雇那个这么做的人。你回答说，是的，你当然有理由去做，但是，他是团队里有价值的成员，你非常希望把他留在项目中。

你问他可否有什么你能做的来帮助他更充分理解这个问题。他说，他理解这些政策，但需要一天吸烟多于三次（超过休息次数和午餐）。你建议他，他愿意抽烟休息多少次都行，但是工作必须按时完成。你也告诉他，你将与他的工头讨论这事，这样他会同意。你然后问他是否理解为什么不能在地毯上吸烟。他回答说，他确实知道，但不能承诺他不会再做。

你对他说："那么你没有给我别的机会，除了解雇你。我将告诉你的工头让你今天下班去拿薪水。"另一种结局是，如果他做了承诺，你相信他遵守诺言，把他送回去工作。

亲手实践 3.16：知识测试——执行阶段的专业责任

1. 有几件事需要考虑。你的项目能否支持一个做事准确但是很慢的人？如果答案是肯定的，那么双方都赢，就不用讨论公平问题。如果项目不能支持那些缓慢的人，那么答案是不，主管就不应该指派那个人来，但是项目经理有没有解释所需的技能水平呢？如果有良好的沟通但任命仍然做出了，那么任命就是不公平的，需要进一步谈判。

2. 在合同签订之后，你没有太多能对卖方做的。然而，你有必要找出这是如何发生的以及采取步骤防止这类事件再次发生。

阶段 4　解决方案

亲手实践 4.1：知识测试——范围核实

1. 你应该告诉供应商移除管道，根据合同规定准备冷却系统。如果此事影响了关键路径，需要把进度保持正常，两个进程的任何一个（快速跟踪或赶工）都可以用来维护时间表日期。

2. 安装管道或移除管道所耗费的时间，都不会付费给卖方。安装管道的费用或者重新配置和测试冷却系统的费用，也都不会付给卖方。

3. 若未使用变更通知书而做出变更，结果可能是最小的（没有影响）或影响很大。一个影响很大的结果可能影响范围、进度、成本、质量和风险。项目经理的职责就是确保所有受到变更影响的文件会得到修正，以便最后的结果反映出到底发生了什么。同时，项目经理必须教会做出变更的人去明白变更管理过程和变更对项目的用金钱来衡量的影响。记住，不要变更预算基准或者进度基准，因为基准只有批准的变更通知书才能变更。

亲手实践 4.2：知识测试——控制项目范围

处理变更请求所需的步骤：

1．按变更管理计划提交变更请求。

2．结合预算、进度、范围、质量和风险执行影响分析。

3．做决定通过这些授权批准的变化。

4．必要时升级到变更审查委员会或拨款委员会。

5．管理批准的变更请求。

亲手实践 4.3：知识测试——控制项目进度

1．对项目的影响：

a．它改变了任务“在专业期刊发表文章”的 ES 和 EF 到 25 和 33。

b．它改变了任务“发布和准备执行区域广告”的 ES 和 EF 到 33 和 35。

c．它改变了任务“为专业期刊准备文章”的 LS 和 LF 到 17 和 23。

d．路径的浮动时间从 4 改变为 1。

2．如果任务的持续时间是 5 天的话，对项目的影响：

a．它改变了任务“在专业期刊发表文章”的 ES 和 EF 到 27 和 35。

b．它改变了任务“发布和准备执行区域广告”的 ES 和 EF 到 35 和 37。

c．这条路径成为唯一关键路径和所有的后向通过日期将会改变。

d．此前的关键路径的浮动时间只有 1，这说明现有项目是高风险的。

3．为减少进度风险，你能做的最主要的事情是跟你的团队明确地沟通到底发生了什么事，他们必须随时把对当前项目计划的任何偏离通知你。你的绩效报告应该做得更频繁，可能是每周而不是每月，甚至每天报告，如果你要达成一个重要的里程碑的话。

4．首先，项目经理需要在关键路径上寻找潜在的可以压缩的任务。然后，如果使用进度软件，关键路径可以通过任务长度来挑选，任务越长，可以赶工的机会就越多。一旦识别出可以赶工的最佳任务，赶工进度的选择包括：

a．对于已经识别出的关键任务的负责员工，安排他们加班。

b．找到额外的资源，赶工已经识别出的关键任务。

亲手实践 4.4：知识测试——挣值

1．挣值是 6 000 美元（第 1 周到第 3 周相加，60%）。他应该已经完成了 8 000 美元的工作（第 1～4 周），但只完成了 6 000 美元。

2．项目超出预算4 000美元（花费的10 000美元减去完成工作的6 000美元）和落后进度2 000美元[项目的80%应该是8 000美元，8 000−6 000=2 000（美元）]。

3．下表提供了挣值问题的答案。

挣值要素	缩写代表什么？	公　式	答案（美元）	理　由
PV	进度中预定工作的规划价值或预算成本（BCWS）	无	8 000	进度安排的工作量将需要四个星期完成
AC	完成的工作的实际成本（ACWP）	无	10 000	由执行者提供。实际花费的钱数超过了原定3周应花费的额度
EV	挣得的价值	无	6 000	实际完成的工作量
CV	成本偏差	EV−AC	−4 000	显示出迄今为止，我们为完成工作实际花费的预算比为这部分工作所规划的预算超了4 000美元
SV	进度偏差	EV−PV	−2 000	显示出跟进度相比，我们落后了2 000美元的工作。我们还没有真正花这笔钱，但是我们将来一定会花，以弥补我们的落后
CPI	成本绩效指数	EV/AC	0.6	显示出我们使用项目预算多么有效率。本例中，可以判断我们每花1美元，赚回了60美分，即效率是60%
SPI	进度绩效指数	EV/PV	0.75	使用金钱显示出我们使用项目进度多么有效率。本例中，可以判断我们每花1美元，赚回了75美分，即效率是75%
BAC	完工预算	无	9 000	显示出分配给项目的所有初始预算的总和。各周总和是9 000美元
ETC	完工尚需估算	EAC−AC	5 000	项目中某一活动或一组活动期望的还需要花费的成本
EAC	完工估算	AC+ETC	15 000	迄今为止所有的直接和间接成本的总和，再加上所有剩余的工作的估算
VAC	完工偏差	BAC−EAC	6 000	工作过去期望花费的成本与现在期望成本之间的差异。这一数额字包括4 000美元的超支和需要去做的2 000美元的工作

亲手实践4.5：知识测试——绩效报告

以下回答了绩效报告中的问题：

1. 2 800 000美元。约定成本+目标费用=约定价值；因此2 500 000+300 000=2 800 000（美元）。

2．2 500 000美元。所有授权的工作等于约定成本。

3．2 330 000 美元。合同资金（2 500 000 美元）不需要一次性全部放到预算中。在本例中，有 2 500 000 美元为授权工作的合同价格，但项目经理安排的资金分配少了些（2 330 000 美元），给出一个缓冲，通常被称为管理储备。

4．2 380 000 美元。经理还有管理储备，因此在初始发放金额中增加了 50 000 美元。

5．170 000 美元。2 500 000−2 330 000=170 000（美元）。

6．减少了 50 000 美元。修改后的 PV(2 380 000) −初始 PV(2 330 000)=50 000（美元）。

7．工程 A、工程 C、工程支持。这些因素的发放数额低于合同数额。

8．324 000 美元。如果项目低于预算 120 000 美元，按照分享比例有 20%的奖金。因此 300 000+20%×120 000=324 000（美元）（记住，如果承包商超过预算，那么他们必须支付超支部分的 20%。如果预算低于预算，承包商获得节省部分的 20%。）

9．1 190 000 美元。这个数字代表修改后计划工作预算总额的 100%的管理费用。

10．价值 73 800 美元的工作。这代表所有的 PV。

11．67 500 美元。根据定义，挣值等于完成工作的预算成本。

12．少了 6 300 美元；进度偏差百分比(SVP)=−8.5%。进度偏差(SV)=EV(67 500)−PV(73 800)=−6 300（美元）。(SVP)=SV/PV=−8.5%。

13．78 300 美元。总的 AC。

14．−10 800 美元，−16%。成本偏差(CV)=EV(67 500) −AC(78 300)= −10 800（美元）。成本偏差百分比(本量利)=CV/EV=−16%。

15．工程 A、工程 C、工程支持。工程 A 是明显的成本超支和进度超计划；工程 B 具有明显的进度偏差；工程支持具有明显的成本超支和进度超计划。

16．−53 100；−11.4%。CV(−53，100)=EV(464 200) −AC(78 300)。CVP=CV[EV(464 200) −AC(517 300)]/EV(464 200)= −11.4%。

CV(−53 100)=EV(464 200) −AC(517 300)

17. 23 300 美元；−5.28%。SV=EV(464 200) −PV(440 900)=23 300（美元）。SVP=SV［EV(464 200) −PV(440 900)］/PV(440 900)= −5.28%。

18．变得恶化。累计成本偏差是−11.4%。这个月是−16%。(参见问题 14)。

19．变得恶化。累计进度偏差是−5.28%。这个月是−8.5%。

20．没有网络图不能回答(CPM 或 PERT)。

21．2 652 249 美元。EAC=(BAC)/CPI=(BAC)/[EV/AC]= AC/EV(BAC)，即 517 300/464 200 (2 380 000)=2 652 000（美元）。

22．−272 249 美元。VAC=BAC(2 380 000) −EAC(2 652 249)= −272 249（美元）。

23．250 000 美元。由于项目超出了最高限价，承包商必须 100%承担超过最高限价的数额，这部分是 150 000 美元。该合同要求一个 80/20 分享比率，因此，承包商承担目标利润的 20%。目标利润是 500 000 美元，再乘以 20%，相当于 100 000 美元。现在把超过最高限价的部分（150 000 美元）加上承包商“分享”的 20%的“利润”

（100 000 美元），等于 250 000 美元。最后，把这 250 000 美元从目标利润 500 000 美元中减去，得到答案。

亲手实践 4.6：知识测试——整体变更控制

1．需要变更的项目文件包括：

a．范围文件，包含了第一套家具的需求，现在需要实际家具的信息。

b．库存文件。

c．采购记录，显示实际购买的是什么。

d．预算。

e．风险文件。

f．变更通知文件。

2．需要通知变更的人包括：

a．承包商这样，他就不会把新家具拒之门外。

b．室内设计师，这样他们就可以调整附件和色彩来适应变更。

c．发起人，这样他们就不会感到意外了。

d．商店经理，所以她会知道计划被变更了。

3．根据场景回答如下：

a．原有家具的尺寸和颜色是错误的。

b．5 000 美元。

c．是的，这是质量更好的物品。

d．是的，他们比原来的家具会用更久的时间。

e．没有。

f．没有。

g．没有，因为它让进度表继续保持目标要求。

h．这将会花费预算中的管理储备。

亲手实践 4.7：知识测试——质量工具

1．鱼骨图用来帮助你了解问题的根本原因。

2．直方图用于确定在时间点时的过程能力。

3．帕累托图是一种排序的直方图，显示每种或每类已识别的原因分别导致了多少结果。因为展示出了发生最多的问题，它有助于将注意力集中于一个特定问题，而且，首先聚焦于最大的问题将带来最大的改进。

4．在图上以时间顺序显示被观察的数据，来检查生产或其他商业过程的输出或者绩效，被称为趋势图。

5．散点图应该用于判断过程中独立的和非独立的变量之间有没有关系。

6．Taguchi 方法（田口方法），被称为实验的设计，适用于质量应当从产品内部建设和通过规格的偏差来测量，而不是通过与预先设定的容忍限度的一致性。如果改变经常发生，实验设计方法可能不是最好的工具，因为将产品推向市场可能需要更长的时间和竞争者可能更迅速取得市场份额。考虑下日本的皮卡。日本制造商花了许多年时间来开发出一款大型皮卡。所以即便日本大型皮卡那么多年没有美国的市场份额，现在还是被很多人认为是质量第一，享受着健康的市场份额。

亲手实践 4.8：知识测试——解决问题和测量指标

1．几种工具可用来确定一个问题：

- 控制图随着时间收集过程数据以判断过程是否正常。大众市场服装的生产取决于设计质量和相应的服装制作工作包。甚至在生产开始之前几个过程就已经发生。确定这些过程、收集和解释数据、做出相应的改进。然而，在这种情况下，你可能没有充裕的时间来创建一个控制图。
- 检查是另一个可以使用的工具；然而，检查花费很高。
- 你可以使用统计抽样，但它可能是有风险的。例如，假设你检查 100 件中的 10 件服装。他们是完美的，所以你接受所有的 100 件。其中包含的风险是，你挑选出 10 件完美的服装，但可能有更多的是不完美的。不要忘记：对于统计抽样你必须了解属性数据和变量数据之间的差异。属性数据表明产品特征——可能相符或不相符，如前面的例子。变量数据是跟确定一致性程度的数值范围有关而且无限可分，如时间和金钱。例如，衣服生产从头到尾从设计到制作需要一周。如果制作在一周时间内没有收到服装，变量的数据会显示在收到之前过了多少时间。

以下可以用来避免问题或减少它的影响。

- 基准对照：因为 Cimarron 以前从未营销或制造婚纱，一个团队可能已挑选出来，研究其他公司制造的礼服。
- 流程图：把美国过程使用流程图来映射，可以识别优势和劣势的领域。这些优势和劣势可以利用或避免。

2．项目中使用的测量指标：

- 成本测量指标可能包括实际与规划的预算以及批准的预算变更的数量。
- 进度测量指标可以包括完成日期是否符合或者一组里程碑是否延迟。
- 生产率指标可能包括每小时产量或者节省时间和金钱的过程改进数量。

- 显示可交付性质量的测量指标可能包括发现的缺陷数量或需要返工的小时数。
- 显示项目质量的测量指标可能包括成功减轻的风险数量或者清晰和明确的验收标准。

亲手实践 4.9：知识测试——管理风险

1．识别的风险事件包括：

- 即使 Cimarron 免除了满足机房完成日期的义务，依然受制于 10 月 15 日的潜在困难。
- 项目进度设立的没有一点空间以至于很难消化任何延误。
- 机房现场施工的截止日期未知。
- 缺少环境保护措施（火、灰尘等），可能导致设备损坏。
- 我们的设备可能不会准时到达。
- 由于蒸汽管道泄漏和/或不正确的电源可能损坏设备。

2．Brendon Edwards 可以考虑的纠正措施包括：

- 谈判一份合同附件废除 5 000 美元的罚金，提供另一处地方放设备，与 Cimarron 一起分担成本和协商一种分阶段的方法来实现。
- 基于上述，考虑使用“快速跟进”来保持进度，对所需额外资源的相关成本进行谈判。
- 协商机房完成的最后期限。
- 为损坏和时间损失购买保险。
- 准备多余存货来涵盖任何潜在延误。
- 密切配合 Cimarron 的承包商。
- 安排一个备用电源。

3．Edwards 可以做以下保持 Cimarron 和推荐的减轻措施之间的平衡：

- 提供一系列的选项，这样客户可以做出选择。
- 识别风险及其相关的风险成本。
- 基于客户利益谈判，试确定 10 月 15 日的潜在原因。如果有满足对方需求的不同的方式，必要时忽略最后期限，这将是双赢。

4．下列是造成这些情况的因素：

- 需要由 DMPC 进行总体项目管理。
- DMPC 在项目的开始需要执行风险规划。
- Edwards 应联系 Cimarron 的项目团队以及承包商来改善项目所有方面的沟通。

5．下列风险可以提前识别：

- 房间工程延迟。
- 电力问题。
- 考虑到现有系统的条件，可能打破蒸汽管。

6．Edwards 本来可以做以下的行动来克服风险：

- 他本可以与建筑承包商和电力分包商整合项目计划。
- 他本可以做一个初步的实地调研、亲自检查条件或安排完成这项任务。
- 他应该使用记录着风险征兆的风险日志，指派风险所有者，授权他们在征兆出现时采取行动。

亲手实践 4.10：知识测试——合同变更

1．这类变更都称为建设性变更。

2．遵照变更管理过程，由合同签约人签名的书面命令，以便卖方能够做一个变更，称为变更通知单。

3．最终合同还未完成前就开始的工作叫作不完整合同行为。

4．不影响项目工作的变更，比如变更邮寄地址或者电话号码，被称作行政变更。

5．买方和卖方都同意的对合同的修改，被称作补充协议。

亲手实践 4.11：知识测试——合同的法律问题

1．合同的重大违约和非重大违约之间的区别：

- 重大违约涉及协议的一个关键方面，比如承包商在一段时间内都没有在工地出现。
- 非重大违约涉及协议不那么重要的方面，比如承包商没有在一天结束时清理工地。

2．便利终止合同就是任何时候买方都可以便利终止，例如项目的资金用完，就可以便利终止。

3．调解通常根据合同进行，通过客观的第三方帮助找到一个友好的解决方法。有约束力的仲裁通常根据合同设立，可能有一个或三个仲裁员。法庭会强迫实施他们的决定，所以它是有约束力的。

4．当一个合同是因为违约而终止，也就是卖方没有如合同写明的完成合同工作时，承包商可能无权得到在建但未通过客户验收的工作的付款。买方，依情况而定，可能有权要求退还其迄今为止付给不合格的工作的款项。

5．卖方可以提供的三种担保：

a．除非另外允许，材料/设备是优质的和新的。

b．除许可的质量固有的缺陷外，工作将是没有缺陷的。

c．工作将符合合同文件的要求。

6．担保由担保公司提供。业主必须每月支付保证金，它可以是投标担保、绩效担保或付款担保。

亲手实践 4.12：知识测试——与发起人和团队沟通

1．发起人可能不信任你管理项目，并可能开始插手琐事。发起人甚至可能接管项目或者指派另一个人。无论如何，未能提供准确和及时的信息都是严重的错误，因为你作为项目经理的信用将会降低。如果项目经理开始对发起人隐瞒坏消息（即使只是疏忽），在真相最终被揭露时，要解释你的行为会使得发起人很为难。发起人会知道，错误是会出现的，并且期望项目经理不要躲在坏消息或者借口的后面，而是坦白承认，并提供应对局面的解决方案。

2．确保说些这样的话，大意是：我很抱歉这消息不合你的意，但我的回答是一样的。我会告诉你事情的真实情况——不是半真半假，而是完整的真相。我愿与你分享我对解决这个问题的计划。你愿意现在听听吗？或者我迟一点再来找你？”

3．可以非正式地与项目团队沟通的事项包括项目的整体状态、进展、绩效等，以及成绩、人员变动、新技术的概况，诸如此类。

4．收到的任何类型的书面投诉都必须书面回复。

亲手实践 4.13：知识测试——监控阶段的专业职责

1．你应该与那个任务的负责人谈谈，尝试查明他为什么没有报告正确数据的原因。还有，试着了解他是否害怕坏消息会影响到他个人。向他保证你重视他的贡献，但他必须如实报告数据。

2．如果发起人与你的项目中的某个人合谋舞弊，你必须与他当面对质。告诉他你希望他们停止合谋舞弊，否则你将向公司老板报告他的行为。这么做有些难，尤其当他的地位比你高的时候。但是必须这样做。如果你不正视这个情况，你会被认为是在跟他合谋舞弊。

3．能。找到任务负责人并解释发生了什么。告诉任务负责人这种情况对项目的影响，并让他承诺允许团队成员有足够的时间完成他们的项目工作。如果任务负责人告诉你，由于这些人为你的项目工作导致他不能完成他的工作；告诉他解决人力和工作量的问题是他的职责，他应该在团队成员参与项目的时期要求得到额外的帮助。为了避免将来再次出现这种情况，要让任务负责人承诺提供团队成员，如果他遇到因此而出现的难题，让他立即联系你。也许有方法改变进度而不影响预定日期。

4．马上找到分包商的老板并说明你看到了什么。要确保老板知道这对于项目是不可接受的，并且你期望他能够处理好。

阶段 5　解决方案

亲手实践 5.1：知识测试——项目的正式验收

1．拒绝验收一个可交付成果通常需要复核原来的验收标准。可能客户忘记了验收参数，而按照验收标准这个可交付成果本来是应该被接受的。如果验收标准揭示可交付成果不合格，那么就要返工。在可交付成果被接受之后，而不是之前，任务才算完成。

2．直到所有可交付成果都已被验收，合同才能结束。如果合同在所有可交付成果完成并被接受之前结束，你将很难再把供方叫回来修正可交付成果。

3．项目没有被正确地移交经营。让那些将来维护项目产生的产品或服务的人，得到充分的培训和足够的文件资料，以便他们能够开展工作，是非常必要的。

亲手实践 5.2：知识测试——转移可交付成果的所有权

1．当一个可交付成果不被接受时，必须返工以将其修正。这可能使得项目收尾推迟并增加预算。可能也不再有实施工作所需的资源。

2．这取决于可交付成果的用户或业主以及可交付成果的重要性。如果业主批准项目在没有那个特定的可交付成果的情况下结束，那么项目可以结束，但是仍然需要修正该可交付成果并更新记录以反映变更。另外，如果业主觉得这个可交付成果不得到纠正，项目就没有完成，他们可能不会结束项目。

3．IT 部门没有收到关于该新产品的通知，也没有受到如何使用该产品的培训。这对于客服代表来说是很尴尬的。这也可能影响该公司的可信赖度和声誉。

亲手实践 5.3：知识测试——合同在法律和行政上的收尾

1．你不应该结束该合同。未能完成合同的所有事项不仅仅是合同违约，而且 Cimarron 可以“有理由”终止该合同，只要建筑师证明存在充足的理由。

2．通常在所有合同事项完成之前，给承包商的尾款是暂扣的。你得雇用别人来完成这个工作，如果成本超过暂扣的合同款，Cimarron 可以向承包商开出账单索要超出的款项，或者如果未得到付款的话，起诉承包商索要该款项。

亲手实践 5.4：知识测试——创建并记录项目的最终报告

1. 如果没有一个知识数据库，一个新的项目经理不能查阅数据库以找到所需的可能帮助目前项目的背景信息。知识数据库中记录的问题和解决方案可以帮助从事类似项目的项目经理。例如，假设你是贝尔运营公司的电信项目经理。你的项目是把电话线路换成更新和更坚固耐用的系统。你的标准程序是检查你那部分的线路，如果一切顺利，就把它交给设备供应商。你不负责其他功能，供应商负责其他功能。当客户试图使用他们的新系统时，所有站点都有拨号音，但是电话的许多其他功能没法使用。根据美国联邦通信委员会的规定，贝尔公司完成其工作后，它不对系统上附加的设备负责。这个问题与你可以责备谁无关紧要；客户仍然不能使用他们的系统，而你是项目经理。之前的一个项目中发生过同样的事情，但是那个项目经理跟设备供应商一起安排了通话测试以确保所有线路和功能都正常工作。如果有之前项目的知识数据库，这个解决方案就能被记录并节省目前项目的时间和金钱。

2. 如果一个知识数据库没有得到维护，也就是说，保持更新，使用知识数据库的人就得不到最新的信息。如果信息已经改变，项目经理将无法使用有关权变措施、曾经克服的挑战等的最新信息。

3. 项目中实施的权变措施有时候非常有效，以至于需要变更过程。任何对组织过程资产的变更都需要经过过程负责人的批准。管理过程文件的人负责更新过程，并确保每个使用该过程的人知道新的过程或者受到培训。对项目经理来说这是一个后续任务。否则，你可能不知道过程被变更了。

4. 关于是否应该把最终报告发给团队成员，不同流派有不同看法。这些文件可能长达几页纸。团队已经知道大部分信息，其他诸如供方和合同信息等额外的信息并不属于“需要知道”之列。

亲手实践 5.5：知识测试——经验教训

1. 不，项目不应该被结束。措施事项可能包括“在之后六个月中收集数据以评估实现的成本、利益、营业效率和产品绩效”。

许多时候项目被结束后，项目末尾不能完成的持续性的测量工作就被遗忘。你可能太急切地想让项目结束以至于你关闭该项目，转向下一个项目。

那不是说合同不能被结束。只有所有合同事项都已完成并被验收，合同才可以被结束。不过，项目最终报告应该包括测量结果以查看项目是否真的达到了其目标和目的。

像这样的措施事项通常被交给另一个人而不是项目经理去做。但跟进措施事项仍然是项目经理的职责。

2．大多数项目问题的出现是由于管理不善、沟通不良，或者缺少培训而造成的。没人故意要来制造问题。（如果他们是故意的，那你的问题就更大了，这个问题一旦出现你就得把它解决。）把问题归咎于某个人从来都是不恰当的。互相指责和糟糕的感觉是会有的，尤其当那个人在场的时候。问题应该被这样提出："将来能够怎样改变以避免这个问题呢？"比如，假设你的团队成员没能完成某项特定的任务，因为他们觉得该任务没有必要，并报告说已经完成。之后，由于该任务被跳过，造成许多返工。你问你的团队成员将来怎样避免这个问题，他们如此回答：

你应该确定哪些任务对项目重要。

- 你应该改变我们的基本原则，如果有人对某个任务有疑惑，这个人应该和项目经理谈谈，除非真正完成了一个任务，否则绝不把它标为完成。
- 确保团队成员理解他们在项目整体投入中的重要性。

在经验教训中此问题被认定为："一个任务没有完成，却被报告说已经完成。结果，必须对任务 3.1 和 4.6 进行返工，而这两个任务均在关键路径上。由于在其他任务上赶了工，进度没有受到影响。"如你所见，问题被提及，但没有点个人的名。

亲手实践 5.6：知识测试——绩效评估

1．不正式的反馈是不够的。如果你不是该团队成员的直属经理，那个经理就无法了解这个人的表现，除非你提供信息。

2．没人喜欢收到坏信息，写那样的反馈有时候是有些难。一些项目经理（以及经理们，就此而言）宁愿选择"满意"一栏，因为那比报告坏消息容易多了。然而，提供真实的反馈是很重要的。

如果项目经理真的"管理过"团队成员以及项目，不满意的结果就不应该出现。项目经理应该在项目收尾很早以前就解决任何绩效问题。如果到目前为止仍然没有通知团队成员他们的绩效不良，那么提供负面的反馈对他们是不公平的。如果问题重要到要写进报告中，为什么在问题出现时没有重要到要处理它呢？

3．关于这是否是个好主意，有不同的看法。我们觉得这不是个好主意，因为一些团队成员会对自己过于苛刻，另一些人会夸大他们作为团队成员的重要性。诚实、真实和有用的反馈总是更受欢迎，并且应该由项目经理来写。

亲手实践 5.7：知识测试——收尾阶段的专业责任

1．这会伤害那个员工。记录下来的绩效评价应该总是展示事实。你在向主管提供虚假的信息，员工也不能从他们的效率低下中学习。这还有另一个问题：为什么项目经理等到项目完结才向主管提供此类反馈？如果表现没有达到标准，项目经理应该在问题出现时当面质问该团队成员。如果那不起作用，项目经理应该趁早在问题最先出现时与主管一起处理。当团队成员有机会纠正他们的错误、行为等时，最终反馈可能好得多。这也反映出项目经理没有坚守他们在诚信方面的职业责任。

2．谁应该在“清单”上不是由你来决定的。与加入这种清单有关的资格包含很多因素，比如批量折扣、与公司的历史关系、财务稳定性，诸如此类。应该把这个承包商的行为反馈给采购员。作为项目经理，你应该留心维护你的团队的尊严，并在你最早知道他的行为的时候当面质问这个承包商，因为采购总监会问“你为此做了什么”。如果你做了你能做的所有事情来阻止该承包商不尊重他人，采购总监可能真的会把该承包商从清单上去掉。

3．找到提供反馈的人并询问具体情况。如果那个人不能提供具体情况给你，那你有充分的权利向你的直接主管或项目经理挑战这个反馈，他们应该坚持要这个人提供具体情况，并给个更好的分数。许多人宁愿给个不需要证明文件的“平均”的分数，也不为出色或不良的表现提供额外的证明文件。

反侵权盗版声明

举报电话：（010）88254396；（010）88258888

传　　真：（010）88254397

E-mail：　dbqq@phei.com.cn

通信地址：北京市万寿路 173 信箱

电子工业出版社总编办公室

邮　　编：100036